D1865638

Rolf W. Knaack

Management-Erfolg ist planbar

Management-Erfolg ist planbar

Der Schlüssel zur erfolgreichen Unternehmensführung

von

Rolf W. Knaack

C.H. Beck'sche Verlagsbuchhandlung
München 1995

Die Deutsche Bibliothek – CIP-Einheitsaufnahme

Knaack, Rolf W.:
Management-Erfolg ist planbar: Der Schlüssel zur erfolgreichen Unternehmensführung/
von Rolf W. Knaack. –
München: Beck, 1995
ISBN 3-406-40004-3

ISBN 3 406 40004 3

Satz: Type & Data, Wangen
Druck: Wagner GmbH, Nördlingen

© 1995 C.H. Beck'sche Verlagsbuchhandlung (Oscar Beck), München
Gedruckt auf säurefreiem Papier; hergestellt aus chlorfrei gebleichtem Zellstoff

Vorwort

Alles Gescheite ist schon
gedacht worden,
man muß nur versuchen,
es noch einmal zu denken.

Goethe

Eine Vielzahl von wohlklingenden Managementkonzepten überschwemmt seit Jahren nicht nur den deutschen Markt. Sie alle treten an mit dem Anspruch, in Rezession und Strukturkrise vorhandene Probleme in Gesellschaft und Unternehmen meistern zu können.

Oft versuchen diese Konzepte nur, „Krankheiten" zu kurieren, statt das Übel an der Wurzel zu packen. Tatsächlich ist es jedoch so, daß sich die Probleme in Gesellschaft und Unternehmen auf wenige Kernbereiche zurückführen lassen. Die offensichtlichen, aber in der Praxis häufig negierten Lösungen beziehungsweise Lösungsansätze hierfür werden in diesem Buch explizit dargestellt. Es erhebt keinen Anspruch auf Vollständigkeit. Es regt eher an zum aktiven, kreativen und konstruktiven Mitdenken und Handeln.

Weiterhin gründet dieses Buch vor allem auf persönliche Erfahrungen, vielen Diskussionen und fruchtbaren Auseinandersetzungen mit Freunden und Geschäftspartnern. Es synthetisiert dabei manche Quelle, mündliche und schriftliche Anregung, deren Urheber ich nicht mehr immer im einzelnen identifizieren kann.

Obwohl es abgegriffen klingen mag, dieses Buch ist aus der Praxis für die Praxis geschrieben worden. Es ist im Geiste entstanden auf vielen Auslandsreisen, vor allem nach Asien, Japan und in die USA. Es hat seine Inhalte jedoch bekommen durch die operative Umsetzung des Gelernten, auch und vor allem im deutschen und europäischen Markt. Es basiert auf Theorien, ohne allerdings theoretisieren zu wollen. Viel wichtiger ist der Einsatz des gesunden Menschenverstandes, der dahintersteht. Gerichtet ist das Buch an alle Interessenten und Geschlechter, auch wenn dies nicht explizit erwähnt wird.

Da das Buch neben der normalen Alltagsarbeit geschrieben wurde, möchte ich mich bei allen bedanken, die mich bei der Anfertigung des

Manuskriptes unterstützt haben. Vor allem bei meiner Frau *Claudia*, die mit Verständnis, Kritik und tatkräftiger Unterstützung meine Arbeit begleitet hat. Das Buch würde jedoch nicht fertiggestellt worden sein ohne die professionelle Betreuung durch den Lektor Dr. *Gerhard Finck*. Alle Unzulänglichkeiten des vorliegenden Werkes gehen allerdings allein zu meinen Lasten.

Aschaffenburg, Juni 1995 *Rolf W. Knaack*

Inhaltsverzeichnis

Einführung

Viele Unternehmensleiter scheitern,
weil sie meinen, daß einfache und
elementare Grundsätze in ihrem
Unternehmen nicht anwendbar seien.

Modernes und professionelles Management gilt heutzutage als gleichbedeutend mit nüchterner Rationalität, die für jede Entscheidung eine abgeklärte, analytische Rechtfertigung verlangt. **Dies ist so richtig, daß es gefährlich falsch sein kann.** Es besagt nicht, was die exzellenten Unternehmen anscheinend verinnerlicht haben: Die Rationalität lehrt nicht die Hinwendung zum Kunden. Sie vermittelt den Unternehmensführern nicht die elementaren Erkenntnisse, daß sich jeder gewöhnliche Mitarbeiter anerkannt und als Gewinner fühlen muß. Sie erklärt nicht, warum eigenständig durchgeführte Arbeiten und Qualitätskontrollen wesentlich besser sind als Fremdkontrollen. Sie unterstützt nicht das Bedürfnis, Qualität und Kundendienst auf hohem Niveau anzubieten. Sie zeigt nicht, daß **gute Manager nicht nur Ergebnisse bringen, sondern auch die Menschenwürde berücksichtigen.** Die rationale Managementlehre läßt vieles aus, vor allem Menschlichkeit.

Die rationale Lösung wird von den (Finanz-) Managern als die **richtige** Lösung gesehen, bereinigt um alle störenden menschlichen Faktoren. So werden perfekte Strategien geplant, die ganz einfach menschliche Inkonsequenz außer acht lassen. Außerdem wird zuviel geplant. Alles muß zwischenzeitlich ruhen, wenn geplant wird: das bekannte und verbreitete **Analyse-Paralyse-Syndrom.** Das heißt nicht, daß nicht geplant werden soll, aber alles in der richtigen Proportionalität. „Ein Teelöffel voll Analyse mit einem Eimer voll Liebe ... beides ist unverzichtbar.“[1]

Weitere Klagen über das Management bezeugen die folgenden vier Punkte:

- Den sogenannten professionellen Managern fehlt die richtige Perspektive.

- Die Manager identifizieren sich nicht mit der Tätigkeit ihrer Unternehmen.
- Die Manager sind nicht genug an ihren Mitarbeitern interessiert.
- Die Spitzenmanager und ihre Stäbe isolieren sich im Elfenbeinturm ihrer Analysen.

Diese Klagen, die zwar das amerikanische Management betreffen, können heute ohne Wenn und Aber auch auf deutsche Verhältnisse übertragen werden. Wenn früher über die amerikanische **hire and fire**-Mentalität herablassend gesprochen wurde, so ist diese heute in Deutschland eine traurige Realität geworden. Aber auch die Unfähigkeit des Managements zu **bauchlastigen Entscheidungen** verstellt oft den Blick auf die Realität. *David Ogilvy* behauptet: „Die meisten Geschäftsleute sind zu eigenständigem Denken nicht fähig, weil sie der Tyrannei der Vernunft nicht entfliehen können.“ Das heißt nichts anderes, als daß die **alte** Rationalität durch eine neue, andere und sinnvollere ersetzt werden muß. Die vorgenannte Rationalität, die aus der Schule *Frederick Taylors* hervorgegangen ist, sollte mittlerweile sehr kritisch reflektiert werden, denn sie impliziert folgende Aussagen:

- Analysiere alles.
- Produziere zu niedrigen Kosten.
- Entscheide richtig.
- Kontrolliere alles.
- Setze Störenfriede und Querdenker frei.
- Gib die richtigen Anreize, und alles läuft von selbst.
- Richte Qualitätskontrollen ein.
- Top-Manager sind schlauer als der Markt.
- Wachstum ist Religion.
- Geschäft ist Geschäft und geht über alles.

Die quantitative, analytische Unternehmensführung führt in ihrer rigiden Form zu einer konservativen Grundhaltung und ist nicht offen für den Wertewandel, der sowohl in der Wirtschaft als auch in der Gesellschaft stattfindet[2]:

- Der rein analytische Ansatz führt zu einer abstrakten Philosophie ohne Herz.
- Der rationalistische Ansatz erstickt das lebendige Element.
- Der rationalistische Ansatz berücksichtigt hauptsächlich materielle, nur selten menschliche Ressourcen.
- Enge rationale Sicht bedeutet oft, negativ zu sein, Ideen und Kreativität abzulehnen.

- Rationalität schätzt keine Experimente. Fehler sind nicht erlaubt.
- Der rationalistische Ansatz hält nichts von Zwanglosigkeit.
- Das rationale Modell unterschätzt das Gewicht von Wertvorstellungen.
- In der rationalistischen Welt gibt es kaum Raum für positiven internen Wettbewerb.

Das größte Problem des rationalistischen Organisationsmodells besteht einfach darin, daß die Menschen nicht rational sind:

- Wir sind egoistisch und sehen uns gerne als Erfolgsmenschen.
- Wir erwarten sehnsüchtig Belobigungen und Anerkennungen.
- Wir sind eher emotional denn rational.
- Wir verarbeiten Informationen nur unzulänglich, deswegen müssen diese einfach sein.
- Belohnungen können uns stark motivieren.
- Wir besitzen einen starken inneren Antrieb und eine Eigenmotivation, die nicht rational zu erklären sind.
- Wir äußern sehr oft lautstark Überzeugungen. Doch den Worten folgen keine Taten.
- Wir brauchen Ziele. Einen Sinn, für den es sich zu leben lohnt.

Wir halten uns alle für Spitze. Wir sind in diesem Fall von überschwenglicher, hanebüchener Irrationalität. Wo bleibt da das vielbeschworene rationale Modell? Dazu eine Geschichte aus der persischen Mystik:

Ein Wanderer zog mühselig auf einer endlos langen Straße entlang. Er war über und über mit Lasten behangen. Ein schwerer Sandsack hing an seinem Rücken, um seinen Körper war ein dicker Wasserschlauch geschlungen. In der rechten Hand schleppte er einen unförmigen Stein, in der linken einen Geröllbrocken. Um seinen Hals baumelte an einem ausgefransten Strick ein alter Mühlstein. Rostige Ketten, an denen er schwere Gewichte durch den staubigen Sand schleifte, wanden sich um seine Fußgelenke. Auf dem Kopf balancierte der Mann einen halbfaulen Kürbis. Bei jedem Schritt, den er machte, klirrten die Ketten. Ächzend und stöhnend bewegte er sich Schritt für Schritt vorwärts, beklagte sein hartes Schicksal und die Müdigkeit, die ihn quälte.

Auf seinem Wege begegnete ihm in der glühenden Mittagshitze ein Bauer. Der fragte ihn: „Oh müder Wanderer, warum belastest du dich mit diesen Felsbrocken?" – „Zu dumm", antwortete der Wanderer, „aber ich hatte sie bisher noch nicht bemerkt." Darauf warf er die Brocken weit weg und fühlte sich viel leichter.

Wiederum kam ihm nach einer langen Wegstrecke ein Bauer entgegen, der sich erkundigte: „Sag müder Wanderer, warum plagst du dich mit dem halbfaulen Kürbis auf dem Kopf und schleppst an Ketten so schwere Eisengewichte hinter dir her?"

Es antwortete der Wanderer: „Ich bin sehr froh, daß du mich darauf aufmerksam machst; ich habe nicht gewußt, was ich mir damit antue." Er schüttelte die Ketten ab und zerschmetterte den Kürbis im Straßengraben. Wieder fühlte er sich leichter. Doch je weiter er ging, um so mehr begann er wieder zu leiden. Ein Bauer, der vom Feld kam, betrachtete den Wanderer erstaunt:

„Oh, guter Mann, du trägst Sand im Rucksack, doch was du da in weiter Ferne siehst, ist mehr Sand, als du jemals tragen könntest. Und wie groß ist dein Wasserschlauch – als wolltest du die Wüste Kawir durchwandern. Dabei fließt neben dir ein klarer Fluß, der deinen Weg noch weit begleiten wird!" – „Dank dir , Bauer, jetzt merke ich, was ich mit mir herumgeschleppt habe." Mit diesen Worten riß der Wanderer den Wasserschlauch auf, dessen brackiges Wasser auf dem Weg versickerte, und füllte mit dem Sand aus dem Rucksack ein Schlagloch. Sinnend stand er da und schaute in die untergehende Sonne. Die letzten Sonnenstrahlen schickten ihm die Erleuchtung: Er blickte an sich herab, sah den schweren Mühlstein an seinem Hals und merkte plötzlich, daß es der Stein war, der ihn noch so gebückt gehen ließ. Er band ihn los und warf ihn, so weit er konnte, in den Fluß hinab. Frei von seinen Lasten wanderte er durch die Abendkühle, um eine Herberge zu finden.[3]

Wie oft tragen wir Dinge mit uns herum, die uns von der Vergangenheit her belasten. Sinnvoll ist es dann, den nicht benötigten Ballast abzuwerfen und den Blick auf etwas Neues zu werfen. Und wie so oft, liegt das Neue doch so nah, man muß es nur erkennen.

Nach mehr als zwanzig Jahren Berufserfahrung in verschiedenen Unternehmen und Industrien, auf unterschiedlichen hierarchischen Stufen, dem intensiven Studium zahlreicher Fachbücher, dem Besuch zahlloser Seminare, fiel mir immer wieder auf, daß es bei der Anwendung der bisherigen Managementtechniken und Managementtheorien eine kleine, aber dennoch so wichtige Lücke gab: Es fehlte der **einfachste,** aber **erfolgreichste** Management-Grundsatz. Er ist so einfach und offensichtlich, daß er oft ignoriert, belächelt oder einfach nur aus Unwissenheit übersehen wird.

Bei einem Besuch in Taiwan 1986 fiel mir dann ein Raubdruck eines amerikanischen Buches in die Hände, das diesen Management-Grundsatz skizzierte. Lange ging ich mit dem Gedanken schwanger, diesen Grundsatz, der so einfach und simpel ist, auf die heutigen deutschen Wirtschaftsverhältnisse zu übertragen und zu diskutieren. Gerade heute muß und sollte die deutsche Wirtschaft offen sein für erfolgversprechende Techniken. Der Beweis, daß die alten Techniken überholt wurden durch die Entwicklung – wie auch das Management selbst –, sehen wir jeden Tag in Deutschland. Bevor es zu einer Katastrophe kommt, sollten wir uns öffnen für den Einsatz erfolgversprechender Managementtechniken. Hierzu will das vorliegende Buch eine Hilfestellung geben.

Das Exzellente an den amerikanischen Fachbüchern ist deren klarer, einfacher Stil, verbunden mit Beispielen aus der Praxis, um das Gelernte besser verstehen zu können. Deutsche Fachbücher dagegen sind das Trauma jedes Studenten oder Lesers. Je komplizierter ausgedrückt, um so wissenschaftlicher. Ich habe versucht, mich dem unterhaltsamen amerikanischen Stil anzupassen, denn das Lesen soll erstens Spaß bringen und zweitens Ihre kostbare Zeit nicht überstrapazieren. Sie benötigen schnelle, spezifische Informationen, die auf solider Erfahrung und gesundem Menschenverstand beruhen.

Versuchen Sie, die Ratschläge dieses Buches in Ihrem Unternehmen, bei Ihren Vorgesetzten und bei sich selbst umzusetzen, denn die beschriebenen Grundsätze sind der einfache Schlüssel zu einem erfolgreichen Management.

Teil 1:
Der Status quo der deutschen Wirtschaft

Ich möchte verändern, ich möchte sehen, daß etwas geschieht.
Ich möchte nicht nur darüber sprechen.

J. Kenneth Galbraith

1.1 Die ökonomische Realität

Seit der schwersten Wirtschaftskrise der Nachkriegsgeschichte ist das ökonomische und soziale Klima in Deutschland rauh geworden. Die deutsche Wirtschaft steckte nicht nur in einer Konjunktur-, sondern, was noch schlimmer ist, in einer Strukturkrise. Während in Amerika in Milliardentransaktionen Telefongesellschaften, Computerunternehmen, Kabelfernsehgesellschaften und andere zukunftsträchtige Unternehmen fusionieren und alliieren, um integrierte Informationskonzerne des 21. Jahrhunderts zu schaffen, werden in Deutschland Branchen und Industrien des 19. Jahrhunderts subventioniert.

In Amerika und Japan, wie auch in anderen entwickelten Teilen Asiens, werden in Zukunft die Menschen über neuartige Fernsehcomputer Zugang zu einer praktisch unendlichen Fülle von Text-, Bild- und Toninformationen aus der ganzen Welt haben: Hunderte von Fernsehkanälen, Home-banking, Home-shopping, multimediale Lernprogramme, Kinofilme aus Datenbanken, elektronische Zeitungen und zu Hause geleistete Telearbeit verändern das Berufsleben in Amerika, Japan und Fernost. Sie alle brechen in eine Informationsgesellschaft auf.

Das weltweite wirtschaftliche Überlebensthema der entwickelten Volkswirtschaften heißt **Geo-economics.**

Die neue Theorie besagt, daß mit dem Ende des kalten Krieges die hochentwickelten Nationen aus dem Zeitalter der Geo-Politik in das der Geo-Ökonomie eingetreten sind. Während bisher um Territorien und Einflußzonen gekämpft wurde, wird dieser Kampf nun fortgeführt um die globalen Hochtechnologiemärkte. Wer diese Entwicklung im Ausland verfolgt und erlebt und dann nach Deutschland zurückkehrt, kommt in eine Welt von gestern.

Die Debatten, die über den Produktionsstandort Deutschland in der Öffentlichkeit geführt wurden und immer noch werden, gelten nicht den neuen Fragen und Industrien. Sie konzentrieren sich weiterhin auf die Probleme der klassischen Industrien: Schiffbau, Bergbau, Maschinenbau, Automobile, Elektrotechnik und Chemie. Sie alle stecken in der Krise. Zu viele Subventionen wurden schon in der Vergangenheit für veraltete Branchen vergeudet. In Westdeutschland besetzten Steinkohle-Kumpel ein Kraftwerk, um sich gegen den Abbau ihrer Arbeitsplätze zu wehren. In Ostdeutschland gingen die Braunkohle-Kumpel auf die Straße. Der Hungerstreik der Kalibergleute von Bischofferode war ebenso ein Beispiel für die Zuspitzung des sozialen Klimas wie die Demonstrationen der ostdeutschen Bauern, der westdeutschen Stahlkocher und der Bauarbeiter. Längst hat der Arbeitsplatzabbau nicht nur die Dinosaurier-Branchen ergriffen, sondern auch Zukunftsunternehmen wie die Luftfahrtindustrie und die EDV-Hersteller. Die Zahlen sind jedenfalls alarmierend: Allein die EDV-Hersteller haben in den Jahren 1991 und 1992 17.000 von insgesamt 82.000 Stellen abgebaut. In der Kraftfahrzeugbranche fielen im gleichen Zeitraum knapp 100.000 von rund 900.000 Arbeitsplätzen dem Rotstift zum Opfer. In der gesamten Industrie addieren sich die Arbeitsplatzverluste auf eine halbe Million, und ein Ende ist noch nicht abzusehen. Dabei stehen nicht nur minderqualifizierte Arbeitskräfte auf der Straße und im Arbeitsamt, sondern auch praxiserprobte Akademiker, vorwiegend aus dem Mittelmanagement. Die noch bestehenden, aber weiterhin gefährdeten Arbeitsplätze werden von ihren Besitzern um so härter verteidigt, je knapper die Mangelware Arbeit wird. Währenddessen klagen die Unternehmer über zu hohe Arbeitskosten und Soziallasten, die die Konkurrenzfähigkeit gefährden.

Massenarbeitslosigkeit und zunehmende Armut spalten die Deutschen. Die millionenfache Massenarbeitslosigkeit hat sich mit der Tendenz steigender Langzeitarbeitslosigkeit nicht nur verfestigt, sondern sogar stark erhöht. Im Januar 1995 gab es in Deutschland 3,85 Millionen Arbeitslose, davon im Westen 2,745 Millionen (8,9 Prozent) und im Osten 1,105 Millionen (14,7 Prozent). Die offizielle gesamtdeutsche Arbeitslosenquote liegt bei zehn Prozent, bei einer verdeckten Arbeitslosigkeit von weiteren 2 bis 3 Millionen Menschen. Der Anstieg der Arbeitslosigkeit wird als „trauriger Beweis für das unverminderte Andauern der beispiellosen Rationalisierungswelle in der deutschen Wirtschaft“[4] gewertet. – Der Unmut wächst. Und die Zukunft verheißt noch weit Schlimmeres. Bereits in zwei Jahren, so die Vorhersage des Baseler Wirtschaftsforschungsinstituts Prognos, werden mehr als 6,7 Millionen Arbeitsplätze fehlen. Jeder sechste Deutsche ist dann ohne Job. Sogar ein komplettes Drehbuch für den Niedergang Deutschlands ist bereits geschrieben. In der für die Vereinten Nationen im Frühjahr 1993 fertiggestellten Studie **„Wohlfahrt in einer zivilen Gesellschaft"** sieht ein Team von Gesellschaftsforschern Deutschland im Jahr 2030 am Rande der Anarchie: 25 Prozent der Erwerbsbevölkerung seien dann arbeitslos, ohne jede Aussicht auf eine Beschäftigung. Ein weiteres Viertel käme mit Gelegenheitsjobs gerade so über die Runden.[5]

Warnfried Dettling schrieb in der Wochenzeitung „Die Zeit", daß die Stabilität der deutschen Gesellschaft gefährdet sei. Nicht durch braune Hemden oder rote Socken, sondern durch den drohenden Zerfall der „Mitte". Armut bedroht inzwischen ganze Bevölkerungsgruppen. Armut als Folge von Langzeitarbeitslosigkeit.[6]

Doch wo bleibt das aufeinander abgestimmte Handeln von Wirtschaft und Politik?

Auf allen Ebenen von Staat und Gesellschaft denkt jeder nur an sich:

- Das Verhältnis zwischen Bürger und Staat ist gestört wie nie zuvor.
- Bund, Länder und Gemeinden sind weit davon entfernt, die öffentliche Verschuldung zu bremsen.
- Die Beamten und der Parteienapparat bedienen sich weiterhin mit vollen Händen aus dem Staatssäckel. Von Solidarität und Sozialgemeinschaft keine Spur.
- Das Klima in den Unternehmen zwischen dem Management und der Belegschaft ist frostiger geworden.
- Entlassungen, notwendige und vor allem nicht notwendige, werden auf Kosten der Solidargemeinschaft durchgezogen.
- Mißmanagement der Unternehmensleitungen wird auf dem Rükken der nichtbeteiligten, jedoch durchaus qualifizierten Belegschaft zu sanieren versucht.

Die notwendigen Strategien zur Beseitigung des Mißmanagements lassen „wenig Raum für Übungen in unternehmerischer Demokratie", da der „patriarchalische Führungsstil" sicherer und schneller zum Erfolg führt. Die Renaissance eines längst totgeglaubten Unternehmerbildes scheint vor der Tür zu stehen.[7] Dabei ist die Malaise der deutschen Wirtschaft hauptsächlich den deutschen Managern, Unternehmensberatern, Gewerkschaftern sowie den Politikern anzulasten. Nicht den Arbeitnehmern, nicht dem Ausland, nicht den Kosten, sondern der Visions- und Phantasielosigkeit des deutschen Managements. Aber alle anderen sitzen auf der Anklagebank der deutschen Wirtschaft, nur nicht unsere Wirtschaftsführer.

Angemahnt wird auch die Sicherung des deutschen Wirtschaftsstandortes. Der Empfänger ist die Regierung. Doch was macht die Wirtschaft selber? Immer noch ist der Unternehmer, der Manager, als erster gefordert, etwas zu unternehmen. Daran soll die Politik nicht hindern, sondern unterstützen, aber sie kann nicht an seine Stelle treten.

In vielen Betrieben sind die Manager eher Verwalter; sie orientieren sich mehr an der Wahrung des Bestehenden als an einer mutigen Auseinandersetzung mit dem Markt. Viele sind **Schönwetterkapitäne** und untereinander austauschbar, ohne daß dies überhaupt gemerkt werden würde. Sie haben gelebt und ihre Erfolge gehabt in den Wachstumsphasen. Vielleicht wären die Erfolge sogar noch größer gewesen, wenn schon früher die **richtigen** Manager oben gesessen hätten. Wie man Unternehmen, die erfolgreich waren, selbst in guten Zeiten **kaputtmanagen** kann, hat vor allem der ehemalige Vorstandsvorsitzende *Edzart Reuter* mit seinen Mannen bei Daimler-Benz bewiesen. Das **Resultat** für den kleinen Mann am Fließband? Rund 50.000 Entlassungen bei Daimler bis Ende 1994. Die **Belohnung** für den Vorstand? Eine Erhöhung der Vorstandsbezüge um 13,1 Prozent auf rund 1,9 Millionen Mark per Jahr und Mitglied. Und die Klagen der Wirtschaft:

- Die Arbeit ist zu teuer.
- Das soziale Netz ist zu dicht.
- Der Staat mischt überall mit.
- Zu wenig Marktwirtschaft.
- Investitionen lohnen nicht.

Die Liste der Klagen ließe sich beliebig fortführen. Wenn jedoch die deutsche Wirtschaft gefragt wird, wo die Entwicklungen neuer Produkte und innovativer Produktionstechniken bleiben, die entsprechend vermarktet werden können, dann herrscht Sprachlosigkeit. Warum wurde zum Beispiel das Telefax von Siemens in Deutschland erdacht, aber in Fernost weiterentwickelt und erfolgreich weltweit vermarktet?

Durch Zögern, falsches Verhalten und fehlgeleitete Entscheidungen wurde der Anschluß an die Spitze in Schlüsseltechnologiebereichen, wie der Mikroelektronik oder der Gentechnologie, verpaßt. Es wurde und wird immer noch zu lange diskutiert, debattiert, lamentiert, statt zu entscheiden und zu investieren sowie die sich bietenden Chancen zu nutzen. Die Pharmaindustrie, um nur eine zu nennen, hat sich jahrelang auf satten Gewinnen ausgeruht, ohne gleichzeitig genügend Forschung für echte Innovationen zu betreiben. Wo bleibt da die Verantwortung unserer Spitzenmanager? Wo bleiben die vorausschauenden Konzepte der deutschen Wirtschaft?

Statt dessen beginnt eine hektische Wiederholung von alten Managementtheorien, beziehungsweise erhofft man sich eine Wunderheilung durch japanische Konzepte wie **just in time, lean management** und **lean production.**[8] Aber die Adaptierung dieser Theorien, Techniken und Konzepte darf das eigene Nachdenken nicht ersetzen. Deutschlands Wirtschaft darf weltweit nicht immer nur noch hinterherlaufen, sondern wir müssen wieder selbst analysieren, Ziele setzen und Strategien entwickeln, die uns kurz-, mittel- und langfristig sicher ins nächste Jahrtausend bringen.

Das ehemalige „Modell Deutschland" muß wieder auf den neuesten Stand gebracht werden. Benötigt werden nicht nur offene, dynamische, kreative neue Manager in Mittel- und Top-Positionen, sondern auch motivierte Mitarbeiter. Das gilt sowohl für die Wirtschaft als auch für die Gewerkschaften und die Politik.

Denn: kein Fortschritt ohne die **Ressource Mensch.** Diese muß **genutzt, nicht benutzt** werden. Das würde allerdings bei den meisten Managern ein radikales Umdenken voraussetzen. Wer Personal nur als Kostenfaktor begreift, wer nicht selber regelmäßig die Nähe zur Basis, zur Produktion sucht, wer sich selbst in der Mittagspause im Führungskräfte-Kasino unter seinesgleichen mischt, statt sich in der Kantine in die Reihe seiner „einfachen" Mitarbeiter einzureihen, wird kaum glaubwürdige Fortschritte erzielen.

Wenn Mitarbeiter ganz ungezwungen und ohne Angst ungeschminkt Fehler und Probleme aufzeigen könnten und auch noch gehört würden, ohne gleich als Querulanten und Querdenker abqualifiziert zu werden, dann wäre dies in deutschen Unternehmen schon so etwas wie eine kleine Kulturrevolution. Aber, wenn nicht auf diese Art und Weise, wie sonst sollen Verbesserungen, Ideen und Engagement initiiert werden?

Bis heute lähmen noch immer – trotz größter Dementi – starre Stellenbeschreibungen und ein vielfach bürokratisches Vorschlagswesen die Kreativität und die Einsatzfreude von unten. Von der Umsetzung neuer Produktions- und Arbeitsmethoden ganz zu schweigen. Jedes Unternehmen muß für sich selbst kritisch prüfen, in welcher Form zum Beispiel japanische Erfahrungen übernommen oder betriebsgerecht adaptiert werden können, beziehungsweise sogar weiterentwickelt werden müssen. Hinzu kommt in einem Land mit sehr weitgehenden Mitbestimmungsrechten der Betriebsräte und der hinter ihnen stehenden Gewerkschaften der Dialog mit den Arbeitnehmervertretern. Der Forderung der Gewerkschaften nach Humanisierung der Arbeit kommt sicherlich die Abkehr vom reinen „Malocher" zum kreativ mitdenkenden Arbeitnehmer sehr weit entgegen.

Auf der anderen Seite weckt die Verlagerung von Verantwortung auf die Basis und die Veränderung erprobter Betriebsstrukturen die Forderung nach erweiterten Beteiligungs- und Mitbestimmungsrechten seitens der Gewerkschaften. Hier gilt es, im Interesse des Unternehmens und des Produktionsstandortes Deutschland annehmbare Kompromisse zu finden. Für das Management kommt es darauf an, die Richtung vorzugeben und ehrlich zu sagen, wohin die Reise gehen soll. Lean Management als Schlagwort reicht nicht aus. Die Unternehmen müssen die Kreativität und das Wissen der Belegschaft stärker mobilisieren und belohnen.[9]

1.2 Eine Kurzanalyse Ihres Unternehmens

Der Beschreibung des Zustands der deutschen Wirtschaft folgt, als conditio sine qua non, die Auseinandersetzung mit dem Unternehmen, in dem Sie selbst beschäftigt sind. Gehört es zu den wenigen exzellenten Unternehmen, die erfolgreiche Managementgrundsätze einsetzen, die professionelles Management und Managementtechniken als wesentliche Erfolgsfaktoren ins Zentrum der Überlegungen stellen? Oder gehört es zu der Vielzahl jener Unternehmen, die fast alles dem Zufall überlassen beziehungsweise noch alten, überholten Theorien und Erfahrungen nachhängen? *Michael Hammer* und *James Champy* behaupten in ihrem Bestseller **Business Reengineering,** daß es kein einziges Unternehmen gibt, dessen Management nicht – zumindest für die Ohren der Öffentlichkeit – proklamiert, es strebe eine Organisation an, die flexibel genug ist, um sich an rasche Veränderungen der Marktbedingungen anzupassen, schlank genug, um alle Konkurrenten im Preis zu schlagen, innovativ genug, um Produkte und Dienstleistungen auf dem neuesten Stand zu halten, und engagiert genug, um ein Maximum an Qualität und Kundenservice zu bieten. Beide Autoren fragen sich zu Recht, wenn das Management sich also ein Unternehmen wünscht, das schlank, beweglich, flexibel, reaktionsschnell, wettbewerbsfähig, innovativ, effizient, kundenorientiert und profitabel ist, warum sind dann so viele Unternehmen aufgebläht, unbeweglich, starr, träge, nicht wettbewerbsfähig, unkreativ und ineffizient, unbekümmert gegenüber Kundenwünschen und unprofitabel. Die Antwort liegt in der Art und Weise, wie diese Unternehmen ihre Arbeit verrichten und warum sie dies so tun.[10]

Von *Peters* und *Waterman* wurde festgestellt, daß exzellente Unternehmen als Quelle ihrer Grundtugenden sogenannte **weiche Elemente** ihrer Unternehmenskultur wie **Führungsstil, Spezialkenntnisse, Qualifikation des Stammpersonals und Selbstverständnis** gefördert haben.

Wenn in Unternehmen Risikobereitschaft belohnt wird, wenn Mitarbeiter als die entscheidende Ressource gesehen werden, wenn Impulse von Kunden spontane Reaktionen auslösen, wenn man sich auf das eigentliche Geschäft konzentriert, so geht dieses Verhalten selten aus der Organisationsstruktur, der Strategie oder dem Führungssystem eines Unternehmens hervor.[11]

Die entscheidenden Merkmale finden sich in der **gelebten Unternehmenskultur.** Und daraus ergeben sich dann exzellente Unternehmen. Allerdings verändern sich auch die Kulturen dieser Organisationen im Zeitablauf. Einige der von *Peters* und *Waterman* vorgestellten Unternehmen sind heute nicht mehr das, was sie bei der Analyse waren, nämlich herausragend. Das beste Beispiel dafür ist die IBM. Über Jahrzehnte hinweg war das Unternehmen erfolgreich und die Aktien gehörten zu den **blue chips** an den Börsen. Fehlentscheidungen im Management, Selbstzufriedenheit und das Negieren von erkennbaren Zukunftstrends haben das einst exzellente Unternehmen ins Gerede gebracht. Als Pendant zur IBM wäre in Deutschland die Entwicklung von Daimler-Benz zu nennen. Das ehemalige Vorzeigeunternehmen ist heute nur noch ein Schatten seiner ehemaligen, erfolgreichen Vergangenheit. Die Lehre daraus kann nur heißen, sich nicht auf den **Lorbeeren der Vergangenheit** auszuruhen, sondern den ökonomischen Wandel zu antizipieren und mitzubewirken. *Peters* und *Waterman* stellten bei ihren empirischen Untersuchungen weiterhin fest, daß die besonders erfolgreichen Unternehmen sich vor allem in den einfachen Grundtugenden unternehmerischen Handels auszeichneten. Bei ihnen waren Managementinstrumente kein Ersatz für Denken. Der Intellekt machte nicht die Klugheit mundtot. Analyse blockierte nicht das Handeln. Das Besondere an den erfolgreichen, innovativen Unternehmen kommt in den folgenden acht Merkmalen zum Ausdruck:[12]

- **Das Primat des Handelns:**
  „Probieren geht über studieren" oder anders ausgedrückt, „Do it, try it, fix it".

- **Die Nähe zum Kunden:**
  „Der Kunde ist König", nicht nur als reines Lippenbekenntnis, sondern als Philosophie und eisernes Prinzip. Solide Unternehmen bieten unvergleichliche Qualität, Serviceleistungen und Zuverlässigkeit.
- **Freiraum für Unternehmertum:**
  „Wir wollen lauter Unternehmer." Innovative und kreative Mitarbeiter werden gefördert. Sie fördern Risikobereitschaft und halten fehlgeschlagene Versuche für der Mühe wert. Sie folgen *Fletcher Byrons* neuntem Gebot: „Sieh zu, daß du genügend Fehler machst."
- **Produktivität durch Menschen:**
  „Auf den Mitarbeiter kommt es an." Jeder Mitarbeiter wird als Quelle für Ideen, nicht nur als zwei arbeitende Hände angesehen.
- **Sichtbar gelebtes Wertsystem:**
  „Wir meinen, was wir sagen – und tun es auch." *Thomas Watson jr.*, ehemaliger Präsident von IBM, erklärte einmal: „Die Grundphilosophie eines Unternehmens hat mehr Einfluß auf seine Leistungsfähigkeit als technologische oder finanzielle Ressourcen, Organisationsstruktur, Innovationsrate oder Timing."
- **Bindung an das angestammte Geschäft:**
  „Schuster bleib bei deinem Leisten." Kaufen Sie nie eine Firma, von der Sie nichts verstehen. Daimler-Benz-Diversifikationen sprechen eine deutliche – wenn auch traurige – Sprache.
- **Einfacher, flexibler Aufbau:**
  „Kampf der Bürokratie."
- **Straff-lockere Führung:**
  „Soviel Führung wie nötig, so wenig Kontrolle wie möglich."

Die vorgenannten acht Merkmale sind Platitüden, nichts anderes als Schlagworte, Binsenweisheiten, kaum sensationell und überhaupt nichts Neues. Sie sollten normalerweise zum Führungsstil und zur gelebten Firmenkultur eines jeden Unternehmens gehören. Leider ist das nur ganz selten der Fall. Nahezu jeder Manager würde zustimmen, wenn es heißt, daß **die Mitarbeiter das wertvollste Kapital des Unternehmens sind,** nur in der Realität verhält sich keiner danach.

Wie sieht die Realität in Ihrem Unternehmen aus?

- Ist das Unternehmen mehr an kurzfristigen Ergebnissen interessiert als an langfristigen Erfolgen?
- Werden neue Entwicklungen verschlafen oder negiert?
- Ist die Bürokratie ausgeufert?
- Überträgt man erfolgreiche Vergangenheit auf zukünftiges Verhalten?
- Wird Risikobereitschaft bei Fehlschlägen bestraft?

- Werden schnelle, notwendige Entscheidungen durch taktische Manöver verzögert?
- Wird Loyalität gefordert und werden Mitarbeiter im Gegenzug schnellstens freigesetzt, wenn es in das Unternehmenskonzept paßt?
- Ist „Politik“ wichtiger als benötigte Sachlichkeit?

Wie verhält sich Ihr Vorgesetzter?

- Achtet er mehr auf geschäftiges Tun als auf gewünschte Resultate?
- Erwartet er hervorragende Arbeit möglichst vorgestern?
- Nimmt er regelmäßig Arbeit mit nach Hause oder ist er sehr lange im Büro?
- Liebt er eher Opportunisten als konstruktiv kritische Mitarbeiter?
- Erinnert er Sie öfter an Ihre „Flops“ als an Ihre Erfolge?
- Macht er alles Wichtige selbst, anstatt zu delegieren?
- Entscheidet er aufgrund von Informationen aus zweiter Hand statt aufgrund von Kontakten mit der Basis?
- Ist er eher ein Taktiker, ein Politiker, als ein sachlicher Entscheider?

Wichtig ist außerdem, was Sie in Ihrer Firma darstellen. *Wie sehen Sie Ihre eigene Rolle im Unternehmen?*

- Haben Sie öfters gute Ideen oder Vorschläge unterbreitet, aber keiner war daran interessiert?
- Arbeiten Sie zielorientiert und erfolgreich, aber die Opportunisten machen Karriere?
- Fühlen Sie sich ungerecht behandelt, wenn Sie erfolgreich waren, aber keiner Notiz davon nahm?
- Stellen Sie immer wieder fest, daß Leistung nicht gewürdigt wird?
- Läßt man Sie „wissen“, daß konstruktiv kritische Beiträge von Ihnen unerwünscht sind?
- Haben Sie es schwerer als die „Angepaßten“, Ihre Budgets durchzusetzen?
- Laufen wichtige Informationen immer wieder an Ihnen vorbei?
- Gehen Sie abends öfters müde nach Hause, mit dem Gefühl, daß Sie den ganzen Tag mit einer Anzahl nutzloser, zeitkostender Sitzungen, Arbeiten und Diskussionen verbracht haben?

Wenn Sie die überwiegende Anzahl der aufgeführten Fragen bejahen müssen, dann können Sie mit an Sicherheit grenzender Wahrscheinlichkeit davon ausgehen, daß Ihr Unternehmen nie oder nicht mehr zu den exzellenten Unternehmen gehört (hat) und daher **Erfolgs-Management** nicht kennt oder nicht mehr anwendet.

Teil 2:
Die Grundlagen des Erfolgs-Managements

Eine Wahrheit kann erst wirken,
wenn der Empfänger für sie reif ist.
Nicht an der Wahrheit liegt es daher,
wenn die Menschen noch so voller
Unweisheit sind.

Christian Morgenstern

2.1 Der wichtigste Grundsatz

Nie gab es nach dem Ende des Zweiten Weltkrieges so viele neue Managementtechniken wie in den letzten Jahren: Downsizing (Kapazitätsabbau), Outsourcing, Total-Quality-Management, Benchmarking oder Reengineering, um nur einige zu nennen.

Jede dieser Techniken hat ihre Meriten. Aber, mit Ausnahme von Outsourcing und Reengineering, sind diese Techniken hauptsächlich eine Wiederholung dessen, was bereits unter anderen Bezeichnungen bekannt ist. Es sind „Wie wird es gemacht"-(How to do-)Techniken. Die größere Herausforderung im Management der heutigen Zeit liegt in den neuen Techniken des „Was ist zu tun" (What to do), um dem permanenten ökonomischen Wandel Paroli bieten zu können. Ehemalige Vorzeigeunternehmen sind in Schwierigkeiten, weil sie es entweder versäumt haben, sich wettbewerbsfähig zu halten oder weil die Unternehmensphilosophien nicht mehr markt- und zeitgerecht sind. Die Unternehmen müssen wieder auf die Märkte ausgerichtet werden. Es gilt, die potentiellen Kunden und Wettbewerber zu identifizieren, deren Verhalten, Wünsche und Werte. Es geht um die Dynamik der Technik und des technologischen Wandels im Zeitablauf. Und es geht um die Stärken und Schwächen der Unternehmen.

Unternehmen wie General Motors und IBM haben den amerikanischen Markt lange Zeit dominiert, so wie Mercedes Benz den Markt für Luxusautomobile. Ihre Unternehmensphilosophien haben einst den Erfolg der Unternehmen mitbegründet. Einige dieser Unternehmensgrundsätze sind so stark, daß sie Jahrzehnte überdauert haben.

Irgendwann wurden sie jedoch obsolet, ohne daß dieses von den Unternehmen und deren Managern erkannt wurde.

Wenn erste Anzeichen vorhanden sind, daß die allgemeingültigen Unternehmensgrundsätze obsolet werden, dann ist es spätestens Zeit, diese Grundsätze neu zu überdenken. Diese Erkenntnis gilt für alle Unternehmen weltweit. Das erklärt auch zum Teil die Malaise der deutschen Wirtschaft und insbesondere der Industrie.

Die deutsche Wirtschaft und somit auch die deutsche Industrie benötigen bessere Resultate – und das möglichst schnell. Das ist keine Frage der Rezession, der Strukturkrise oder des wirtschaftlichen Umfeldes, sondern eine Frage von grundsätzlicher und elementarer Bedeutung. Überheblichkeit und Inkompetenz haben den deutschen Unternehmen in den letzten Jahrzehnten zugesetzt. Ausländische Wettbewerber – und hier vor allem aus dem fernöstlichen Bereich, mit Japan an der Spitze – zeigen, was möglich ist, zeigen aber auch gleichzeitig die Schwächen der westlichen Unternehmen auf. Trotz dieser Phalanx fernöstlicher Stärke haben die deutschen Unternehmen noch ihre Chancen!

Wir können entweder neue Wege finden, um gemeinsam effektiver und erfolgreicher zu arbeiten, oder aber wir resignieren und finden uns damit ab, daß in Zukunft der Gürtel enger geschnallt werden muß. Bitte halten Sie mich für keinen Propheten, der Ihnen alles düster und negativ beschreiben möchte, so wie es die Medien gerne in Zeiten der Rezession, Stagnation oder Strukturkrise vorziehen. Ganz im Gegenteil! Wie fatal es sein kann, solchen Auguren zu folgen, zeigt die Geschichte von dem Hot-dog-Verkäufer:[13]

Ein alter Mann verkaufte schon seit Jahren in seiner Bude an einer Straßenecke köstliche Hot dogs. Er konnte nicht gut hören, deshalb hatte er auch kein Radio. Er hatte Schwierigkeiten mit den Augen, deshalb las er keine Zeitung. Aber er verkaufte viele köstliche Hot dogs. Obwohl er nicht wußte, was Marketing bedeutet, stellte er auf der Straße Schilder auf, die verkündeten, wie gut seine Hot dogs waren.

Er stand am Straßenrand und rief: „Kaufen Sie Hot dogs, meine Damen und Herren!" Und die Leute kauften. Jeden Tag mehr, denn die Qualität und die Köstlichkeit seiner Hot dogs sprachen sich herum.

Er erhöhte seine Würstchen- und Brötchenbestellungen. Er kaufte einen größeren Stand für sein wachsendes Geschäft und stellte mehrere Helfer ein.

Dann besuchte ihn sein Sohn, der gerade sein Wirtschaftsstudium erfolgreich abgeschlossen hatte. Der Sohn sagte: „Vater, hast Du nicht Radio gehört? Hast Du nicht die Zeitung gelesen? Wir befinden uns in einer Rezession! Die Lage in Europa, Amerika und Japan ist furchtbar. Die Lage hier in Deutschland ist sogar noch schlimmer."

Daraufhin überlegte der Vater: Nun, mein Sohn hat studiert. Er war auf der Universität. Er liest schlaue Bücher und die Zeitung. Er muß es also genau wissen. Also reduzierte der Vater die Würstchen- und Brötchenbestellungen wieder, entließ seine Helfer, baute seine Straßenschilder ab und machte sich auch nicht mehr die Mühe, sich an den Straßenrand zu stellen, um seine Hot dogs laut anzupreisen. Und fast über Nacht sanken seine Verkaufszahlen. Einige Monate später war er pleite.

„Du hast recht gehabt, Junge", sagte der Vater zu seinem Sohn, als er ihn besuchte, „wir sind ganz sicher mitten in einer Rezession."

Ich möchte an der jetzigen „Weltuntergangsstimmung", an Rezession und Strukturkrise antizyklisch ansetzen und behaupte, mit den richtigen Managementgrundsätzen und deren Durchsetzung ist unsere Zukunft aufregend, spannend, und das Potential für den ökonomischen Erfolg ist nahezu unbegrenzt. Doch um diese Potentiale zu erreichen und auszunutzen, **müssen wir einen fundamentalen Wechsel vornehmen in der Art und Weise, wie wir unsere Unternehmen und unsere Mitarbeiter führen.**

Neben den Kunden und Produkten bzw. Dienstleistungen sollte die richtige Führung der Mitarbeiter eines der wichtigen Themen der effektiven Unternehmensführung sein. Denn „ein Gespenst geht um in unseren Unternehmen – das Gespenst der inneren Kündigung", wie *Reinhard Höhn* es plakativ ausgedrückt hat.

Wie sieht der innerlich gekündigte Mitarbeiter aus?

Er hat kein Interesse mehr an Auseinandersetzungen, ist zum typischen Ja-Sager geworden. Wie ein Schrankenwärter wartet er auf das Klingeln. Er unterbreitet keine Vorschläge und nimmt Entscheidungen seines Chefs, insbesondere auch Eingriffe in seinen Kompetenzbereich nur noch mit lahmem Widerstand hin. Sollte er dennoch gelegentlich seine eigene Meinung kundtun, stimmt er aber eilends seinem Chef zu, wenn dieser darauf beharrt, daß das Wasser den Berg hinauffließe. „Fehler vermeiden" heißt die Hauptdevise und öfters „Krankfeiern" gehört zum Standardrepertoire. Das Interesse an Karriere ist zugunsten **außerbetrieblicher** Betriebsamkeit gesunken. Wenn man die Mitarbeiter daraufhin ansprechen würde, klänge das so: „Ich habe dem Unternehmen bereits seit längerem meine innere Kündigung ausgesprochen. Ich werde die täglich anfallenden Routinearbeiten erledigen, pünktlich erscheinen, mich nicht mehr aufregen, vor allem aber pünktlich nach Hause gehen und mich meinem Privatleben widmen." Leider limitiert die innere Selbstpensionierung dabei nicht notwendigerweise die Karriere. Im Gegenteil: Anstatt die Verhaltensänderung als Warnsignal zu begreifen, glauben viele Führungskräfte, sie hätten den eigensinnigen Mitarbeiter „gezähmt" und belohnen mit der Beförderung des ehemals Unangepaßten ihre **eigene** Leistung. Lernbegierige Kollegen ersehen daraus, daß „mit halber Kraft und Widerstandslosigkeit" letztlich mehr zu erreichen ist. Die Konsequenz für das Unternehmen und die Volkswirtschaft kann bedrohlich sein. Ganze Firmen können sich im Bannkreis der inneren Kündigung befinden. Wer hat es nicht schon erlebt? An der Art und Weise, wie man am Empfang begrüßt wird, am Umgangston im Vorzimmer und in der Telefonzentrale, beim Pförtner oder aus Gesprächen mit den Fahrern der Firmen, an der Art, wie Mitarbeiter über die Firma oder ihre Vorgesetzten sprechen. An der unpersönlichen Gestaltung der Arbeitsräume, am Mangel an Kreativität, an der Bearbeitung von Beschwerden und am Mangel an Humor. Es ist unschwer zu erkennen: „Leben nach 17.00 Uhr".[14] Dieses Verhalten ist auch bekannt als die sogenannte **Nine-to-five-Mentalität.**

Sollten Sie noch Zweifel daran haben, ob unsere Unternehmen in Schwierigkeiten stecken, dann berücksichtigen Sie bitte die folgenden Tatsachen:

- Die deutschen Arbeitskosten sind im Ländervergleich zu hoch (siehe dazu auch Abbildung 1).
- Die Staatsquote in Deutschland beträgt 45 Prozent.
- Trotz aufkeimender Konjunktur wird nach wie vor Personal in erheblichem Umfang abgebaut.
- Eine Arbeitslosenquote von durchschnittlich 10 Prozent oder ca. 4 Millionen Menschen.
- Unsere Unternehmen weisen eine schlechtere Produktivität als die Amerikaner und Japaner auf, wobei das Produktivitätswachstum ein Schlüssel ist, um den Lebensstandard zu halten oder zu erhöhen.
- Die Qualität unserer Produkte und das Image „Made in Germany" sind verblaßt. Die Basisindustrien wie Stahl, Automobile und elektrische Produkte sind überholt worden von Ländern mit modernerer Industrie, effizienteren Mitarbeitern und Gewerkschaften, die offen waren für technologische Neuerungen und Innovationen.
- Sowohl durch immer höhere Belastungen der Unternehmen und der Bürger durch den Staat als auch über die immer schneller steigende Staatsverschuldung werden die ökonomische Basis und der zukünftige Handlungsspielraum eingeschränkt und das Vertrauen des Bürgers und Unternehmers zum Staat erschüttert.
- Die große Zahl der oft inkompetenten Beamten und Bediensteten des öffentlichen Dienstes mit ihrer kaum zu messenden Produktivität muß von den Mitarbeitern der privaten Wirtschaft mitfinanziert werden.

- Wenn die Bürger unseres Staates gefragt werden würden, worauf die desolate Lage des Staates und der meisten Unternehmen zurückzuführen ist, so würde mit an Sicherheit grenzender Wahrscheinlichkeit das Faktum genannt werden: **absolutes Mißmanagement, sowohl in der Politik als auch in der Wirtschaft.**

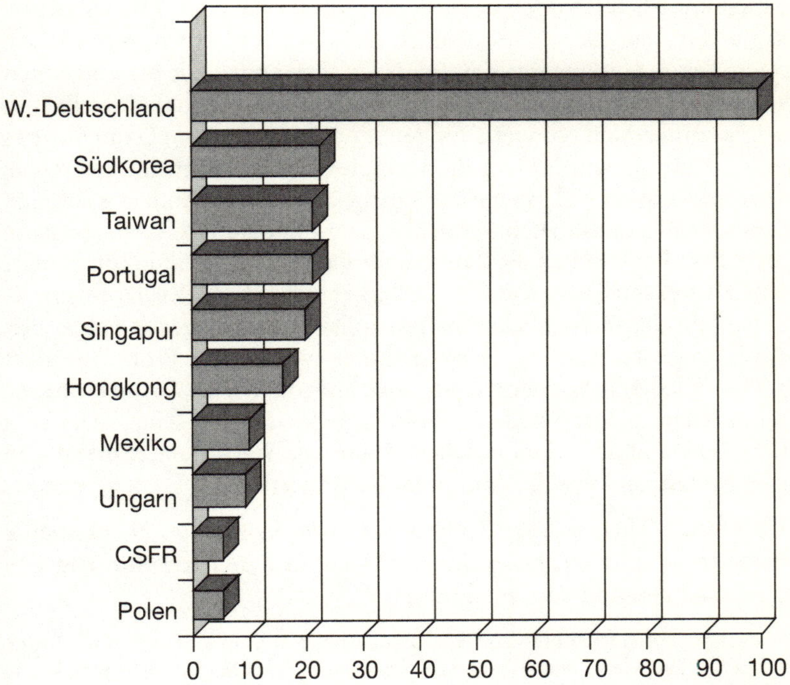

Quelle: *Die Zeit*, Nr. 37, 10.9.1993

Abb. 1: Arbeitskostenvergleich (Stundenlohn und Zusatzkosten, alte Länder 1992)

Vor einigen Jahren begann ich bereits damit, herausfinden zu wollen, ob es Antworten zu den Managementkrisen gibt. Systematisch begann ich Unterlagen zu sammeln und zu analysieren, die das Thema auch nur im entferntesten behandelten, um so viele Informationen wie nur möglich und nötig zu bekommen.

Ich analysierte Managementprobleme, Zeit-Management und japanisches Management. Ich besuchte Qualitätszirkel und Total-Quality-Management-Seminare. Ich versuchte, unterschiedliche Methoden anzuwenden, um Ziele zu setzen und zu erreichen, Streß zu managen, Probleme zu lösen, kreativ die tägliche Papierflut einzudämmen und die Sekretärin zur Assistentin zu schulen und zu motivieren.

Ich hörte und las die Arbeiten von wichtigen Professoren, Forschern, Ökonomen, Consultants und Politikern. Dabei wurde mir jedoch eines immer klarer: Wenn man die Standpunkte all dieser Experten hört und sieht und liest, dann stehen die Chancen sehr gut, daß man anschließend total verwirrt ist.

Einige sprachen darüber, wie komplex das Problem sei. Das wiederum sagte mir, daß sie wahrscheinlich genauso verwirrt waren wie ich auch. Schon vor längerer Zeit lernte ich, daß Dinge, die man nicht verstand oder die man nicht zusätzlich zu seiner Arbeit haben wollte, als sehr komplex und schwierig hingestellt werden mußten. Dann hörte es sich so an, als würde man die Komplexität des Problems verstehen, aber man mußte es dann meistens nicht selbst lösen. Andere wiederum versuchten grundsätzlich Sündenböcke zu finden. Dieses waren dann meistens: die Politiker, die Banken, die Gewerkschaften, inkompetente Mitarbeiter, ausländische Wettbewerber oder deren Regierungen. Es entspricht der menschlichen Natur, andere für die eigenen Fehler verantwortlich zu machen. Aber dadurch werden die Probleme nicht gelöst. Wieder andere hatten eine Vielzahl von Ideen, wie die Probleme schnellstens gelöst werden könnten. Jeder stützte seine Ideen mit unterschiedlichen ökonomischen Theorien, Statistiken, Erhebungen und Annahmen, wie die ökonomische Welt arbeitet.

Aber keine Theorie oder Technik war wie die andere. Nichts paßte wirklich zusammen. Das erinnerte mich an die Geschichte von den Schaulustigen und dem Elefanten:[15]

Man hatte einen Elefanten zur Ausstellung bei Nacht in einen dunklen Raum gebracht. Die Menschen strömten in Scharen herbei. Da es dunkel war, konnten die Besucher den Elefanten nicht sehen, und so versuchten sie, seine Gestalt durch Betasten zu erfassen. Da der Elefant groß war, konnte jeder Besucher nur einen Teil des Tieres greifen und es nach seinem Tastbefund beschreiben. Einer der Besucher, der ein Bein des Elefanten erwischt hatte, erklärte, daß der Elefant wie eine starke Säule sei; ein zweiter, der die Stoßzähne berührte, beschrieb den Elefanten als spitzen Gegenstand; ein dritter, der das Ohr des Tieres ergriff, meinte, er sei einem Fächer nicht unähnlich; der vierte, der über den Rücken des Elefanten strich, behauptete, daß der Elefant so gerade und flach sei wie eine Liege. (Nach *Mowlana*)

Es wurde lange hin und her diskutiert, was der Elefant denn nun wirklich sei. Die Moral von der Geschichte?

Jeder hatte zum Teil recht, aber alle hatten auch unrecht.

All die vorgestellten theoretisch komplexen Lösungsversuche hinterließen nur Verwirrung und Unsicherheit. Alles war überladen mit Informationen, doch nichts paßte so recht zusammen. Dann erinnerte ich mich an den Ratschlag eines Professors, der uns im Studium den folgenden Lösungsansatz mit auf den Weg gab: „Wenn Sie ein Problem nicht verstehen, dann müssen Sie zur Basis zurückgehen. Dort werden Sie dann die Antwort oder neue Ansätze finden, um weiterzumachen. Denn die größten Wahrheiten sind viel zu wichtig, als daß sie neu wären."

Dieser Ratschlag war ein großer Schritt vorwärts in Richtung Grundlagenforschung des Erfolgs-Managements. Es mußte versucht werden, möglichst objektiv an die vorhandenen Probleme heranzugehen und zu klären, was im wesentlichen verkehrt läuft in unseren Unternehmen. Die Antworten scheinen relativ einfach zu sein:

- Die Unternehmen müssen die vorhandenen Ressourcen viel besser nutzen als bisher. Vor allem den Menschen.
- Es müssen Visionen vorhanden sein.
- Klare Ziele müssen definiert und umgesetzt werden.
- Es ist zu unterscheiden zwischen Strategie – **die richtige Sache machen** – und Aktion – **die Sache richtig machen** –. Viele Unternehmen machen weder die **richtige Sache** noch die **Sache richtig.**

Automatisch tauchen weitere Fragen auf, wie zum Beispiel: „Warum verhalten sich die Unternehmen so?" Darauf scheint es keine klaren Antworten zu geben. Oder doch? Die einzige klare Antwort dazu ist der wichtigste Grundsatz des Erfolgs-Managements: **Alles was richtig belohnt wird, wird auch richtig und erfolgreich durchgeführt.**

Diese einzige und doch so wichtige, meist jedoch vergessene oder nicht korrekt angewandte Kernaussage ist leider nicht so einfach umzusetzen, wie sie sich liest. Ihre Anwendung in der Praxis der Unternehmensführung und auch im privaten Lebensbereich scheint kompliziert zu sein.

Deshalb, hören Sie nicht auf, hier zu lesen und glauben Sie nicht, Sie würden das alles schon kennen und es würde nichts Neues für Sie dabei herauskommen. Wenn Sie Erfolg haben wollen und nicht nur kurzfristig, dann wird Ihnen dieses Buch einen möglichen, wenn auch vielleicht außergewöhnlichen Weg weisen. Und betrachten Sie nicht nur das Oberflächliche, das, was auf den ersten Blick so simpel und einfach erscheint, nein, gehen Sie in die Tiefe.

König Anoschirwan, den das Volk auch den Gerechten nannte, wandelte einst zur Zeit, als der Prophet Mohammed geboren wurde, durch sein Reich. Auf einem sonnenbeschienenen Hang sah er einen ehrwürdigen alten Mann mit gekrümmten Rücken arbeiten. Gefolgt von seinem Hofstaat trat der König näher und sah, daß der Alte kleine, gerade ein Jahr alte Stecklinge pflanzte.

„Was machst du da", fragte der König. „Ich pflanze Nußbäume", antwortete der Greis. Der König wunderte sich: „Du bist schon alt. Wozu pflanzt du dann Stecklinge, deren Laub du nicht sehen, in deren Schatten du nicht ruhen und deren Früchte du nicht essen wirst?"

Der Alte schaute auf und sagte: „Die vor uns kamen, haben gepflanzt, und wir konnten ernten. Wir pflanzen nun, damit die, die nach uns kommen, ernten können."[16]

Denken unsere Spitzenmanager auch in diesen langfristigen Kategorien oder zählt nur das kurzfristige Erfolgserlebnis, das vierteljährliche oder jährliche Resultat? Das größte Einzelhindernis auf dem Weg zum Erfolg ist die Diskrepanz zwischen dem Verhalten, das wir erwarten, ja für den Erfolg des Unternehmens benötigen, und dem Verhalten, das positiv sanktioniert wird, das wir folglich belohnen:

- Die Unternehmen benötigen Spitzenmanager, die mit Visionen und Erfahrungen strategisch planen und Entscheidungen treffen, die weit in die Zukunft hineinreichen. Belohnt und bezahlt werden die Manager jedoch nach den kurzfristigen Ergebnissen und Erfolgen, oder sie werden freigestellt, wenn die kurzfristigen Resultate negativ sind beziehungsweise die hochgesteckten Erwartungen sich nicht erfüllen. Das Resultat solcher Erwartungshaltung? Die Manager maximieren die kurzfristigen Profite, investieren nur in das Allernötigste, und das Unternehmen wird langfristig stagnieren und wettbewerbsunfähig werden.
- Die Unternehmen brauchen ein aufgeschlossenes, zum Handeln bereites Mittel-Management, das die Planungen des Unternehmens möglichst kostenminimal und wettbewerbsfähig auf dem Markt umsetzt. Belohnt werden jedoch jene Manager, die ihre Budgets überziehen, mit höheren Budgets für das kommende Planungsjahr. Manager, die kostenbewußt an die Aufgaben herangegangen sind, werden dadurch bestraft, daß ihre Budgets reduziert werden. Gleichzeitig erweckt dieses kostenbewußte Handeln Mißtrauen beim Management nach der Denke: Erst reicht er sein Budget ein, dann genehmigen wir es, und nun nutzt er das Budget noch nicht einmal aus. Es ist anzunehmen, daß dieser Mitarbeiter sein Arbeitsgebiet nicht im Griff hat. Vielleicht sollten wir ihn austauschen?

  Das Ergebnis?

  Wie in den Amtsstuben und den Staatsunternehmen. Jeder gibt sein Budget aus, ob notwendig oder nicht, und die Wettbewerbsfähigkeit fällt immer weiter zurück.
- Die Unternehmen sind beim heutigen Wettbewerb abhängig von visionären und kreativen Managern. Visionäre werden benötigt, um Entwicklungen im Markt, bei Produkten, bei Kunden oder in Ländern zu antizipieren, zu erkennen und die richtigen Strategien

daraus abzuleiten. Kreative sind dann aufgerufen, die Strategien so umzusetzen, daß eindeutige Differenzierungen und Positionierungen zu Wettbewerbern und deren Produkten möglich sind. Nach einer Kienbaum-Studie kranken rund achtzig Prozent der deutschen Unternehmen an Ideenmangel, der die Hauptursache von Innovationsschwächen ist. Ziele und Visionen sind selten in deutschen Führungsetagen anzutreffen. In mehr als drei Vierteln aller deutschen Unternehmen fristen Visionäre und Kreative ein unwürdiges Dasein, obwohl siebzig Prozent aller neuen Ideen von ihnen stammen. Nichtsdestoweniger fühlen sie sich nicht nur verkannt und mißachtet, sondern ihre Werdegänge sind auch häufig Leidenswege.[17]

Das Resultat?

Innovationen sind selten, da die Visionäre und Kreativen oft als Querdenker angesehen werden und als solche kaum eine Chance haben, die Hierarchieleiter zu erklimmen. Die Unternehmen produzieren als Konsequenz nur **me too**-Produkte und sind damit nur Durchschnitt. Der **angepaßte Manager** jedoch, ohne Visionen, ohne Kreativität, ohne Mut, der leicht zu führen und angenehm im Verhalten ist, der erklimmt die Sprossen der Unternehmenshierarchien ohne Probleme, aber mit Problemen für die Unternehmen, was meistens aber erst sehr viel später erkannt wird.

- Die Unternehmen benötigen jedoch nicht nur Manager, sondern auch normale Mitarbeiter sowohl im Büro wie auch in der Fabrikation oder im Verkauf. Von den Mitarbeitern im Büro erwartet man, daß diese mitdenken und mithandeln, um zum Beispiel den riesigen Berg von teilweise unnützer Papierarbeit zu reduzieren. Aber die Sicherheit ihrer Arbeitsstelle ist proportional zu der Menge Papier, die verarbeitet werden muß.

Das Ergebnis?

Noch mehr Papier.

- Was ist ein Unternehmen ohne hochproduktive Arbeiter? Aber, je höher das Entgelt und die Lohnnebenkosten sind, um so geringer ist die Arbeitsplatzsicherheit. Der Austausch findet dann mit Robotern, Automatisierungsprozessen oder der Auslagerung der Produktion ins günstige Ausland statt.

Das Resultat?

Die Arbeiter arbeiten gerade so viel wie nötig ist, um ihren Arbeitsplatz zu erhalten, und stärken die Gewerkschaften in ihrem Bestreben, technische Neuerungen aus den Betrieben fernzuhalten.

In jedem der vorgenannten Fälle verhalten sich die Manager und Mitarbeiter genau so, wie es für das Unternehmen **nicht** optimal ist. Man kann ihnen dieses noch nicht einmal vorwerfen, denn sie verhalten sich genau so, wie das System sie **belohnt.** Man muß nur mit „offenen Augen" durch die Unternehmen zu gehen, um genügend Beispiele zu erkennen.

Tagtäglich erlebt der Mitarbeiter, daß richtiges Verhalten ignoriert und bestraft wird, während gleichzeitig falsches Verhalten belohnt wird!

Wie sieht das in Ihrem Unternehmen aus?

- Werden gute Ergebnisse benötigt, aber jene Mitarbeiter belohnt, die sehr geschäftig aussehen und viele Überstunden schieben, aber letztendlich wenig bewegen?
- Werden schnelle Ergebnisse erwartet innerhalb nicht erfüllbarer Zeitvorgaben?
- Wird Qualitätsarbeit vorausgesetzt, die Voraussetzungen dazu werden jedoch nicht bereitgestellt oder geschaffen?
- Werden solide Lösungen von Problemen erwartet, aber jene Lösungen belohnt, die schnell, aber oberflächlich sind?
- Wird ständig Loyalität dem Unternehmen gegenüber gepredigt, im Gegenzug jedoch keine Arbeitsplatzgarantie ausgesprochen?
- Werden die Gehälter möglichst niedrig gehalten bei denen, die schon länger dem Unternehmen dienen, jedoch Neuankömmlingen wesentlich höhere Beträge bezahlt?
- Erhöht das Top-Management in schwierigen Jahren seine eigenen Bezüge überproportional, beschneidet aber die Gehälter und Zusatzleistungen bei den anderen Mitarbeiter?
- Belohnt das Top-Management seine eigenen Versager mit hohen Abfindungssummen, setzt aber überflüssige Mitarbeiter kostengünstig frei?
- Benötigt Ihr Unternehmen einfache Strukturen, um wettbewerbsfähiger zu werden, belohnt aber jene, die grundsätzlich alles komplizieren?
- Steht in der Unternehmensphilosophie Ihres Unternehmens, daß der Mensch im Mittelpunkt des Interesses steht? – Und damit dem Top-Management im Wege?
- Wird Sparsamkeit gefordert und nach unten in der Hierarchie auch durchgesetzt, aber vom Top-Management selbst nicht vorgelebt?
- Wird von Teamarbeit gesprochen, belohnt werden jedoch jene Mitglieder des Teams, die individualistisch und opportunistisch mit dem Management zusammenarbeiten?

- Werden Innovationen und Ideen erwartet, jene aber bestraft, die dadurch Risiken eingehen, beziehungsweise jene belohnt, die nichts wagen?
- Wird ein harmonisches Arbeitsumfeld gepriesen, jenen aber, die am lautesten klagen, nachgegeben?

Die meisten der vorgenannten Fragen können Sie sicherlich ohne Zögern mit „ja“ beantworten, denn dies sind die häufigsten Fehler, mit denen im Unternehmen belohnt wird. Wenn es jedoch geschafft wird, eine eindeutige Verbindung zwischen Leistung und Belohnung herzustellen, dann ist dies der passende Schlüssel zum Erfolg des Unternehmens. Wenn wir an den Erfolg eines Unternehmens denken, dann denken wir meistens in Umsätzen, Erträgen, Marktanteilen, Absatzzahlen, Image, Cash-flow oder anderen publikumswirksamen Darstellungsformen. Aber alle diese Daten und Fakten sind nichts anderes als rein ökonomische Symbole, die ohne die dazugehörigen Menschen letztendlich sinnentleert wären.

Die Belohnung für das richtige Verhalten erbringt auch die richtigen Ergebnisse. Sollten Sie das falsche Verhalten belohnen, werden Sie nicht nur langfristig die falschen Resultate erhalten!

Ist dies tatsächlich so einfach?

2.2 Die Kernfrage

Wer fragt, ist ein Narr für fünf Minuten.
Wer nicht fragt, bleibt ein Narr für immer.

Chinesisches Sprichwort

„Die Wirtschaft ruft nach guten, nach erstklassigen Köpfen. Ihre Probleme sind heute so groß und entscheidend, daß die Besten ihr gerade gut genug sein müßten. Deren erfolgsorientierte Kreativität und pragmatische Wissensanwendung sind notwendige und in vielen Fällen hinreichende Voraussetzungen dafür, daß die Schwierigkeiten gemeistert werden. Die Bewältigung von Krisen und Problemen erfordert neben dem rechtzeitigen Erkennen der Gefahren und einem großen Potential an Können und Erfahrung nationaler und internationaler Art viel Hingabe, oftmals Schonungslosigkeit der Führungskräfte gegen sich selbst und den Anreiz der Anerkennung für vollbrachte Leistungen“, schrieb bereits 1982 *Alfred Herrhausen.*[18]

Doch das sind theoretische Erörterungen, ist Wunschdenken, obwohl die Praxis genau das benötigt. Die Realität sieht leider ganz anders aus. Das wußte auch *Alfred Herrhausen.*

Deshalb sein Appell. Wann wird diese so unternehmenswichtige Forderung bei den Verantwortlichen ankommen und umgesetzt werden?

In der Praxis muß daher immer wieder die gleiche Kernfrage gestellt werden: **Was wird belohnt?**

Manager, Arbeiter, Lehrer, Studenten, Ärzte, Politiker, alle verhalten sich so, wie das gesellschaftliche **Belohnungs- und Sanktionssystem** es uns gelehrt hat. Und danach wird gehandelt und belohnt. Menschen, die, aus welchen Gründen auch immer, aus diesem System herausfallen, haben im gesellschaftlichen Arbeitsprozeß keine Chancen. Andersdenkende, Querdenker, Kreative und Visionäre passen nicht in den deutschen Grundkonsens der konservativen Unternehmensführung. Sie sind den meisten Spitzenmanagern suspekt.

Was wir brauchen, um die Wirtschaftslokomotive in Deutschland zukunftsorientiert in Gang setzen zu können, sind gerade diese Andersdenkenden, diese Spezies sui generis. Wir müssen alle fortschrittlichen Kräfte auf hohem Niveau für einen Neuanfang einsetzen. Dazu bedarf es eines breiten Bildungskanons aus Andersdenkenden und Konservativen, die noch offen sind für neue Entwicklungen. „In einem solchen Umfeld wächst dann auch das Außerordentliche“, um mit *Alfred Herrhausen* fortzufahren.[19]

Allerdings zeigten Umfragen aus den letzten Jahren scheinbar widersprüchliche Antworten zu zwei interessanten Themenkreisen über die Arbeit:

1. Daß die Menschen sich bei der Arbeit und beim Engagement für das Unternehmen zurückhalten und weniger leisten, als sie könnten.
2. Daß die deutsche Arbeitsmoral vorhanden ist wie eh und je.

Wenn diese Aussagen wahr sind, und die Deutschen so stark an den Wert und die Wichtigkeit der Arbeit glauben, warum sind sie dann nicht mehr bereit, auch harte Arbeit zu leisten und Engagement zu zeigen?

Stellen Sie die Kernfrage: Was wird belohnt? Und Sie finden die Antwort.

Menschen engagieren sich nicht so intensiv, wenn sie nur wenig oder keine Relation sehen zwischen dem, was sie leisten, und dem, was sie dafür bekommen. Das ist ein ganz normales Problem für den überwiegenden Teil der deutschen Mitarbeiter. Ein Mitarbeiter aus dem Mittel-Management formulierte es so: „Wie oft habe ich es in den letzten Jahren erlebt, daß ich mich bis zum „Geht-nicht-mehr" für das Unternehmen eingesetzt habe, und was war das Resultat? Eine tarifliche Gehaltserhöhung. Deshalb habe ich mich entschieden, gerade so zu arbeiten, daß der geringere Arbeitseinsatz nicht auffällt. Also Arbeit nach Vorschrift. Das Ergebnis? Die gleichen Gehaltserhöhungen wie beim vollen Einsatz vorher. Warum soll ich dann mehr leisten?"

Die Verringerung des Arbeitseinsatzes ist allein schon ein Problem für sich. Aber, sie ist nur die Spitze des berühmten Eisberges. Wenn das Verhalten verglichen wird mit dem, was nötig wäre, und dem Verhalten, das belohnt wird, dann wird eines klar und deutlich: Viele unserer Unternehmen und Institutionen sind voll mit negativen Anreizsystemen. Einfach ausgedrückt, es gibt viele Sorten von Anreizen und Belohnungen für destruktives Verhalten. Um dieses zu illustrieren, schauen wir uns drei normale Arbeitssituationen an:

1. In der Produktion: Das Japan-Phänomen.
2. Im Büro: Der weiße Elefant.
3. In der Beletage: Die Herrschaft der Mittelmäßigen.

2.2.1 In der Produktion: Das Japan-Phänomen

„Die Produktivität der Japaner ist pro Arbeitsstunde in einigen Bereichen bei weitem höher als die der Deutschen..." Diese Behauptung ließ eine namhafte deutsche Firma nicht ruhen, und deshalb verabredete man einen jährlichen Ruderwettbewerb, „um es den Japanern zu zeigen..."

Dieses Wettrudern sollte mit einem Achter jedes Jahr auf dem „River-Dee" ausgetragen werden. Da es auch um die nationale Ehre ging, trainierten beide Mannschaften lange und hart, um ihre höchste Leistungsfähigkeit zu erreichen. Als der große Tag des Wettkampfes endlich da war, waren beide topfit.

Die Japaner allerdings gewannen mit einer Meile Vorsprung. Nach dieser Niederlage war das deutsche Team sehr niedergeschlagen und die Moral auf einem Tiefpunkt. Das obere Management entschied, daß der Grund für diese vernichtende Niederlage unbedingt herausgefunden werden mußte. Ein Projektteam wurde eingesetzt, um das Problem zu untersuchen und geeignete Maßnahmen zu empfehlen. Die Untersuchung ergab: Das Problem war, daß bei den Japanern acht Leute ruderten und ein Mann steuerte. Im deutschen Team ruderte ein Mann und acht Leute steuerten.

Das obere Management engagierte sofort eine Beratungsfirma, um eine Studie über die Struktur des heimischen Teams anzufertigen. Nach einigen Monaten und Kosten in Millionenhöhe kamen die Berater zu dem Schluß: Es steuern zu viele Leute und es rudern zu wenig. Um einer Niederlage gegen die Japaner im nächsten Jahr vorzubeugen, wurde die Teamstruktur geändert. Es gab jetzt vier Steuerleute, drei Obersteuerleute und einen Steuerungsdirektor. Ein Leistungsbewertungssystem wurde eingeführt, um den Mann, der das Boot rudern sollte, mehr Ansporn zu geben und sich noch mehr anzustrengen und ein Leistungsträger zu werden. „Wir müssen seinen Aufgabenbereich erweitern und ihm mehr Verantwortung geben! Damit sollte es gelingen!" – Im nächsten Jahr gewannen die Japaner mit zwei Meilen Vorsprung.

Die deutsche Firma entließ daraufhin den Ruderer wegen schlechter Leistung, verkaufte die Ruder, stoppte alle Investitionen in ein neues Gerät und die Entwicklung eines neuen Bootes. Der Beratungsfirma wurde eine lobende Anerkennung für ihre Arbeit ausgesprochen. Das eingesparte Geld wurde an das obere Management ausgeschüttet.[20]

Dieses einfache Beispiel ist aus der Praxis abstrahiert und kann natürlich nicht theoretisch-wissenschaftliche Analysen zufriedenstellen. Aber die Realität nimmt darauf auch keine Rücksicht. Jeder Manager, der tagtäglich die Routine im Unternehmen erlebt, kann dieses Beispiel jedoch ohne Schwierigkeiten nachempfinden.

In den letzten Jahren sind deutsche Manager in Scharen nach Japan geflogen oder haben Seminare besucht über japanisches Management, japanische Produktionsmethoden, japanische Führungslehren und so weiter. Es wird immer wieder gestaunt über die Motivation, den Enthusiasmus und die Hingabe der japanischen Arbeiter, und es wird immer wieder gefragt: „Warum sind unsere Mitarbeiter nicht so wie diese Japaner?"

Die Antwort ist offensichtlich, wenn man die Belohnungen, die Unterstützungen, die Incentives, die Motivationsfaktoren und das „Miteinander" zwischen deutschem Management und Mitarbeitern und, vice versa, zwischen japanischem Management und den Mitarbeitern vergleicht. Dazwischen liegen ganze Welten.

Der typische japanische Fabrikarbeiter in einem großen Unternehmen hat eine lebenslange Garantie, in der Firma arbeiten zu dürfen. Rund vierzig Prozent seines jährlichen Einkommens ist bestimmt durch die Produktivität und Profitabilität des Unternehmens. Geht es dem Unternehmen gut, dann bekommt er seinen Teil ab. Geht es dem Unternehmen dagegen schlecht, ist zwar sein Einkommen geringer, aber er wird nicht entlassen. Werden neue Technologien eingesetzt, wie Roboter oder Computer, so wird dadurch sein Lebensunterhalt nicht bedroht. Wenn die Automatisierung seinen alten Arbeitsplatz ersetzt, dann weiß er, daß er neu ausgebildet, neu trainiert wird und einen entsprechenden, angemessenen Arbeitsplatz bekommt. Das bedeutet für ihn keine Einbuße am Gehalt oder an der Tantieme.

Sollten ganze Unternehmen geschlossen werden, so werden die Arbeiter auch nicht freigesetzt, sondern auf andere Unternehmen verteilt, die zum Unternehmensverbund (Keiretsu) gehören. Dieses hat sich vor allem in Zeiten von Strukturveränderungen, Strukturkrisen und Rezessionen bewährt. Fujitsu plant zum Beispiel zur Zeit, von 6.000 Mitarbeitern, deren Arbeitsplatz sich verändert hat, 20 Prozent an angeschlossene Unternehmen weiterzureichen. Das Gleiche planen auch Mitsui Mining and Smelting, Nippon Trust Bank und NKK,[21] wenn auch in anderer Größenordnung.

Aus all diesen Gründen heraus ist der japanische Arbeiter bemüht, Veränderungen zu akzeptieren und neue Wege zu suchen, um die Fabrik produktiver zu machen, da sich auch die positiven Resultate bei ihm auszahlen. In wenigen Worten: Japanische Fabriken erzielen eine hohe Produktivität, weil sie diese auch entsprechend belohnen.

Die deutschen Unternehmen und Fabriken arbeiten dagegen meistens mit einem anderen System. Erstens gibt es kaum eine Arbeitsplatzsicherheit. Auch dann nicht, wenn die Gewerkschaft stark und der Arbeiter schon lange im Unternehmen ist. Die exorbitanten Entlassungen in bedeutenden Unternehmen in Deutschland seit 1992 belegen dies. Fabrikarbeiter sind normalerweise die ersten, die in schwierigen Zeiten kurzarbeiten müssen oder entlassen werden, während die Top-Manager, die oft durch Fehlentscheidungen oder falsche Incentives diese Situationen heraufbeschworen haben, normalerweise ungeschoren davonkommen.

Zweitens werden meistens die Arbeiter auf Stundenbasis oder nach Akkord bezahlt, aber nicht nach dem, was verkauft wurde oder der jeweiligen Situation des Unternehmens angemessen wäre. Selbst wenn Akkord gearbeitet wird, stimmen die Anreizsysteme nicht. Mehr zu bekommen oder zu erreichen, ist oft nur über Streiks möglich. Aufgrund der fehlenden Arbeitsplatzsicherheit wird die Einführung von neuen Technologien als persönliche Bedrohung gesehen und nicht als Unterstützung oder Verbesserung der Arbeitsbedingungen. Denn ein neuer Roboter oder Computer wird den Mitarbeiter oder seinen Arbeitskollegen wahrscheinlich ersetzen, und die Aussicht auf einen angemessenen Ersatzarbeitsplatz wird gleich null sein.

Aus diesen Gründen wird der einzelne nicht darüber nachdenken, wie man die Arbeit vereinfachen könnte, denn das würde für ihn den ökonomischen Selbstmord bedeuten. Sein Ansinnen besteht eher darin, die Arbeit so zu gestalten, daß mit einem Minimum an Aufwand seine Arbeit erhalten bleibt, technologische Änderungen boykottiert werden und die Gewerkschaften dieses Verhalten auch noch unterstützen. Wer kann ihm das verübeln? Das Belohnungs- und Unterstützungssystem hat ihn ermutigt und darin bestätigt, so zu handeln.

Es muß wahrscheinlich nicht extra darauf hingewiesen werden, daß das japanische Belohnungs-, Unterstützungs-, Initiativ- und Honorierungssystem sich wirklich auszahlt. Besser auszahlt auch für die Zukunft. Dazu ein kleines Beispiel: Im sozialdemokratisch geprägten Schweden planen die Fabrikmanager für die Produktionsplanung mit einer zwanzigprozentigen Abwesenheitsrate ihrer Arbeiter. In Japan gibt es noch nicht einmal ein Wort für die Abwesenheitsrate.

2.2.2 Im Büro: Der weiße Elefant

Probleme in der Produktion sind schon bedrohlich genug, aber es gibt einen viel größeren Feind, der heimlich in den Büros arbeitet. Dieser Feind ist die Bürokratie oder auch resignierend der **weiße Elefant** genannt.

Das enorme Wachstum der Bürokratien in den letzten Jahrzehnten, vor allem in den oberen Hierarchien, hat zu einem gigantischen Einbruch bei der Produktivität, bei Innovationen und bei der Kreativität geführt. Es ist vor allem die Bürokratie, die durch das Ausfüllen unzähliger Formulare, Anträge und sonstiger Hindernisse in Papierform dazu führt, daß ein großer Teil des Arbeitstages nur für diese unproduktiven Arbeiten verlorengeht. Es ist die Bürokratie, die unzählige geschriebene Berichte erwartet, die an nutzlosen Konferenzen teilnimmt oder auch sonst nicht erreichbar ist, anstatt daß die Bürokratie ein effizientes Management plant und durchsetzt.

Es ist die Bürokratie, die verhindert, daß neue Ideen oder Organisationsformen effizient umgesetzt werden, da ihrer Meinung nach möglicherweise vorhandene und vorgehaltene Machtpotentiale im Unternehmen verlorengehen könnten. Deshalb hält sie lieber an ihrer Macht fest, egal ob das Unternehmen dadurch geschädigt oder in seiner Existenz bedroht wird. Beispiele gibt es genug in der deutschen Industrie.

Es ist ebenfalls die Bürokratie, die verhindert, daß intelligente, dynamische, junge Mitarbeiter die Hierarchieleiter nach oben steigen, denn sie bedrohen die alten, rigiden Herrschaftssysteme.

Statt dessen werden diese vielversprechenden Talente mit bürokratischen Arbeiten demotiviert, demoralisiert und auf einem niedrigen Level gehalten. Nur angepaßte, geistig alte, inflexible, nicht die Macht bedrohende Angestellte haben die Chance, langsam einige Stufen der

Karriereleiter zu erklimmen. Wer dann lange genug im Unternehmen war und die Akzeptanz der Altvordern erhalten hat, kann vielleicht nach zwanzig Jahren im Unternehmen in den Vorstand kommen. So ist es üblich bei fast allen großen deutschen Unternehmen. Nach zwanzig Jahren Angepaßtheit sollen diese Manager und Bürokraten par excellence Visionen haben, kreativ sein und eine eigene Meinung kundtun? Alles das, was sie bisher nicht durften. Überlegen Sie einmal, warum geht es den deutschen Unternehmen heute so schlecht? Warum haben wir eine Strukturkrise und nicht nur eine Rezession?

Denken Sie an die Kernfrage! Denken Sie einmal kurz darüber nach, wie es zur Zeit in Ihrem Unternehmen aussieht.

Sind dort in den letzten zehn Jahren neue Managementebenen entstanden, neue Abteilungen oder ähnliches? Hat sich das Volumen der Reports und Berichte täglich, monatlich, vierteljährlich und jährlich erhöht? Verbringen Sie mehr Zeit in Meetings oder beim Ausfüllen von Berichten und/oder Erstellen von Planungen als je zuvor?

Wir befinden uns auf dem Weg, immer schneller den Papierkrieg zu verschärfen – das schließt die Arbeit mit dem Personal Computer (PC) ein, wenn dieser dazu dient, die Bürokratie zu verstärken. Papierkrieg ist also auch im übertragenen Sinn gemeint. Aber was würde geschehen, wenn Sie nicht rechtzeitig Ihre ausführlichen Berichte oder Planungen abgeben würden, weil Sie Ihre Zeit für die Lösung aktueller Probleme oder für Ihre Kunden genutzt haben. Stellen Sie wieder einmal die Kernfrage: **Was wird (vom Management) belohnt?**

Es gibt in den Firmen soviel unnötigen Papierkrieg, aber belohnt und anerkannt werden jene, die ihn geschickt kreieren. In den Fabriken ist es relativ einfach, die Produktivität zu messen. Der Transfer in die Büros hinein hat jedoch bis heute nur ansatzweise stattgefunden. Daraus folgt die Versuchung, Aktionismus in den Büros mit der Produktivität in den Fabriken zu vergleichen. Ein absurder Gedanke, teilweise leider die Realität. Aktionismus wird belohnt, ohne Rücksicht darauf, ob dieser überhaupt einen Nutzen oder ein Resultat erbringt.

Jene Bürokraten, die die meisten Stunden absitzen, die längsten Berichte schreiben oder in den unzähligen Sitzungen präsent sind, sind die, die auch gesehen und beachtet werden. Dabei ist es egal, ob ihre Berichte oder ihre Anwesenheit in den Sitzungen von Nutzen waren. An ihnen geht kein Weg vorbei, sie werden belohnt, anerkannt und unterstützt, da man sich eher an sie erinnert als an jene, die in der Zwischenzeit die Arbeit erledigt haben. Diese haben mitgedacht und gefragt: Warum soll ich den Bericht schreiben, an der Sitzung teilnehmen, wenn es nicht notwendig ist und ich in der Zwischenzeit für das Unternehmen wichtigere Dinge erledigen kann? Obwohl dieser Mitarbeiter zwar effektiv und effizient sein kann, wird er doch keine Karriere machen, da er sich nicht dem Unternehmenssystem und der Kultur anpaßt. Er ist quasi ein Außenseiter. Trotz oder gerade des „Könnens" wegen gescheitert. Der Bürokrat, der die Budgets ausnutzt, unzählige Meetings besucht und endlose Berichte liefert sowie hervorragende Kontakte zu anderen Bürokraten hält, wird meistens befördert und ob seiner massiven Arbeitsüberlastung mit einer zusätzlichen Sekretärin oder einem Assistenten belohnt. Das wiederum fördert noch mehr Papierkrieg und so weiter. Ein circulus vitiosus.

Auf der anderen Seite wird jener Angestellte, der die Kosten beachtet, seine Aufgabe erfolgreich erfüllt, ja übererfüllt und den Papierkrieg auf ein absolutes, aber effizientes Minimum reduziert, trotz Erfolges als weniger dynamisch, engagiert und loyal betrachtet. Sollte er dazu noch eine eigene Meinung besitzen und so sträflich naiv sein, diese auch zu äußern, dann wird er sogar als Querulant eingestuft. Damit kann er dann jeglichen Karrieregedanken vergessen. Bei Unternehmensschwierigkeiten ist er dann sogar einer der ersten, der gehen muß.

Ein Unternehmen, das geschäftiges Verhalten belohnt, kann sicher sein, daß es immer mehr davon bekommt. Es ist wie ein Schneeballsystem. Die Meetings werden zu wöchentlichen Meetings. Die Berichte werden zu monatlichen, vielleicht sogar zu wöchentlichen Berichten. Die Umsatzzahlen werden zu täglichen Zahlen und die Ausschüsse werden zu ständigen Ausschüssen.

Wertvolle Zeit und Energie werden verschwendet, die gebraucht werden würden, um positive Resultate zu erzielen. Dafür wandern Zeit und Energie in unendliche Aktivitäten, die letztendlich für den Bestand des Unternehmens von ziemlich untergeordneter Bedeutung sind. Jeder beschwert sich über den Papierkrieg und die dadurch entstehende Arbeitsbelastung, aber trotzdem wird dieser fortgeführt, und er wird so lange anschwellen, so lange er auch belohnt, anerkannt und unterstützt wird durch das Spitzenmanagement.

Das Problem der ineffizienten Büroarbeit existiert natürlich nicht nur in Deutschland, sondern überall auf der Welt. Nach den ganzen Rationalisierungsbestrebungen in der Produktion wird jetzt sicherlich auch das Augenmerk mehr auf die Produktivität der Bürokratie gelegt werden, da dort noch ungeheure Rationalisierungspotentiale vorhanden sind. Auch im sonst so nach außen hin effizienten Japan sieht das nicht anders aus. Nachdem Japan in den letzten Jahrzehnten das Augenmerk hauptsächlich darauf gerichtet hatte, die Produktion „lean", also schlank und effizient auszurichten, wird nun, bedingt durch die Rezession, dazu übergegangen, die Büros nach versteckten Produktivitätsreserven zu durchforsten. Das Problem mit der Bürokratie kam bei einzelnen Firmen hauptsächlich dadurch ans Tageslicht, daß diese Unternehmen versucht hatten, neues Kapital zu akquirieren und dann bei der Aufstellung der Bilanzen feststellen mußten, daß die ursprünglich satten Gewinne der vergangenen Jahre sich verflüchtigt hatten. Während des Zeitraumes des überhitzten Wachstums bei einer Vielzahl japanischer Firmen wurde das Augenmerk auf die Produktion, nicht aber auf die überproportional wachsenden Verwaltungskosten gerichtet. Als dann das Marktwachstum sich verlangsamte, stagnierte und in vielen Ländern sogar zurückging, konnten die Verkäufe nicht mehr die Fixkosten im Verwaltungsbereich decken. Jetzt fingen die Japaner an, gezielt über die Produktivität der Bürokraten nachzudenken.

Wer die Japaner kennt, weiß, daß sie sich mit der gleichen Intensität um die Produktivität und Kreativität, um Engagement und Loyalität ihrer Bürokraten kümmern werden, wie sie es im Produktionsbereich bereits durchexerziert haben. Eine Kostenanalyse, die 1992 die Nihon Keizai Shimbun Sogo Data Bank (NEEDS) bei mehr als tausend Produktionsunternehmen durchgeführt hatte, zeigt eine interessante Entwicklung: Zwischen 1984 und 1992 stiegen die allgemeinen Verwaltungskosten im Durchschnitt von weniger als 14 Prozent auf 17 Prozent des Umsatzes. Eine andere Studie, die die 50 führenden internationalen japanischen Hersteller analysierte, zeigt ein ähnliches Bild, allerdings in anderen Dimensionen. Die Verwaltungskosten stiegen von 29,2 Prozent in 1984 auf 33,4 Prozent im Jahre 1992. Sony erhöhte im vorgenannten Zeitabschnitt (1984 bis 1992) seine Mitarbeiterzahl in der Produktion um 6 Prozent, bei einem Umsatzwachstum von 157 Prozent. Der Anteil der Verwaltungsangestellten stieg dahingegen um 139 Prozent. Bei Canon lauten die Zahlen: 187 Prozent mehr Umsatz bei einem Anstieg der gewerblichen Arbeitnehmerzahl um nur 10 Prozent. Die Steigerungsrate der Verwaltungsangestellten betrug dahingegen 92 Prozent. Matsushita und NKK reduzierten sogar ihre gewerblichen Arbeitnehmer um 24 Prozent beziehungsweise 34 Prozent, während die Angestellten um 47 Prozent beziehungsweise um 105 Prozent zunahmen. Das Problem, das hinter diesen Zahlen steckt, ist klar: Die hervorragenden Verbesserungen der Produktivität in der Produktion werden vernichtet, zumindest aber konterkariert durch den Zuwachs im nichtproduktiven Bürobereich.

Das Problem der japanischen Bürokratie und deren Ineffizienz ist inzwischen so groß, daß es sich zum Wettbewerbsdilemma auswachsen kann. Deshalb müssen die japanischen Firmen ein klares Konzept und eine klare Strategie erarbeiten, wie sie das Bewußtsein ob dieses Dilemmas im Unternehmen und in der Öffentlichkeit schärfen können. Es muß bewußt verinnerlicht werden, daß produktive Verbesserungen nicht nur in der Produktion, sondern erst recht im Angestelltenbereich des Unternehmens stattzufinden haben. Es muß erkannt werden, daß die alte Definition von Büroarbeit nicht mehr zählt und deshalb neu definiert werden muß.

Statt – wie üblich in Japan – lange Bürostunden bis spät in den Abend hinein zu zählen, müssen Instrumente geschaffen werden, die messen können, welcher Wert in diesen Arbeitsstunden überhaupt geschaffen wurde. Das ist um so wichtiger, als ausgerechnet wurde, daß bei einer Verbesserung der Produktivität im Bürobereich als auch in der Produktion zusätzlich fünf bis sechs Millionen Menschen arbeitslos werden könnten. Auf die Konsequenzen wird im Detail in Kap. 3.7 eingegangen.

Auf Grund der vorgenannten Studien und der finanziell schmerzhaften Erkenntnisse über die gestiegenen Verwaltungskosten werden in Japan zur Zeit enorme Anstrengungen darauf verwendet, produktive Lösungen im Angestelltenbereich zu finden, die sowohl volkswirtschaftlich als auch sozial angemessen sind.[22]

2.2.3 In der Beletage: Die Herrschaft der Mittelmäßigen

Im Vergleich etwa mit ihren japanischen Konkurrenten sehen Deutschlands Unternehmen, wie die Autokonzerne, die Elektrogiganten und die Maschinenbauindustrie, aber auch die Banken, ziemlich „alt" aus. Und selbst im europäischen Vergleich hinken die deutschen Unternehmer mittlerweile weit hinterher. Die amerikanische Seuche der „kurzfristigen Profite" hat auch die deutsche Unternehmerlandschaft mittlerweile erreicht. Sicherlich werden Sie fragen, was daran verkehrt sein soll. Ist es nicht das Ziel eines jeden Unternehmens, Gewinne abzuwerfen? Das Problem ist, daß der Preis, den das Unternehmen für die kurzfristigen Gewinne zahlt, langfristig das Ende des Unternehmens bedeuten kann.

Jede Mark, die das Unternehmen als Gewinn ausweist und an die Aktionäre oder Inhaber auszahlt, kann nicht mehr in die Forschung und Entwicklung, in neue Fabriken, neue Ausrüstung oder die Ausbildung der Mitarbeiter gesteckt werden. Die japanischen Fabriken zum Beispiel sind stärker automatisiert und moderner als deutsche Fabriken. Das Durchschnittsalter deutscher Fabriken ist fast doppelt so hoch wie bei den Japanern. Unsere Unternehmen können nicht wettbewerbsfähig bleiben oder werden, wenn weiterhin so kurzsichtig gehandelt wird.

Stellen Sie ruhig noch einmal die Kernfrage: „*Warum ist das Management so kurzsichtig? Was wird (denn) belohnt?*"

Bei den Aktiengesellschaften kommt der Druck von der Börse, den Hauptaktionären oder den involvierten Banken. Durch den Druck gerade der amerikanischen Börsen entsteht die im Management so gefürchtete **3-Monats-Ergebnis-Mentalität.** Oder anders gesagt: Wie reagiert der professionelle Aktienanleger in Amerika auf die jeweiligen Quartalsergebnisse der Unternehmen? Daher verzichtet der amerikanische Top-Manager lieber auf langfristige Investitionen, als daß er das Quartalsergebnis oder Jahresergebnis in Frage stellt. Daimler-Benz, das vor kurzem an die New Yorker Börse gegangen ist, an die so vielversprechende Wall Street, wird sich diesem Trend wohl oder übel anpassen müssen. Damit wird ein, wenn auch geringer, strategischer Vorsprung vor den amerikanischen Firmen aufgegeben.[23] Das bedeutet möglicherweise den ersten Schritt in eine desolate Zukunft, so wie es ein Großteil ehemals hervorragender amerikanischer Unternehmen bei ständig sinkender Wettbewerbsfähigkeit vorgemacht hat. Die Japaner mit ihren langfristigen Investitionsplänen wird es freuen. Nach Amerika nun auch Deutschland. Fairerweise muß hinzugefügt werden, daß einige amerikanische Firmen dieses Dilemma inzwischen erkannt haben und ihr Investitionsgebaren und ihre Pläne inzwischen auch langfristiger ausrichten.

Aber der Druck kommt natürlich nicht nur von den Börsen und Banken. Bei den von den Inhabern geführten Unternehmen kommt der Druck von diesen oder inzwischen auch von der zahlreichen Nachkommenschaft der soundsovielten Generation, die sich eher dem lieblichen ökonomischen Nichtstun hingibt oder der Sammelleidenschaft frönt und deshalb dringend das Geld aus den Ausschüttungen benötigt. Jener Top-Manager, der den kurzfristigen Gewinn maximiert und damit den Forderungen seiner Aktionäre und Inhaber am ehesten nachkommt, der sichert sich sein Einkommen und seinen Job. Welchen Top-Manager interessiert es denn, ob es seinem Unternehmen auch dann noch gut geht, wenn er dieses eines Tages, mit einer hohen Abfindung versehen, verläßt? Was passiert ihm denn persönlich, selbst wenn er das Unternehmen in den Untergang managt? Die Millionen, die er vorher verdient und gut angelegt hat, die sind ihm sicher. Sicher ist ebenfalls seine Firmenrente. Wenn er sich auch noch mit den Bankenmanagern im Aufsichtsrat gut verstanden hat, dann bekommt er sogar eine neue Top-Management-Position in einem anderen Unternehmen. Dieser Wechsel, dieses Hin und Her der gleichen Manager in unterschiedlichen Unternehmen, kann tagtäglich den Medien entnommen werden. Dieser kleine, elitäre Kreis wird durch die Banken und die Versicherungswirtschaft eingesetzt und gestützt, auch bei nachgewiesener Unfähigkeit. Der „Fall Heinz Schimmelbusch" von der Metallgesellschaft AG, der mehr als 2,7 Milliarden Mark Verluste durch Spekulationsgeschäfte für das Geschäftsjahr 1992/1993 eingefahren hat, ist exemplarisch.[24] Wann wird dieser „Manager des Jahres 1991" einen neuen Top-Job bekommen? In der Zwischenzeit stand der Erhalt von rund 60.000 Arbeitsplätzen auf dem Spiel.

Die durch das Mißmanagement arbeitslos gewordenen Mitarbeiter sehen da einer ganz anderen Entwicklung entgegen. Sie werden wohl kaum einen neuen, ihrer Qualifikation angemessenen Arbeitsplatz finden. Anders als jene Manager, die sie in diese Situation manövriert haben. Ihnen wird von ihresgleichen geholfen.

Was meinen Sie, was wohl einem Top-Manager passiert, der die kurzfristigen Gewinne in langfristige Investitionen umwandelt? Möglicherweise muß er sich schnellstens nach einem neuen Arbeitsplatz umsehen. Versetzen Sie sich bitte für einen Moment in einen Top-Manager, einen Vorstandsvorsitzenden. Sie wissen genau, daß das Unternehmen ein neues Werk und neue Ausrüstungen braucht, um wettbewerbsfähig zu bleiben. Ebenfalls wissen Sie, daß Sie mehr Geld in Forschung und Entwicklung investieren müssen, da einige Ihrer wichtigsten Patente bald auslaufen und Sie neue Entwicklungen dringend benötigen. Also mit anderen Worten: Sie benötigen einen großen Teil des Gewinnes für langfristige, teilweise sogar unsichere Investitionen. Wenn Sie aber das für Investitionen benötigte Geld an die Aktionäre oder Inhaber ausschütten, dann wartet am Ende des Geschäftsjahres ein ansehnlicher Bonus auf Sie. Sicherlich können Sie das Geld in Investitionen anlegen, aber es stellt sich die Frage, ob Sie den **return-on-investment**, den Ertrag auf das investierte Kapital, noch in diesem Unternehmen erleben. Vielleicht sind Sie bis dahin entlassen worden und arbeiten bei einem anderen Unternehmen. Vielleicht sind Sie inzwischen auch schon in Rente gegangen.

Welchen Grund es auch immer geben mag. Warum sollten Sie jetzt auf den Bonus verzichten, der Ihnen gerne von zufriedenen Inhabern ausgezahlt wird, da der kurzfristige Gewinn ja alle zufriedengestellt hat, oder? Was würden Sie also tun? Wie würden Sie sich entscheiden? Nur Heilige oder Tölpel riskieren ihre Karriere und würden im Interesse einer langfristigen, positiven Entwicklung des Unternehmens auf ihre Belohnung verzichten. Und es gibt nur wenige Heilige und Tölpel im ökonomischen Establishment, oder?

Was wäre die Wirtschaft ohne die anderen Unternehmen und Spitzenmanager, die selbst in rezessiven Zeiten Rekordergebnisse erzielen und Wachstumszuwächse melden, so wie Nestlé und General Electric. Worin liegt deren Geheimnis, wo doch andere Großunternehmen wie IBM und Volkswagen, BASF und Bosch, tief in der Krise stecken? *Helmut Maucher*, Verwaltungsratspräsident bei der Nestlé, erklärt es damit, daß Nestlé schon vor zehn Jahren begonnen hat, das Unternehmen auf Vordermann zu bringen – **geistig, qualitativ und managementmäßig.** Noch in den Zeiten des Booms. Vor drei Jahren wurde zusätzlich eine Reorganisation in Gang gesetzt, um der veränderten Größe und Struktur von Nestlé, dem globalen Wettbewerb und **den veränderten Wertvorstellungen der Menschen** gerecht zu werden. Ein Erneuerungsprozeß, der bei vielen deutschen Unternehmen nicht rechtzeitig stattfand.

Laut *Maucher* darf die Erneuerung nicht nur in veränderten Organigrammen bestehen. Das setzt **mentale** Änderungen im Management voraus und eine **qualitative** Veränderung des Führungsstils. „In einigen deutschen Vorstandsetagen wurde zu lange das Gehabe der sechziger Jahre beibehalten. Da dachten die Leute zuviel an Vorstandsverträge und wie sie ihr eigenes Profil am besten zur Geltung bringen...“,[25] führt *Maucher* weiter aus.

Obwohl die Verdienste der deutschen Unternehmen in der Vergangenheit unbestritten sind – in der Technologie, im Export und in der Zusammenarbeit mit den Gewerkschaften –, haben sie doch den Wertewandel im Führungsstil verschlafen. Heute kommt es nicht mehr nur auf die institutionelle, sondern vor allem auf die persönliche Zusammenarbeit an. Der direkte, unkomplizierte Führungsstil war immer die große Stärke von Nestlé. Daran hapert es oft in Deutschland. Trotzdem hat Nestlé, wie auch die anderen Schweizer Unternehmen, eine klare Wertehierarchie: Zuerst kommen die Gewinne und erst dann die ökologische und soziale Verantwortung, obwohl *Maucher* es so stringent auch nicht sehen möchte. Bei einem Unternehmen, das langfristig denkt, lösen sich die meisten Zielkonflikte auf. Wenn ein Unternehmen keine kurzfristig radikale Gewinnpolitik, sondern eine langfristige Aufbaupolitik verfolgt, gibt es automatisch weniger Konflikte zwischen Ethik und Gewinn.

Eine weitere Stärke sieht *Maucher* in einer starken Führung, bei der es eine klare Verantwortung gibt. Da kann man, wenn nötig, schnell handeln. Er ist für Team mit Spitze, nicht für Team als Spitze. **Für ihn sind die Strukturen wie in den deutschen Vorständen eher Schönwetterveranstaltungen.**[26]

So ähnlich sieht das auch *Rüdiger Dornbusch* vom Massachussetts Institute of Technology (MIT).[27] Er behauptet, daß Deutschland künftig das europäische Sorgenkind werde, da immer noch die falschen politischen, monetären und unternehmerischen Entscheidungen getroffen würden. Aber, was noch mehr zählte, sei, daß deutsche Unternehmen nicht produktiv genug seien und allzuoft **wie Postämter geführt würden.** In den Vereinigten Staaten seien Produktivitätssteigerungen dadurch erzielt worden, daß man das unfähige Management ausgewechselt habe, wie das bei Kodak, IBM, American Express und General Motors geschehen sei.[28]

In Deutschland ist diese direkte Vorgehensweise noch undenkbar, obwohl bei einigen Unternehmen jetzt in der Krise sich auch Veränderungen ergeben haben. Diese waren jedoch meistens schon längerfristig geplant. „Wir haben unsere Hausaufgaben nicht gemacht und müssen sie jetzt in Windeseile nachholen", so der Originalkommentar des VW-Chefs *Ferdinand Piëch*[29] zu dem Dilemma der deutschen Autoindustrie und damit auch zu einem wesentlichen Teil der deutschen Wirtschaft.

Für den typischen deutschen Top-Manager ist das Unternehmen kein lebendiger Organismus mit selbständigen, zu eigenem Denken fähigen Mitarbeitern. Niemand hat diese Schwäche besser erkannt als einer der erfolgreichsten japanischen Unternehmer, *Konosuke Matsushita*, der folgendes schrieb:

> „Wir werden gewinnen, und der industrielle Westen wird verlieren – sie können nicht viel dagegen unternehmen, da die Gründe für ihr Versagen bei ihnen selbst liegen. Für sie liegt der Kern des Managements darin, die Ideen aus den Köpfen der Chefs in die Hände des Arbeitskräfte zu übertragen. Für uns besteht der Kern des Managements aus der Kunst, die intellektuellen Ressourcen aller Mitarbeiter im Dienste der Firma zu mobilisieren und zu vereinen. Nur mit Hilfe der kombinierten Verstandeskräfte aller Mitarbeiter kann eine Firma den Turbulenzen und Zwängen der heutigen Zeit die Stirn bieten."[30]

Diese für einen Japaner sehr offenen Worte sollte manchen deutschen Spitzenmanagern und Aufsichtsräten ins Stammbuch geschrieben werden.

Teil 3:
Die zehn Erfolgs-Strategeme

Wenn man sein Ziel kennt, so gibt das Festigkeit;
Festigkeit allein führt zur Ruhe;
Die Ruhe allein führt zum inneren Frieden;
Der innere Frieden allein ermöglicht ernstes und besonnenes Nachdenken;
Ernstes und besonnenes Nachdenken allein führt zum Gelingen.

Lao Tse

„Strategem, was ist das?" Das Wort „Strategem" geht zurück auf das altgriechische „strategema". Strategema bedeutete im allgemeinen Sinn „Feldherrntätigkeit". Der römische Beamte *Sextus Julius Frontinus* (gestorben um 103 nach Christus) wählte als Titel eines Traktates „strategemata" (Mehrzahl von Strategema). Dieses etwa 2000 Jahre alte Traktat erschien in deutscher Übersetzung unter dem Titel „Kriegslisten" im Jahre 1963.

Die Chinesen bedienen sich seit Jahrtausenden der Strategeme, und selbst *Mao Tse-tung* kam ohne sie nicht aus. *Zhao Benxue*, ein Militärtheoretiker der Ming-Zeit (1368 bis 1644), hat als erster das Kriegswesen systematisch anhand des „Buchs der Wandlungen" dargestellt, indem er den dort durchwaltenden Gedanken vom ständigen Wechselspiel des Yin und Yang übertrug auf die Dialektik in der Kriegsführung, und zwar auf Gegensatzpaare wie:

- Schein und Sein
- Mehrzahl und Minderzahl
- Stärke und Schwäche
- Außergewöhnliches und Konventionelles.

Der Grundgedanke des „Buchs der Wandlungen", eines der wohl berühmtesten Werke des chinesischen Altertums, ist gemäß seinem ältesten Kommentar (aus der Zeit um die Mitte des 1. Jahrtausends v. Chr.) der Dualismus von Yin und Yang, zwei unterschiedlichen, gegensätzlichen Kräften. Yang vertritt unter anderem die Sonnenseite, zum Beispiel eines Hügels, Yin dessen Schattenseite.

Strategeme sind ein wichtiger Inhalt der Militärtheorie, aber noch stärker setzen sich die Strategeme inzwischen in der Wirtschaft durch.

Besonders die aufstrebenden Wirtschaftsmächte in Asien, darunter Länder wie Taiwan und Hongkong, heben im Gegensatz zur Volksrepublik China neben der militärischen Funktion die Anwendbarkeit von Strategemen besonders im zivilen und ökonomischen Leben hervor: „Die Strategeme gleichen unsichtbaren Messern, die im Gehirn des Menschen verborgen sind und erst aufblitzen, wenn sie gebraucht werden. Gebraucht werden sie vom Militär, aber auch von Politikern, Kaufleuten und Akademikern. Wer sich in der Anwendung der Strategeme versteht, vermag eine geordnete Welt ins Chaos zu stürzen oder eine chaotische Welt zu ordnen, er vermag am heiteren Himmel Sturm und Donner zu erzeugen, ihm gelingt es, Armut in Reichtum, Mißachtung in Ansehen und die hoffnungsloseste Situation in eine lichte Lage zu verwandeln. Das menschliche Leben ist Kampf, und im Kampf braucht man Strategeme. Jedermann steht in einer Kampflinie. Ein kurzer Augenblick der Unachtsamkeit, und schon wird einem irgend etwas, das man besitzt, von einem anderen weggeschnappt. Doch wer die Strategeme einzusetzen versteht, wird stets die Initiative in seiner Hand behalten. Ob in den Palästen oder in den Hütten, die Strategeme sind überall anwendbar."[31]

Im Erfolgs-Management werden Strategeme eingesetzt, die auf die wirtschaftliche Situation der Unternehmen und der darin arbeitenden Menschen passen und zwar in Form der Dialektik, der Gegensatzpaare wie bei Yin und Yang.

Die heutige Zeit brüstet sich, zivilisiert zu sein. Doch je zivilisierter eine Gesellschaft, um so stärker wuchern Lug und Trug. Deshalb werden im folgenden Strategeme vorgestellt, die praktisches Wissen darstellen und moralische Phrasen und Ermahnungen an Wert weit übertreffen:[32] Zehn Arten des Verhaltens, die jeder Manager unterstützen, anerkennen, honorieren und belohnen sollte. Dem gegenüber stehen zehn Verhaltensmuster, die zwar absolut unerwünscht sind, die aber von vielen Unternehmen immer noch belohnt, anerkannt, unterstützt und honoriert werden.[33]

3.1 Ändern Sie komplizierte Sachverhalte in einfache Strukturen

Gut gehauene Steine schließen sich
ohne Mörtel aneinander.

Cicero

Lean Management, Lean Organisation, Lean Production und Reengineering sind heute in aller Munde. Unzählige Abhandlungen, Seminare, Erfahrungsberichte und Bücher berichten über diese Phänomene, die eigentlich keine sind.

Schlanke und effiziente Strukturen hat es immer schon gegeben. Aber auch wohlgenährte Organisationen, die dann wieder schlank oder „lean" werden mußten, wenn die Ergebnisse dies erforderten. Heute, im Zeichen der weltweiten Rezession, ist „lean" das Schlagwort, die Hoffnung für das Überleben des Unternehmens. Daß lean keine Erfindung der Neuzeit ist, sagt uns nicht nur die Bibel mit dem Spruch: **Es geschieht nichts Neues unter der Sonne,** sondern bewies bereits 1956 *Sir Simon Marks*, damaliger Chairman von Marks & Spencer (M&S), Englands größter Kette von Bekleidungsgeschäften. *Simon Marks* war ein großer Verfechter vereinfachter Administrations- und Organisationstrukturen, um – wie er sich ausdrückte – die schleichende Paralyse der Bürokratie durch die Papierflut, die jede große Organisation durchsetzt, einzudämmen. Er war überzeugt davon, daß einfache Strukturen im Geschäftsleben überlebensnotwendig seien. Aus diesem Grunde übernahm er auch selbst den Vorsitz der Kampagne „Operation Simplification" (in der Mitte der fünfziger Jahre), um die ausufernden administrativen Kosten in den Griff zu bekommen. Aus Erfahrung wußte er, daß steigende Verwaltungskosten die Wettbewerbsfähigkeit von Unternehmen, gleich welcher Größe, reduziert. Das Kosten-Nutzen-Verhältnis beim Einkauf des Kunden wird dabei genauso tangiert wie der Gewinn des Unternehmens. Der Slogan der „Operation Simplification" war: **„If in doubt, cut it out."**

Durch die Vereinfachung der Administration wurden 26 Millionen Formulare pro Jahr überflüssig und eliminiert. Seit der Reorganisationszeit (1955 bis 1956) stieg der Umsatz von 120 Millionen Pfund auf 282 Millionen Pfund in 1968, obwohl außerdem zweitausend Mitarbeiter weniger beschäftigt waren. Die Verkäufe pro Quadratmeter bei M&S waren doppelt so hoch wie der nationale Durchschnitt in dieser Branche, die Verkäufe pro Angestelltem überstiegen das Dreifache des nationalen Durchschnitts. Gerade im

Einzelhandelsgeschäft, mehr als in jeder anderen Branche, sind die Menschen das wichtigste Inventar. Der Erfolg von M&S war sicherlich auch darauf zurückzuführen, daß es der Unternehmensführung gelungen war, die Mitarbeiter an der Umgestaltung der Administration aktiv zu beteiligen und sie zu motivieren, die neuen Herausforderungen mit englischer Gelassenheit anzunehmen.[34] Noch heute gehört Marks & Spencer zu den führenden Unternehmen in England, mit einem Umsatz in 1994 von 6,54 Milliarden Pfund[35].

Wenn Unternehmen gegründet werden, dann sind komplizierte Strukturen noch kein Thema. Mit dem Erfolg und der Lebensdauer eines Unternehmens wächst dann jedoch auch, quasi automatisch, deren Komplexität und damit die Macht der Bürokratie. Die Bürokratie ist wie ein Krebsgeschwür. Ist sie erst einmal fest etabliert, dann gibt es kaum ein Zurück. Viele Firmen begehen den Fehler, bei einem Wachstum des Unternehmens neue Mitarbeiter einzustellen, neue Systeme und Verfahrensrichtlinien zu kreieren, um vermeintlich mit der steigenden Komplexität Schritt zu halten, was natürlich alles noch komplizierter macht, als es inzwischen ohnehin schon ist.

Die wesentliche – wenn auch außerordentlich schwierige – Grundlage jedes guten Managements ist es, alles so einfach wie möglich zu organisieren, damit die Mitarbeiter sich um die wirklichen Themen ihrer Arbeit kümmern können. Denn wer bei Mitarbeitern vorhandenes Leistungspotential brachliegen läßt, unterläuft den Gegenwert, der im Ergebnis die Kosten senkt. Es mag paradox klingen, aber je komplexer die Strukturen sind, um so größer wird der Wunsch nach Vereinfachung. Kennen Sie das englische Wort „KISS“? **Keep it simple and stupid!** Aber etwas einfach zu halten, ist wirklich harte, kreative Arbeit. Gute Unternehmen und vor allem gute Manager versuchen ständig, ihre Ablauforganisationen einfach zu halten, damit die Ziele des Unternehmens neben der Bewältigung der täglichen Arbeit und Routine nicht aus den Augen verloren werden.

Die Basis der einfachen Unternehmensstrukturen kann zusammengefaßt werden in: **Eliminiere das Überflüssige!** Viele Unternehmen tappen in die Falle und unterstützen jene Mitarbeiter, die alles nur komplizierter machen, während sie diejenigen Mitarbeiter ignorieren, die mitdenken und versuchen, die Abläufe möglichst einfach zu halten. Machen Sie es doch anders. Viele Mitarbeiter benötigen die mentale Sicherheit in der Gewißheit, daß ihr Leistungsvermögen, das sie einsetzen wollen, von der Führung nicht nur gesehen, sondern auch gewünscht, akzeptiert und anerkannt wird. Aus diesem Leistungspotential, dem wertvollsten aller betrieblichen Investitionen, und dem

Willen, es vollends einzusetzen, erhöht sich die Produktivität. Unterstützen Sie die mitdenkenden Mitarbeiter und honorieren Sie deren Engagement. Was meinen Sie, wie schnell sich Ihr Verhalten in der Unternehmung herumspricht. Denken Sie an die beiden Kernfragen: **Was wird belohnt? Was sollte belohnt werden?** Schlanke Organisationen sind nicht nur interessierter, flexibler und besser ausgestattet, um mit Veränderungen umgehen zu können, sie sind außerdem aggressiver, wenn es darum geht, Gelegenheiten zu erkennen, Chancen zu ergreifen und beides in wettbewerbliche Vorteile umzuwandeln.

Wenngleich Trägheit und Selbstzufriedenheit oft im Zusammenhang mit Großunternehmen beobachtet werden, sollte man nicht vergessen, daß auch kleinere Unternehmen durchaus überproportionale und schwerfällige Bürokratien entwickeln. Diese sind kein Privileg großer Unternehmen.

Da nichts so sicher ist wie der Wandel, müßten sich alle Unternehmen darauf einstellen, um langfristig im Wettbewerb bestehen zu können. Daß diese Erkenntnis nicht neu ist, bestätigte bereits *Heraklit* circa 500 v. Chr. in seiner Feststellung: „Nichts dauert an außer dem Wandel." Um vorbereitet zu sein, sollten Sie den folgenden **Simplifizierungs-Strategien** Priorität einräumen. Sie sollen Ihnen helfen, Ihre Organisation schlanker, muskulöser und damit erfolgreicher zu machen, im übertragenen Sinn, eine Art „Zero Base Organisation":

Vereinfachen Sie die Tätigkeiten

Bitten Sie Ihre Mitarbeiter – und es empfiehlt sich, daß Sie auch daran teilnehmen –, die folgenden Fragen möglichst kurz aber genau zu beantworten:

- Was sind die Ergebnisse meiner Arbeit?
- Warum erziele ich sie?
- Was ist mein konkreter Beitrag dazu?
- Welche meiner Tätigkeiten sind überflüssig?
- Was könnte besser gemacht werden?

Wenn diese Fragen ernsthaft und überlegt beantwortet werden sollen, dann muß jeder zur Basis seiner Arbeit zurückkehren und feststellen, ob seine Tätigkeiten zum Ergebnis des Unternehmens oder der Abteilung effektiv beitragen. Sollte eine Tätigkeit nichts zum Ergebnis beitragen, dann muß auch die Konsequenz vorhanden sein, diese zu eliminieren.

Vereinfachen Sie die Organisationsstrukturen

Aktuelles Thema in den Unternehmen ist zur Zeit die Reduzierung der Hierarchiestufen und, damit verbunden, der Wegfall von sogenannten Mittel-Management-Positionen. Andere Unternehmen werben sogar die Universitätsabsolventen, und natürlich nicht nur sie, damit an, daß es bei ihnen keine oder kaum Hierarchien gibt, wie das Beispiel GORE es zeigt: Die Anzeigen von W.L. Gore & Associates GmbH beginnen mit „No Ranks – No Titles“ als Aufmacher. Der Text sagt dann folgendes aus:

„Zuallererst: Legen Sie mögliche Vorurteile über die Arbeitsweise mancher erfolgreicher amerikanischer Unternehmen ab. Dann können Sie sich der Frage zuwenden, ob es sich lohnt, bei GORE einzusteigen. Bei GORE werden Hierarchien, Ränge oder Titel vermieden, wo immer es möglich ist. Die Betriebsgrößen unserer Werke... halten wir relativ klein. Bei einer maximalen Zahl von 150 – 200 Mitarbeitern fällt es dem einzelnen leichter, seinen Anteil am Gesamtergebnis zu erkennen. Und es ermöglicht uns, direkt, offen und spontan miteinander zu kommunizieren. Innovationen und unternehmerisches Denken sind das Resultat unserer Firmenkultur und die Basis unseres schnell wachsenden Erfolges.“[36]

Unternehmen wie Siemens, Daimler-Benz und andere versuchen ständig umzuorganisieren, um vereinfachte Organisationsstrukturen zu bekommen. Trotz der Unterstützung größter Unternehmensberatertruppen bisher mit wenig Erfolg, da die „beamteten“ Manager mit allen Mitteln versuchen, ihre Machtpositionen zu halten. Dabei wird auf die Wettbewerbslage der Unternehmen keine Rücksicht genommen. Sollten Sie stark genug sein und wollen Sie Ihr Unternehmen voranbringen, dann müssen Sie sich letztendlich auch gegen Ihre „beamteten“ Manager, Mitarbeiter und die Gewerkschaften durchsetzen. Denn letztendlich nützt es keinem, wenn das Unternehmen im Markt chancenlos wird, hauptsächlich durch rigide, ideenlose Unternehmensbeamte oder den Machtkampf suchende, profilierungssüchtige Gewerkschafter. Die unendliche Geschichte der (alten) AEG ist dafür ein gutes und zugleich warnendes Beispiel.

Wenn Sie sich dann entschieden haben, an diese heikle Aufgabe trotz aller Widerstände heranzugehen, dann überprüfen Sie, ob wirklich jede Arbeit, jeder Arbeitsbereich und jede Hierarchieebene notwendig ist. Brauchen Sie sie wirklich? Können eventuell zwei Ebenen kombiniert werden? Erwirtschaftet jeder Arbeitsplatz einen positiven Deckungsbeitrag? Ist er also mehr wert, als er kostet? Wenn nicht, kann ganz darauf verzichtet werden? Oder wie wäre es mit „outsourcing“? Trägt die Arbeit zum Ergebnis bei oder verursacht sie nur Kosten und verlangsamt den Arbeitsablauf?

Diese und mehr Fragen müssen regelmäßig für jede Arbeit und für jeden Arbeitsplatz gestellt werden. Normalerweise ist dazu keine Zeit vorhanden, aber denken Sie nochmals über Ihre Prioritäten und Ziele nach, dann ist die Antwort relativ einfach. Jede Hierarchieebene verändert die Kommunikation, verlangsamt oder behindert sie gar. Der Informationsfluß von unten nach oben, lebensnotwendig für ein Unternehmen, wird dadurch immer stärker gefiltert und verfälscht.

Gut geführte japanische und amerikanische Unternehmen sind dadurch gekennzeichnet, daß sie eine schlanke Verwaltung und wenige Hierarchiestufen haben. Die katholische Kirche, eine der größten Organisationen weltweit, hat nur fünf Managementebenen zwischen dem Gemeindepfarrer und dem Papst. Wir benötigen jedoch keinen patriarchalischen, sondern einen teamorientierten Führungsstil mit wenigen Ebenen: schlank, rank, effizient und kreativ.

Vereinfachen Sie die Administration

Selbst erfolgreiche Unternehmen stellen immer wieder fest, daß für simple Tätigkeiten oder Anforderungen eine Unmenge von Formularen und Unterschriften eingeholt werden muß, bevor jemand die Möglichkeit oder die Genehmigung hat, etwas durchzuführen oder zu bekommen. Versuchen Sie, aus Kosten- und Administrationsgründen diese Abläufe auf ein absolutes Minimum zurückzuschrauben, denn es behindert Ihr Unternehmen stärker als Sie annehmen mögen. Um dies zu erkennen, bedarf es keines Genius wie *Albert Einstein*, der folgende Binsenweisheit zum Besten gab: **Alles sollte so einfach wie möglich gemacht werden, aber nicht einfacher,** wenn Sie Vereinfachungen, klare und kurz gehaltene Direktiven einführen wollen. Nehmen Sie sich einfach jedes Verfahren, jedes System und jede Arbeit vor und unterteilen Sie diese in so viele Schritte wie möglich. Erfassen Sie die Details und hinterfragen Sie dann jeden einzelnen Schritt.

Können Sie Schritte eliminieren, vereinfachen, zwei Schritte oder mehr kombinieren oder die Sequenzen verändern, um das Ganze effizienter zu machen? Büro- und bürokratische Abläufe müssen wie Unkraut behandelt werden, das heißt: ständiges Beobachten, und wenn erforderlich „ausdünnen"! Dazu ist es absolut notwendig, vereinfachte Strukturen im Unternehmen einzuführen und durchzusetzen.

Vereinfachen Sie die Kommunikation

Kommunikation steht seit vielen Jahrzehnten im Mittelpunkt der Aufmerksamkeit, die dem Management gilt. In allen wichtigen Institutionen der modernen Gesellschaft hat man sich sehr viel mit Kommunikation beschäftigt. Obwohl wir uns zwischenzeitlich im Informations- und Kommunikationszeitalter befinden, sind die Ergebnisse dieser Bemühungen bisher eher dürftig. Je mehr Informationen wir be- und verarbeiten, um so mehr Informationen werden produziert. Wir werden sozusagen mit Informationen „erschlagen", und das bedeutet, daß wir uns selbst „lahmlegen". Dabei ist die Kommunikation heute genauso unzureichend wie vor dreißig oder vierzig Jahren, als wir entdeckten, daß wir sie brauchen und daß in der modernen Organisation befriedigende Kommunikation fehlt. Aber allmählich sehen wir ein, warum diese massiven Anstrengungen um Kommunikation keine positiven Ergebnisse haben können.

Es sind Kommunikationszweige ausgearbeitet worden, die vom Management zu den Mitarbeitern führen. Aber sinnvolle Kommunikation von oben nach unten ist praktisch unmöglich, wenn der hierarchische oder organisatorische Weg zu lang ist. Arbeiten auf dem Gebiet der Perzeptions- und Kommunikationslehre haben dies ausführlich bestätigt. Je mehr der Vorgesetzte sich bemüht, seinem Mitarbeiter etwas mitzuteilen, desto wahrscheinlicher ist es, daß der Untergebene ihn mißversteht. Er wird das hören, was er zu hören erwartet, und nicht das, was wirklich gesagt wird. Nur wenn die Kommunikationslinien gestrafft werden und die Anordnungen des Managements auf die Akzeptanz bei den Mitarbeitern stößt, können Ansätze zu einer fruchtbaren Kommunikation geschaffen werden. Wichtig ist es, professionell an das Problem heranzugehen und die Schnittstellen zu definieren, die absolut notwendig sind.

Das Ziel muß es sein, die Kommunikation einfach und effektiv, kurz und bündig, aber doch aussagefähig genug zu halten. So wie *Marion Harper* es sieht:

> Ein Unternehmen gut zu führen heißt,
> seine Zukunft zu lenken;
> und die Zukunft zu lenken heißt,
> richtig mit Informationen umzugehen.

Reduzieren Sie alles Geschriebene auf ein Minimum. Dabei interessiert es nicht, ob Papier, ob PC-Disketten oder andere Medien benutzt werden. Wie oft habe ich erlebt, daß Reiseberichte kleinen Romanen entsprachen. Sie waren ausführlich und detailliert, aber hatten das Wesentliche nicht erfaßt und daher auch nicht wiedergegeben. Eine große Quelle falscher Entscheidungen. Wir hatten einen Abteilungsleiter, der Reiseberichte interessanter und besser schrieb, als die Reiseschriftsteller in den bekannten MERIAN-Heften. Hierfür wäre dieser Mann hochbegabt gewesen, aber nicht in der Tätigkeit, die er ausübte. Weniger wäre dort mehr gewesen.

Deshalb reduzieren Sie, wenn irgend möglich, jede Form der schriftlichen Information auf **maximal eine Seite.** Es gibt viele effektive Manager, denen man das Verständnis und den Überblick für einen bestimmten Sachverhalt dadurch erleichtert, daß man die Dinge für sie schriftlich auf nur einer Seite zusammenfaßt. So forderte dies auch der ehemalige amerikanische Präsident *Eisenhower*, damit er schnell und zuverlässig handeln konnte.

Besonders amerikanische Manager stellen sich häufig auf den Standpunkt, daß etwas, was sich nicht schlüssig auf einer Seite unterbringen läßt, noch nicht genügend durchdacht ist. Dabei darf man im Überschwang der einfach erreichbaren möglichen Streubreite der Information natürlich die Verteiler nicht über Gebühr aufblähen, so daß sie nachher den Großteil der Information ausmachen. Das Ein-Seiten-Prinzip gilt grundsätzlich für das Dokument mit Verteiler. Lassen sich nicht alle Informationen auf einer Seite unterbringen, so sollte man auf der ersten Seite alle entscheidenden Fakten nennen und auf beigefügte Anhänge verweisen.[37] Benötigen Sie mehr Informationen, dann können Sie die Verfasser dieser Berichte nachträglich noch ansprechen und sie bitten, sich detailliert zu äußern.

Sollten Sie also in Zukunft etwas schreiben, hinterfragen Sie jede Zeile: **Erreiche ich mit dieser Information, daß der jeweilige Adressat eine gewollte und/oder nützliche Aktion in die Wege leitet oder eine Aktion dieser Art versteht und unterstützt?**

Wenn nicht, dann unterlassen Sie die Information. Weiterhin ist es unbedingt notwendig, daß Sie grundsätzlich die „Sprache“ der Zielgruppe benutzen. Akademisches Deutsch ist sicherlich nichts für den Mann an der Werkbank. *Bernstein* spricht in diesem Zusammenhang von „formal language“ und „public language“[38]. Diese Begriffe können ergänzt werden um die Ausdrücke **restringierter** und **elaborierter Sprachgebrauch**[39]. Restringiert heißt nichts anderes als „eingeschränkter“ Sprachgebrauch, also das Benutzen von wenigen und bekannten Wörtern. Das Niveau der „Bild“-Zeitung entspräche in etwa dieser Beschreibung. Elaboriert ist dazu dann das Gegenteil. Beispielsgemäß die „Frankfurter Allgemeine Zeitung“ oder die Wochenzeitung „Die Zeit“. Also denken Sie unbedingt daran, wenn Sie etwas formulieren, wer Ihre Zielgruppe oder Ansprechpersonen sein werden. Denn wenn Sie die „richtige“ Sprache nicht treffen, dann werden Sie auch nichts erreichen.

Neben dem Hinterfragen von Berichten, Formularen, Anweisungen oder ähnlichem müssen auch ständige Meetings oder Komitees kritisch betrachtet werden. Können diese abgeschafft, reduziert, kombiniert oder effizienter gestaltet werden? Überprüfen Sie weiterhin, ob Sie alle EDV-Ausdrucke benötigen oder ob es nicht einfacher ist, wenn Sie per Personal Computer an alle aktuellen und/oder benötigten Daten herankommen. Neben zeitlichen Aspekten fallen hier noch Umweltaspekte mit hinein – weniger Verbrauch von Papier.

Reduzieren Sie die ganze Informationsflut, die auf Sie einstürzt, auf das absolute Minimum! Dieses muß aber noch groß genug sein, um sich immer auf dem letzten Stand der Entwicklungen und Informationen zu befinden, damit gezielte Entscheidungen getroffen werden können. Bei allen diesen Ratschlägen sollten Sie nicht vergessen, daß nichts so alt ist wie die Information von gestern! Mit wenigen, aber gezielten Informationen sind Sie auch bei Zeitmangel immer „up to date.“

Vereinfachen Sie auch die Telefongespräche, ohne daß dabei die Kommunikation zu kurz kommt. Sie glauben gar nicht, wieviel Zeit Sie dort vergeuden. *Mark H. McCormack* gibt in seinen Büchern einige wertvolle Hinweise dazu:[40]

- Erstellen Sie bereits am Abend vorher eine Liste, wen Sie am nächsten Tag anrufen wollen.
- Führen Sie die Telefongespräche en bloc durch.
- Sprechen Sie nie länger als fünf Minuten. Wichtige Ausnahmen bestätigen wie immer die Regel.
- Finden Sie gute Eröffnungs- und Schlußphrasen, damit Sie niemanden brüskieren.
- Kommen Sie schnell, aber nicht unhöflich zum Punkt.
- Nehmen Sie selbst keine Gespräche entgegen, sondern nur Ihre Sekretärin. So werden Sie außerhalb Ihrer Telefonzeiten nicht in Ihrer Arbeit und Konzentration gestört.
- Rufen Sie grundsätzlich zurück! Mit zwei Ausnahmen: Erstens, Sie wollen nicht mit dem Anrufer reden, und zweitens, jemand in Ihrer Organisation kann das Gespräch besser beantworten als Sie. Aber stellen Sie auf jeden Fall sicher, daß auch zurückgerufen wird.
- Erkundigen Sie sich vorher genau, um welches Thema es bei dem Gespräch geht. Gut vorbereitete Gespräche kosten erheblich weni-

ger Zeit, und Ihr Partner hat das Gefühl, professionell behandelt worden zu sein.

Wenn alle Informations- und Kommunikationsaspekte kurz zusammengefaßt werden, dann sollte folgendes Ergebnis dabei herauskommen: Stellen Sie sicher, daß Sie nur die Informationen bekommen oder an andere senden, die nötig sind, damit Sie und/oder Ihre Kollegen und Mitarbeiter die Arbeit effektiv ausführen können. Alle anderen Informationen sollten eliminiert oder ignoriert werden.

Unterstützen und belohnen Sie Verhaltens- und Strukturänderungen

Nach *W. H. Jentzsch* bedeutet Unternehmensführung nichts anderes als zielorientierte Verhaltensbeeinflussung im Sinne einer zielgerechten Ausschöpfung des Kreativitätspotentials. Die Abteilung im Hause, die grundsätzlich dazu neigt, ihr Budget zu überschreiten, ist das Marketing. Da es bis heute noch nicht einwandfrei gelungen ist, festzustellen, ob höhere Marketingausgaben stets auch einen höheren Umsatz nach sich ziehen, gibt es zwischen der Marketingabteilung und der Unternehmensleitung ständig endlose, weil fruchtlose, Diskussionen über die Höhe der Budgets. Erst recht in Zeiten der nachlassenden Nachfrage oder Rezession. Sollen die Marketingausgaben zyklisch oder antizyklisch eingesetzt werden?

Wenn Sie einigermaßen sicher sein wollen, ob weitere Erhöhungen der Budgets Sinn machen, dann bieten Sie doch Jahresendboni an. Sollten die festgeschriebenen Ziele mit einem geringeren Budget erreicht werden, dann gibt es für den eingesparten Differenzbetrag einen angemessenen, aber in der Höhe durchaus interessanten Bonus. Für überschrittene Budgets gibt es nur einen Bonus, wenn die Umsatzsteigerungen überproportional zum eingesetzten Kapital sind. Ähnliche Überlegungen können angestellt werden, wenn Budgets reduziert oder eingespart werden können, durch Vereinfachungen in der Abwicklung oder durch andere geeignete Maßnahmen. Die gleiche Belohnung könnte zum Beispiel auch für die Einkaufsabteilung gelten. Wird bei einem vorgeschriebenen Einkaufsvolumen qualitativ gleich, aber günstiger eingekauft, wird auf die Differenz ein entsprechender Bonus bezahlt.

Für viele Unternehmen mag dies alles nichts Neues sein. Aber andere Unternehmen betrachten es als selbstverständlich, daß die Mitarbeiter stets das Beste aus sich herausholen. Das ist leider nicht der Fall. Die Mitarbeiter – wie letztendlich auch die Vorgesetzten – brauchen Unterstützung in ihrem Tun, Anerkennung und Belohnung. Geben Sie Ihnen, was Sie brauchen. Überall dort, wo Einsparungen und Vereinfachungen durchgeführt werden können, ohne daß es qualitative Einbußen gibt, sollten die Mitarbeiter mitbeteiligt werden.

Zum Schluß noch ein Wort der Vorsicht: Wenn Sie die Vereinfachungen oder Strukturveränderungen dazu benutzen, Personen freizusetzen, dann werden Sie scheitern und keine kooperative Mitarbeit bekommen. Wenn Sie Mißtrauen vermeiden wollen, dann müssen Sie ganz offen mit Ihren Mitarbeitern über die Strukturveränderungen reden, auch wenn Arbeitsplätze betroffen sind. Eine Lösung bietet sich an, wenn Sie Ihren Mitarbeitern glaubhaft versichern können, daß Sie einen besseren Arbeitsplatz als bisher bekommen und ein interessanter Bonus ausbezahlt wird, sollte ein sinnvoller Weg gefunden werden, den jetzigen Arbeitsplatz aufzulösen.

3.2 Ändern Sie die Einstellung zur Arbeit: Von schnell und fehlerhaft zur Qualitätsarbeit

Qualität ist kein Zufall;
sie ist immer das Ergebnis angestrengten Denkens.

John Ruskin

In unserer vielbeschäftigten, schnellebigen Gesellschaft legen wir sehr viel Wert auf schnelle Arbeit. Jeder möchte alles schon gestern haben. Daraus resultieren aber meistens minderwertige, fehlerhafte Arbeiten, Produkte der zweiten Wahl und schlechter Service.

Traditionelle Versuche, die Produktivität zu verbessern, konzentrierten sich gewöhnlich auf die Antworten auf zwei Fragen:

1. Wie können wir es schneller machen?
2. Wie können wir es günstiger machen?

Aber bei den Bemühungen, die Sachen schneller und günstiger zu machen, wurde die dritte, wohl wichtigste Basisfrage übersehen:

3. Wie können wir es von Anfang an richtig machen?

Wie wir es inzwischen von den Japanern wissen, liegt der Schlüssel zu höherer Produktivität eher in besserer, denn nur in schnellerer Arbeit. Interessanterweise waren es die Amerikaner *W. Edwards Deming* und *Joseph M. Juran,* die 1954 bei den Japanern Seminare über Produktqualität gehalten haben.[41] *W. Edwards Deming* hielt seine Vorlesungen über die Notwendigkeit höchster Qualitätsstandards vor nicht weniger als 21 Vorstandsvorsitzenden der wichtigsten japanischen Industrieunternehmen. Das erklärte Ziel japanischer Industriepolitik war es, das „Billigimage" japanischer Produkte, das noch aus der Vorkriegszeit stammte, zu eliminieren und durch fehlerfreie Qualitätsprodukte zu ersetzen und damit den überlebensnotwendigen Export anzukurbeln. Was – wie die Entwicklung noch heute zeigt – damit auch gelang. Über 20.000 japanische Ingenieure wurden in den Anfangsjahren in *Demings* statistischen Qualitätskontrollmethoden ausgebildet.

Über viele Jahre hinweg wurden in Amerika *Demings* Methoden belächelt und erst nach den Erfolgen der Japaner fanden Anfang der 80er Jahre *Demings* Methoden langsam Eingang in amerikanische Produktionsstätten, um den Japanern besser Paroli bieten zu können.[41] Während die Japaner *Demings* und *Jurans* Lektionen übernahmen und verbesserten – nicht von ungefähr wird der Deming Award für Qualität in Japan verliehen –, fielen die Amerikaner und Europäer, und hier insbesondere die Bundesrepublik Deutschland, stark zurück.

Es war vor rund hundert Jahren. England war damals die führende Industrienation unter den europäischen Ländern. Das englische Parlament glaubte 1887 ein Gesetz erlassen zu müssen, das den „homemarket" vor minderwertigen Erzeugnissen – zum Beispiel aus deutschen Landen – schützt. Aber es kam völlig anders: Das „Made in Germany" wurde zum Qualitätszeichen. Geht aber nun, nach über hundert Jahren, ein Mythos zu Ende?[43] „Made in Germany" ist schon längere Zeit kein makelloses Gütesiegel mehr. Leider!

Die Indizien hierfür sind bekannt. Den weltweit führenden Qualitätsmaßstab, unter anderem bei optischen Erzeugnissen, Fahr- und Flugzeugen, Textilien und Arzneimitteln, elektronischen Erzeugnissen und chemischen Produkten, setzen nicht mehr die Deutschen. Ganze Marktsegmente gingen verloren. Weltweit wird seit Ende der siebziger Jahre über Standards im Qualitätsmanagement diskutiert, ohne daß die Deutschen sich daran maßgeblich beteiligt hätten. Einige wenige haben versucht, die deutsche Fahne hochzuhalten. Ihre Bosse hielten diese Art Normung für Zeitverschwendung, denn wie man zu Qualitätserzeugnissen kommt, wisse man hierzulande schon.

Ein neues Kapitel wurde aufgeschlagen, als Japan mit seinen Erzeugnissen auf die deutschen Märkte drängte. Sie entsprechen allen Anforderungen und Erwartungen, sind fehlerfrei und somit Qualitätsprodukte, die jedoch zu Preisen angeboten werden, die weit unter den deutschen liegen. Die Herstellungskosten sind vor allem deshalb niedriger, weil in der Produktion weit weniger Fehler auftreten, die kostenträchtig verbessert werden müßten. Alle Mitarbeiter fühlen sich für die richtige Ausführung ihrer Arbeit selbst verantwortlich. Dazu kommt die Bereitschaft, über Bereichsgrenzen hinweg zusammenzuarbeiten, etwa bei der Entwicklung neuer Produkte. In dieser Denkweise hat ein „akzeptabler Fehleranteil" keinen Platz. Durch die japanischen Erfolge sind nunmehr auch die deutschen Unternehmer wach geworden und denken über neue Qualitätsstandards nach. Man braucht kein Prophet zu sein, um vorherzusagen, daß Qualitätsmanagement an Bedeutung weiter zunehmen wird. Besonders aus Gründen wirtschaftlicher Betriebsführung muß dieser Trend anhalten. Fehler müssen verhindert werden, bevor sie entstehen, vorbeugende Maßnahmen werden damit immer wichtiger.[44]

Interessant und lehrreich zugleich ist, wie *Joseph M. Juran* darauf hinweist, daß bereits frühere Zivilisationen zu den gleichen Ergebnissen bei der Produktqualität gekommen waren wie wir heute. Festgehalten wurde, wie Produkte gemäß Spezifikationen hergestellt werden sollten. Dann, wie sie auf Fehler kontrolliert werden konnten, damit möglichst fehlerfreie Produkte ausgeliefert wurden. Die Ägypter gingen bereits vor 5.000 Jahren so zu Werke, wenn sie Inspektoren einsetzten, die die Arbeit der Steinmetze überprüften, die Quader für die Pyramiden vorbereiteten. Die alten Chinesen etablierten bei der Zentralregierung ein Ressort, das die Qualitätsstandards festsetzte und überprüfte. Ähnlich war es bei den Zünften. Meister und Gesellen waren zum Beitritt verpflichtet. In den Zunftordnungen wurden u. a. die Preisgestaltung und die Qualität der Waren festgelegt.

Dieses geschah alles einige tausend Jahre bevor die Japaner „das Rad neu erfanden". Heute haben die Japaner eine **Qualitätsrevolution** in Gang gesetzt, der weder von den USA noch vom Westen bisher ein adäquater Widerstand entgegengesetzt werden konnte. Daher sind die großen westlichen Unternehmen zur Zeit bemüht, den Qualitäts- und, damit verbunden, den Kostenabstand zu verringern beziehungsweise zu egalisieren. In der Automobilindustrie wollen Opel und Volkswagen bis 1997 den Produktivitätsrückstand gegenüber den Japanern aufholen. Wie groß der Druck durch die Japaner ist, zeigt eine geheime Analyse. Opel vergleicht darin die Herstellungskosten eines Vectra mit denen eines vergleichbaren Toyota: Der Vectra liegt bei 13.830 Mark, der Toyota bei 11.320 Mark. Der Nachteil pro Auto: 2.510 Mark. Auch bei Volkswagen sind die Japaner Gegner Nummer eins. Ein Passat ist um 3.750 Mark teurer in der Herstellung als ein Nissan Primera. Dazu noch eine weitere spektakuläre Zahl:

1993 hat Nissan pro Primera rund 2.000 Mark weniger für Zulieferteile bezahlt als Volkswagen beim Golf. Insgesamt beträgt der augenblickliche Kostennachteil pro Auto dieses Typs rund 7.000 Mark.[45]

Was haben die Japaner gemacht, um ihre Qualitätsrevolution durchzusetzen?

- Die Top-Manager der japanischen Unternehmen übernahmen die **persönliche Verantwortung** für das Qualitätsmanagement. In westlichen Unternehmen waren dagegen „nur" Ingenieure und die Qualitätskontrolle dafür zuständig. Also ein völlig anderer Stellenwert und damit ein anderes Durchsetzungspotential.
- Die japanischen Top-Manager trainierten ihre gesamten Managementhierarchien selbst, wie Qualität gemanagt werden sollte. Dazu haben sich die Spitzenmanager extra ausbilden lassen (Train the Trainer). Dieses auch wieder anders als im Westen.
- Die japanischen Unternehmen gingen mit **revolutionären Schritten** und Geschwindigkeiten an die Verbesserung des Qualitätsstandards heran und hielten das Tempo die ganzen Jahre über aufrecht.
- Die Unternehmen unterrichteten ihre Ingenieure darin, wie **statistische Methoden** für die Qualitätskontrolle sinnvoll eingesetzt werden können.
- Die Unternehmen stellten ihren Mitarbeitern alle Mittel zur Verfügung, die sie benötigten, um Qualitätsverbesserungen planen und durchführen zu können. Daraus entwickelte sich eine rein japanische Erfindung: der **Qualitäts-Kontroll-Kreis** (Quality Control Circle).
- Die Unternehmen erweiterten ihre Geschäftspläne, indem sie die **Qualitätsziele** darin integrierten.

Jede dieser Aktionen war beispiellos in der Geschichte der Industrie, und der Zweck rechtfertigte die Mittel. Heute ist Japan ungeschlagen im Qualitätsstandard zu günstigen Kosten. Diese Qualitäts- und Kostenführerschaft läßt vorteilhafte Wettbewerbspreise bei interessanten Margen zu. Abbildung 2 (S. 54) zeigt diesen Zusammenhang auf.

Während das zwanzigste Jahrhundert das der Produktivität war, wird das einundzwanzigste Jahrhundert das der Qualität sein.

In einigen japanischen Unternehmen wird das jährliche Qualitätsmeeting, in dem die Ergebnisse des vergangenen Jahres und die Ziele des neuen Jahres vorgestellt werden, inzwischen **Präsidenten-Meeting** genannt, weil der Vorstandsvorsitzende diese Versammlung selbst

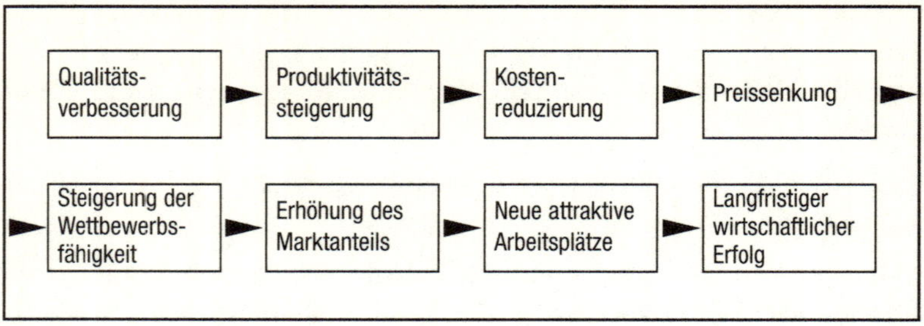

Abb. 2: Qualitäts-Kettenreaktion

leitet. Die westlichen Unternehmen, aufgeschreckt durch die japanische Herausforderung, haben mittlerweile ihren Jahrhundertschlaf unterbrochen und sind dazu übergegangen, ein sogenanntes **Total Quality Management** (TQM) zu etablieren. Aus eigener Erfahrung kann ich dazu sagen, daß hier vielfach mehr Papier gewälzt wird, als daß es wirklich zu signifikanten Aktionen oder Ergebnissen kommt. Um wirklich etwas zu bewegen, genügt es nicht, wenn eine Assistentin des Headquarters einmal im Monat per Fax nachfragt, welche Ergebnisse die Total-Quality-Management-Treffen gebracht haben. Wenn die Verbesserung der Qualität bei den Produkten oder in der Arbeit wirklich vorangetrieben werden soll, dann muß der Vorstandsvorsitzende oder Geschäftsführer mit bestem Beispiel vorangehen. Er allein bestimmt das Tempo.

Sieben sorgfältig geplante Schritte müssen gegangen werden. Sie sind nahezu identisch mit den Schritten, die jeder Vorstandsvorsitzende routinemäßig unternimmt, wenn er die finanziellen Ressourcen managt. Um eine Revolution im Qualitätsmanagement anzuführen, muß der Vorstandsvorsitzende oder Geschäftsführer

- Qualitätsmeetings aus der Taufe heben und diesen auch vorsitzen, genauso wie im Finanzkomitee,
- Qualitätsziele für das Unternehmen definieren, inklusive Qualitätsverbesserungen; die Ziele und Verbesserungen müssen Bestandteile des Unternehmensplans sein,
- Voraussetzungen schaffen, damit die gesamte Managementhierarchie motiviert und trainiert wird, Qualität auch zu managen,
- Möglichkeiten und Methoden aufbauen, um Qualitätsergebnisse mit Qualitätszielen vergleichen zu können,
- Ergebnisse regelmäßig überprüfen und mit den Zielen vergleichen und, wenn nötig, korrigierend und unterstützend eingreifen,

- Anerkennung äußern für exzellente Qualitätsleistung oder Verbesserungen,
- Belohnungssysteme überprüfen und, wenn nötig, revidieren; dabei auf ein Niveau bringen, das mit der geforderten Weltklasse-Qualität positiv korreliert.

Die Qualitätsführerschaft kann im Westen nur dann wieder errungen werden, wenn die Vorstandsvorsitzenden oder Geschäftsführer oder die für das Qualitätsmanagement Verantwortlichen die Führung im Sinne des gerade Dargelegten wirklich ernsthaft übernehmen. Ermutigende Beispiele gibt es nicht nur bei Volkswagen, wo sowohl der Vorstandsvorsitzende als auch der Einkaufs- und Produktionschef sich dieser Angelegenheit angenommen haben, sondern auch in den USA. Daß das bei Volkswagen jedoch noch nicht sehr rasch gegriffen hat, zeigten die Schwierigkeiten beim neuen VW-Polo (1994): „Der neue VW-Polo kommt nicht in die Gänge. Ein fehlerhaft konstruiertes Getriebeteil – ein handtellergroßer Synchronring aus Messing – verhindert die Auslieferung der 9000 als Händler-Vorführwagen vorgesehenen Kleinwagen, die in Emden auf Halde stehen. Dort wird ihnen das Getriebe herausoperiert und zur Nachbesserung nach Kassel geschickt. Die für den 7. Oktober geplante Markteinführung sei nicht gefährdet, behaupten VW-Sprecher, die an der gigantischen Aktion „nichts Außergewöhnliches“ finden können. Für derartige Probleme beim Serienanlauf habe man Rückstellungen von knapp 100 Millionen Mark gebildet, mehr, als der aufwendige Ringe-Tausch kostet.“[46] Die japanischen Konkurrenten benötigen nach deren Aussagen die erwähnten Millionenrückstellungen nicht – obwohl die Realität auch diese Aussage inzwischen eingeholt hat, wie Beispiele aus den USA zeigen –, denn dort ist Qualitätsmanagement „wirklich gelebtes“ Top-Management. So auch bei dem amerikanischen Telefon- und Telekommunikationskonzern AT&T, der als zweites US-Unternehmen nach Florida Power & Light (1989) außerhalb Japans 1994 den begehrten „Deming-Preis“ verliehen bekamen.

Um die japanischen Prüfer zu überzeugen und um den prestige- und umsatzkräftigen „Deming-Preis“ zu erhalten, hat AT&T über vier Jahre hinweg erhebliche Anstrengungen in seinen Produktionsstätten unternommen, um die Qualität der Produktionsprozesse und Produkte signifikant zu verbessern. Zum Beispiel wurde bei AT&T Power Systems die Lagerhaltung halbiert und nur noch Material eingesetzt, das zu 98 Prozent recyclefähig ist. Außerdem wurden zur Motivierung der Mitarbeiter und zur Erhöhung der Qualität Entscheidungsfindungen zu Qualitätsverbesserungen vom Management auf die ausführenden Mitarbeiter in der Produktion verlagert.[47] Der Vorstandsvorsitzende von AT&T *Robert Allen* hat diesen erfolgreichen Prozeß angeführt. Sollten nicht weitere westliche Spitzenmanager diese Führungsaufgabe persönlich übernehmen, dann wird es langfristig ein Desaster geben.

Wie dargelegt, liegt der Schlüssel zur höheren Produktivität im besseren Arbeiten und nicht unbedingt in der Schnelligkeit. Schnelleres Arbeiten wiederholt nur die gleichen Fehler in einer höheren Taktgeschwindigkeit. Dabei werden die gleichen Fehler nur effizienter produziert. Qualität im besseren Sinne des Wortes entsteht dadurch nicht. Wichtig ist es aber, verbesserte Qualitäten zu erzielen, da sie eine Anzahl von langfristigen Vorteilen besitzen:

Niedrigere Kosten

Wenn die Produkte von Anfang an fehlerfrei hergestellt werden, dann sparen Sie zusätzliche Kosten für das Material, die Inspektionen, die Reparaturen und die Garantieleistungen. Ganz zu schweigen vom Imageverlust.

Es wird geschätzt, daß in der westlichen Automobilindustrie allein 25 Prozent des Preises für einen PKW auf die schlechte Qualität und damit hohe Garantie- und Kulanzleistungen zurückzuführen waren. Inzwischen hat es schon enorme Verbesserungen gegeben, aber die deutsche Industrie ist noch meilenweit vom japanischen Standard entfernt und leider inzwischen auch vom stark verbesserten amerikanischen. Bevor Hewlett Packard dazu übergegangen war, die Qualität nachhaltig zu verbessern, waren auch dort 25 Prozent seiner Fertigungskapazität gebunden durch Qualitätsprobleme. Unternehmen, die von Beginn an Fehler vermieden, konnten somit nicht nur ein Vermögen einsparen, sie konnten alternativ ihre Produkte am Markt wesentlich günstiger absetzen und dadurch Marktanteile gewinnen. Auch für diese Strategie sind die Japaner ein erstklassiges Beispiel.

Warum wird in den Unternehmenshierarchien und auch bei den Mitarbeitern, die letztendlich die Arbeiten durchführen, nicht verstanden, **daß Qualität kostenlos ist** und weder einem Unternehmen noch irgend jemandem persönlich gehört?

Was wirklich Geld und oft auch die Wettbewerbsfähigkeit kostet, sind all die Aktionen, die notwendig sind, wenn die Arbeit von vornherein nicht richtig ausgeführt wurde. Unternehmensberater gehen davon aus, daß rund 40 Prozent der Herstellungskosten damit assoziiert sind, daß die Arbeiten beim ersten Mal nicht fehlerfrei waren.

Höherer Output

Wenn die Arbeiten sofort richtig gemacht werden, können Kapazitäten, die zurückgehalten wurden, um fehlerhafte Produkte zu verbessern, jetzt dem normalen Produktionsablauf zugeführt werden. Damit verbunden sind ein höherer Produktionsausstoß und eine höhere Produktivität. Beides führt zu niedrigeren Herstellungskosten. Die Manager können sich nun produktiveren Arbeiten zuwenden als der Überprüfung von fehlerhaften Produkten und der Ursachenforschung, wie es dazu gekommen ist. Die Arbeiter verbringen ihre Zeit mit der Herstellung fehlerfreier Produkte, anstatt fehlerhafte zu reparieren. Zusätzlich verwendete Energie und Materialien können entweder der normalen Produktion zugeführt werden oder werden einfach nicht mehr benötigt. Da das Überprüfen und das Reparieren nahezu entfällt, erhöht sich die totale Produktivität überproportional.

Mit anderen Worten: Durch die Konzentration auf die Verbesserung der Qualität erhöht sich der Produktionsausstoß, und die Herstellungskosten werden reduziert. Dadurch können die Produkte günstiger am Markt angeboten werden, was wiederum die Wettbewerbsfähigkeit erhöht.

Die nächsten zwei Punkte verdeutlichen noch stärker, warum Qualität so wichtig ist.

Stolz sein auf die Arbeit

Das Herstellen von fehlerfreien Produkten gibt den Beteiligten das positive Gefühl, ihre Arbeit nicht nur zu verstehen, sondern sie auch meisterlich zu beherrschen. Sie sind stolz auf das, was sie leisten und auf das Produkt. Dieses Gefühl führt zu einem weiteren Motivationsschub, nicht nur noch bessere Arbeit zu leisten, sondern auch die Arbeitsabläufe zu verbessern, um noch mehr leisten zu können.

Wer erinnert sich nicht an die alten Mercedes-Benz-Arbeiter und deren Stolz auf „ihre“ Produkte. Wartezeiten von mehreren Jahren auf einen Mercedes-Benz zeigten an, daß dieses Produkt es wert war, daß man darauf wartete. Zwischenzeitlich wurden die besten PKW von Mercedes-Benz, wie die neue S-Klasse, mit Abschlägen von bis zu 40 Prozent verkauft, weil die Wagen auf Halde standen und nicht mehr den Wert symbolisierten, den diese Wagen und das Unternehmen einst hatten. Die Ursache dafür? Aus überwiegend fehlerfreien

Produkten wurden zunehmend fehlerhafte. Die Taxifahrer, Großabnehmer bei Daimler Benz, können davon ein Lied singen.

Und der Stolz der Arbeitnehmer?

Den gleichen Stolz, wie er einst bei den „alten Daimlern" herrschte, findet man heute bei der japanischen Arbeitnehmerschaft.

Managementfehler können Weltunternehmen untergehen lassen. Gute Manager bauen hingegen aus kleinen Unternehmen Weltunternehmen. Wichtig dabei ist, den Stolz der Mitarbeiter auf das Unternehmen und dessen Produkte stimulierend wirken zu lassen. Das kann Berge versetzen helfen. Nutzen Sie dieses kostenlose Führungsinstrument zum Vorteil aller aus!

Kundentreue

Statistisch gesehen, verwenden Unternehmen sechsmal mehr Zeit darauf, neue Kunden zu akquirieren als ihre Stammkunden zu halten. Das ist ein kapitaler Fehler! Der sicherste Weg, Kunden zu halten oder neue Kunden zu gewinnen, sind fehlerfreie Produkte und hervorragender Service. **Ein zufriedener Kunde ist die beste Werbung,** denn er

- kauft wieder,
- empfiehlt das Unternehmen weiter,
- beachtet Marken und Werbung der Konkurrenz weniger,
- kauft weitere Produkte des Unternehmens.

Ein japanischer Geschäftsmann formulierte dies wie folgt: **„Wir wollen mehr, als den Kunden zufriedenzustellen. Wir wollen ihn begeistern."**[47]

Lew Young, Chefredakteur der Business Week, hat dagegen andere Erfahrungen gesammelt: In zu vielen Unternehmen ist der Kunde zu einem Störfaktor geworden, dessen unvorhersagbares Verhalten sich schädlich auf die sorgfältig erstellten Pläne auswirkt, dessen Sonderwünsche nicht in die computergestützten Arbeitsabläufe passen und der stur darauf besteht, daß die von ihm gekauften Erzeugnisse funktionieren sollen. Während ein zufriedener Kunde nur drei Personen von seinen guten Erfahrungen mit dem Produkt und/oder dem Unternehmen berichtet, schimpft ein unzufriedener Kunde bei elf Leuten darüber. Es gibt sogar eine Erhebung, die angibt, daß 13 Prozent der Befragten, die ein Problem mit einem Anbieter hatten, sich bei mehr als zwanzig anderen über das Unternehmen beschwerten.[49] Daraus resultiert, daß negative Erfahrungen schneller die Runde machen als positive und obendrein die Unternehmen erheblich schädigen können. Daher ist jedes Unternehmen gut beraten, den Zufriedenheitsgrad der Kunden zu überprüfen. Dabei ist es unwichtig, ob das Unternehmen ein Konzern oder nur ein Einzelunternehmen ist. Die Konsequenzen sind die gleichen.

Man kann sich jedoch nicht darauf verlassen, daß sich unzufriedene Kunden von selbst beschweren, denn 96 Prozent der unzufriedenen Kunden teilen ihre Beschwerden dem betroffenen Unternehmen nie mit.[50] Dies unterstreicht, daß Unternehmen den Kunden die Gelegenheit geben sollten, ihre Beschwerden sachgerecht mitzuteilen. Nur so können Unternehmen auch herausfinden, wie gut sie oder ihre Produkte eigentlich sind. Weiterhin sind Kundenbeschwerden auch ein wichtiges Lerninstrument für weitere Verbesserungen und neue Produkte, wenn diese Beschwerden ernsthaft analysiert werden. Bei 3 M ist man der Meinung, daß mehr als zwei Drittel aller innovativen Ideen durch Kundenbeschwerden ausgelöst werden können.[51]

Nur den Beschwerden zuhören, reicht natürlich nicht aus. Was gefordert ist, ist konstruktives Reagieren seitens der Unternehmen: Von den Kunden, die sich beschweren, werden 54 bis 70 Prozent wieder beim Unternehmen kaufen, wenn der Beschwerdegrund beseitigt wird. Auf sogar 95 Prozent erhöht sich der Wert, wenn der Kunde das Gefühl hat, daß seine Beschwerde schnell erledigt wurde. Kunden, die sich beschwert haben und deren Beschwerden zu ihrer vollen Zufriedenheit erledigt wurden, berichten durchschnittlich fünf anderen Personen darüber.[52]

Wenn ein Unternehmen erkannt hat, daß ein treuer Kunde über Jahre hinweg einen beträchtlichen Umsatz gebracht hat, wäre es fatal, durch Nichtbeachtung oder Widerspruch gegen eine Beschwerde den Verlust des Kunden zu riskieren. IBM verlangt von jedem Verkäufer einen umfassenden Bericht über jeden verlorenen Kunden und alle Maßnahmen, die zur Wiederherstellung der Kundenzufriedenheit ergriffen wurden. Daß IBM nicht immer auf die Wünsche und Bedürfnisse seiner Kunden gehört beziehungsweise Trends regelrecht verschlafen hat, zeigt die Verfassung, in der sich das Unternehmen zwischenzeitlich präsentiert hat. Ein Zeichen dafür, daß man nie die Märkte und die Kundenwünsche vernachlässigen darf. Auch oder erst recht dann nicht, wenn man zu den erfolgreichsten Unternehmen weltweit gehört oder gehört hat oder gehören will.

Kundenorientierte Unternehmen verfolgen das Zufriedenheitsniveau in regelmäßigen Abständen und setzen sich dann konkrete Qualitäts- und Verbesserungsziele. So erreichte zum Beispiel die Adam Opel AG, wo man anhand einer Indexzahl die Zufriedenheit der Kunden mit den Opel-Händlern und dem Garantieservice mißt, im Jahre 1988 einen Wert von 84 – bei einem Maximum von 100 – für die Zufriedenheit mit den Händlern und von 82 mit dem Garantieservice. Die Loyalitätsrate der Opel-Besitzer lag im Jahr 1988 bei 68,2 Prozent. Dieser Wert soll auf über 80 Prozent gesteigert werden.[53]

Wenn es Unternehmen gelingt, die Kundenzufriedenheit und Markentreue auf einem hohen Niveau zu halten, dann kann selbst in schwierigen wirtschaftlichen Zeiten zuversichtlich in die Zukunft geschaut werden. Kundenloyalität und Kundenzufriedenheit bedingen einander. Viele Unternehmen haben dies bis heute nur verbal, aber nicht aktiv umgesetzt und in ihrem Handeln verinnerlicht. Das entscheidende Symptom dafür, daß ein Unternehmen auf dem richtigen Weg ist, liegt in einem hohen und sich ständig weiter erhöhenden Maß an Kundenzufriedenheit. Die Kundenzufriedenheit ist einer der aussagekräftigsten Indikatoren für die Zukunft des Unternehmens. Die Gewinne hingegen sagen uns „nur“, wie wirtschaftlich es dem Unternehmen gelingt, die Wünsche der Kunden zu erfüllen.

Kundenumfragen bestätigen dieses immer wieder. Die Kunden verlangen eine immer besser werdende Qualität. Kunden beurteilen das Produkt nach der Qualität und nicht nach dem Preis. Jedoch muß das Preis-Leistungs-Verhältnis stimmig sein, sonst verlieren Sie hier, wie auch bei schlechter Qualität, mühsam akquirierte Kunden. Sehr oft sollten sich sowohl die Unternehmen als auch die Kunden, die nach immer günstigeren Preisen rufen, den folgenden Spruch vor Augen führen:

The bitterness of poor quality
lingers long
after the sweatness
of a cheap price is forgotten.

Das heißt nicht anderes als daß die Verärgerung über schlechte Qualität länger anhält, als die Freude über den vermeintlich günstigen Preis. Zum Abschluß über Kundentreue und Kundenzufriedenheit mag das Beispiel von *L. L. Bean* lehrreich sein: Die Firma mit Sitz in Freeport, Maine, ist eines der erfolgreichsten amerikanischen Versandhäuser, das sich auf robuste Kleidung und Ausrüstungen für das rauhe Leben in der Natur spezialisiert hat. Hier ein Auszug aus seinem Angebot an die Kunden:

„100 prozentige Garantie

All unsere Produkte sollen Sie 100 prozentig zufriedenstellen, und zwar in jeder Hinsicht. Sollte dies einmal nicht der Fall sein, senden Sie uns zurück, was Sie gekauft haben. Wir ersetzen es entweder oder zahlen Ihnen den Kaufpreis zurück – ganz wie Sie es wünschen. Wir wollen nicht, daß Sie etwas von uns haben, mit dem Sie nicht völlig zufrieden sind."

Um außerdem die Mitarbeiter dazu anzuhalten, den Kunden gut zu bedienen, ist in den Büroräumen unübersehbar in großer Schrift folgendes zu lesen:

„Der Kunde ist die wichtigste Person in diesen Räumen -
ganz gleich, ob er persönlich oder per Brief „anwesend" ist.

Der Kunde braucht nicht uns, sondern wir ihn.

Der Kunde hilft nicht uns bei der Arbeit, sondern gibt uns Arbeit.

Nicht wir tun ihm einen Gefallen, wenn wir ihn bedienen,
sondern er tut uns einen Gefallen, wenn er uns die Möglichkeit gibt,
ihn zu bedienen.

Mit einem Kunden streitet man weder, noch testet man seine Klugheit.
Noch niemand hat von einem Streit mit dem Kunden etwas gehabt.

Ein Kunde bringt uns seine Wünsche nahe.
Es ist unsere Aufgabe, diese Wünsche zu seinem
und unserem Vorteil zu erfüllen."[54]

Nachdem nun die Vorteile von „Qualität" ausführlich dargelegt wurden, werden Sie natürlich fragen, „wie ist es möglich, die Dinge immer hundertprozentig richtig zu machen?" Die Beantwortung dieser Frage ist manches Mal lebensnotwendig. Wie hoch darf die Fehlerquote sein, wenn Sie eine Autobahnbrücke oder ein Hochhaus bauen? Wie hoch darf die Fehlerquote beim Bau eines Flugzeuges oder Schiffes sein? Wie hoch darf die Fehlerquote bei der Auszahlung Ihres Gehaltes sein? Die Antwort ist ganz einfach. Akzeptabel in all diesen unterschiedlichen Fällen ist nur eine (definitorische) Fehlerquote von null!

Qualitätstreue ist eine Angelegenheit von Einstellung und Engagement. Wenn es nötig ist, kann eine Fehlerquote von null erreicht werden, auch wenn es ökonomisch nicht immer Sinn macht. Warum haben die meisten Unternehmen und Mitarbeiter bisher so wenig an wirkliche Qualitätsarbeit gedacht? Stellen Sie die Kernfrage: *Was wird belohnt?*

Das Belohnungs-, Anerkennungs- und Unterstützungssystem honoriert den quantitativen Produktionsausstoß, aber selten den qualitätsmäßigen! Das beste Beispiel ist die sogenannte Akkordarbeit. Hier ist Schnelligkeit Trumpf, nicht die Qualität, auch wenn dies von den Gewerkschaften und den Kontrolleuren gerne anders gesehen wird.

Die Toleranzgrenze, welches Produkt noch akzeptiert wird, ist sehr oft fließend. Wir sind besessen davon, wieviel wir produzieren können und nicht davon, wie gut es gemacht werden sollte. Aber die Märkte dieser Welt haben uns bestraft. Die Japaner mit ihrer **Qualitätsneurose** haben neue Maßstäbe gesetzt. Wir haben uns dem anzupassen oder unterzugehen. Die Rezession und die Strukturkrise sind nicht nur eine Mahnung an uns alle. Sie können auch für diejenigen unter uns, die offen und lernfähig sind für Herausforderungen, einen neuen Anfang bedeuten.

Wenn wir ein spezifisches Engagement und die richtige Einstellung zur Qualität haben wollen, dann müssen wir es auch belohnen. Angefangen beim Arbeiter in der Fabrik bis ins höchste Management hinein. Wie bereits angeführt, ist es wirklich einfach, den Arbeitern, dem Material, den Werkzeugen oder Maschinen die Schuld in die Schuhe zu schieben, wenn die Qualität nicht stimmt. Hundert Prozent aller Qualitätsprobleme und auch deren Lösungen beginnen im Top-Management. Genau das haben die Japaner erkannt, Jahre bevor der Westen diese Erkenntnis akzeptiert hat. Deshalb müssen unsere Spitzenmanager heute endlich anfangen, Lippenbekenntnisse und Forderungen nach Qualitätsreformen und Qualitätsleistungen vorzuleben: Sie müssen anfangen zu lernen und sie müssen es dann auch umsetzen! Dann, und nur dann, beginnt ein neuer Denkprozeß, die Verinnerlichung, was Qualität wirklich bedeutet. Und der Belohnungsfaktor?

- Bei Texas Instruments werden zum Beispiel die Top-Manager danach beurteilt, wie ihre Qualitätsperformance ist. Die sich dann ergebende Reihenfolge wird bei Beförderungen und beim Jahresbonus berücksichtigt.
- Bei der Nashua Corporation basieren rund vierzig Prozent der Boni auf Qualitätsergebnissen.
- Beförderungen bei der CBS Records werden nach der Qualität der Produkte entschieden, die mit Konkurrenzprodukten verglichen wurden. Dabei werden sieben Produktkategorien definiert. Um die Objektivität zu gewährleisten, werden die Vergleiche per Computer durchgeführt.
- Pitney Bowes Inc. veranstaltet Qualitätswettbewerbe zwischen den unterschiedlichen Werken und den Mitarbeitern. Die Gewinner erhalten finanzielle Zuwendungen und persönliche Belobigungen.

Sollte Qualität als lebensnotwendig für das Unternehmen erachtet werden, und nicht nur als neues „Schlagwort“, dann müssen weitere Faktoren berücksichtigt und verstanden sein: **Jeder Mitarbeiter muß verstehen, was mit Qualität gemeint ist und was nicht.**

Jeder meint, er weiß, was Qualität ist – aber meistens ist es nicht so. Deshalb im folgenden eine kleine Aufstellung, um das zu verdeutlichen:

Qualität ist:	Qualität ist nicht:
Übereinstimmung mit vorher festgesetzten, meßbaren Leistungsstandards.	Den Mitarbeitern sagen, daß sie ihr Bestes geben mögen.
Ein komplettes, kontinuierliches Programm. Eine Verpflichtung zum Engagement, die Dinge von Anfang an richtig zu machen und dies immer wieder.	Ein Ziel zu setzen; es zu erreichen; und es dann zu vergessen.
Saubere detaillierte Planung, um Fehler zu vermeiden, bevor sie entstehen.	Die Kontrolle, die Entdeckung und die Behebung von Fehlern.
Durchdachte Kalkulation, wie hoch die Kosten der Qualität sind (die Kosten, die entstehen, wenn nicht von Anfang an alles richtig gemacht wird).	Subjektive Schätzung, was Qualität kosten mag.

Trainieren Sie alle Mitarbeiter – auch in statistischen Qualitätskontrollen

Es ist eine falsche Denkweise, wenn man annimmt, daß der durchschnittliche Mitarbeiter nicht in der Lage sein sollte, Qualitäts-Kontroll-Techniken zu erlernen. Jeder, der Tabellen lesen kann oder die vier Grundrechenarten beherrscht, kann die Techniken verstehen und lernen. Die Japaner haben es uns doch vorgemacht. Sie begannen beim Top-Management und lehrten hinunter bis zur Basis. Jetzt ist es an uns, dieses nachzumachen, abgestimmt auf unsere Verhältnisse.

Seien Sie enthusiastisch

Verbreiten Sie ehrliche Begeisterung durch gezielte Kommunikation, durch das Setzen von Zielen und durch angemessene Anerkennung und Honorierung. Etablieren Sie einen „Quality-Newsletter"; veranstalten Sie Wettbewerbe für Qualitätsverbesserungen mit entsprechenden Belohnungen.

Das Ziel sollte immer dasselbe sein: **null Fehler!**

Fragen Sie die Person, die die Arbeit macht, wie diese verbessert werden kann

Das ist die Basisidee, die hinter den Qualitätszirkeln steht. Wer könnte es besser wissen als der Arbeiter, der Angestellte und der Manager, also derjenige, der die Arbeit tagtäglich ausführt? Seltsam ist nur, daß dieser Personenkreis immer als letzter, wenn überhaupt, gefragt wird. Die Mitarbeiter sind heute wesentlich stärker involviert in ihrem Job als früher und möchten dementsprechend auch gefragt werden. Versuchen Sie, deren Ideen zur Verbesserung aufzugreifen, und unterstützen Sie die Mitarbeiter entsprechend.

Behandeln Sie Ihre Kunden wie lebenslange Partner

Wenn Sie Ihre Kunden wie Partner behandeln, dann wird es sich langfristig auszahlen. Mit Qualitätsprodukten zu angemessenen Preisen werden Sie Ihren Gewinn mit lebenslangen Kunden steigern. Aber auch der Kunde profitiert davon. Er bekommt für sein Geld Qualitätsprodukte, Service und Kontinuität.

3.3 Ändern Sie Lamentieren und Ineffizienz in überlegtes, effektives Verhalten

Von der Tätigkeit einer Führungskraft wird ein bestimmter – wenn auch nicht immer genau definierter – Nutzeffekt erwartet. Sie hat dafür zu sorgen, daß **die richtigen Dinge getan werden.** Dennoch herrscht in manchen leitenden Stellungen ein auffälliger Mangel an leistungsfähigen Führungskräften.

In jeder Organisation finden Sie Mitarbeiter, die ständig lamentieren, aber selten etwas zustande bringen. Hier gilt es herauszufinden, wer überfordert ist mit seiner Aufgabe oder wer sich als ständiger Störfaktor innerhalb der Organisation hervortut. Zu diesem Erfolgs-Strategem paßt hervorragend eine Aussage von *Konfuzius:*

> Jeder soll mit dem Amt betraut werden, dem er gewachsen ist.
> Man nehme keinen, der schnell mit dem Wort bei der Hand ist,
> man nehme keinen, der anderen das Wort abschneidet,
> man nehme keinen, der viele Worte macht.
> Die schnell mit dem Wort bei der Hand sind, sind habgierig,
> die Wortabschneider sind frech,
> die Schwätzer sind falsch.

Diese Aussage, über zweitausend Jahre alt, hat nichts von ihrem Wahrheitsgehalt und ihrem Realitätsbezug verloren. Allgemein ist bei den Führungskräften hohe Intelligenz anzutreffen, Phantasie nicht selten, und das Bildungsniveau ist im Ansteigen. Interessanterweise scheint jedoch keine Wechselbeziehung zwischen der Leistungsfähigkeit eines Menschen einerseits und seiner Intelligenz, Phantasie und Bildung andererseits zu bestehen. Die Leistung begabter Führungskräfte ist oft überraschend gering; sie machen sich nicht klar, daß glänzende Erkenntnisse nicht gleichbedeutend mit vollbrachten Leistungen sind. Sie haben nie gelernt, daß Erkenntnisse erst durch harte systematische Arbeit umgesetzt werden. Umgekehrt vollbringen in jeder Organisation einige durchaus mäßig begabte Mitarbeiter Höchstleistungen.

In Anlehnung an *William Wilkerson* beinhaltet die moderne Anatomie einer Organisation die folgenden vier unterschiedlichen Knochen-Typen:

Der Wunschknochen:	Er wünscht sich, daß jemand anders die Arbeit macht.
Der Kieferknochen:	Er redet viel, aber arbeitet wenig.
Der Handknochen:	Er schlägt alles nieder, was andere aufbauen.
Der Rückenknochen:	Das Rückgrat des Unternehmens. Er macht die wirkliche Arbeit. Ohne ihn läuft nichts.

Die Mitarbeiter machen das Unternehmen aus. Deshalb ist es auch sehr wichtig, bei der Auswahl seiner Mitarbeiter alle vorstehenden Aussagen zu berücksichtigen. Schlecht ist es allerdings, wenn Sie in ein Unternehmen eintreten und keine Möglichkeiten besitzen, Ihre Mitarbeiter selbst auszusuchen. Man kann dann nur hoffen, daß Sie dort viele Mitarbeiter mit Rückgrat vorfinden.

Sollten Sie das Pech haben, daß es bei Ihnen anders aussieht, dann vermag vielleicht die folgende, ehemals reale Situation Ihnen zu helfen, die richtige Lösung zu finden: Mein Außendienstleiter und ich diskutierten jede Woche über die Resultate und die Besuche unserer Außendienstmitarbeiter. Dabei klagte er immer häufiger über die verlorene Zeit, die er dazu benutzen mußte, mit den Außendienstlern über Nebensächlichkeiten zu diskutieren. Es galt, Kontroversen zu lösen, Beschwerden zu empfangen und tausenderlei andere Punkte, die alle nur auf das eine hinausliefen, nämlich eine Entschuldigung zu finden, warum die Verkaufsquoten oder andere Vorgaben nicht erreicht werden konnten. Forderungen wurden gestellt nach anderen Verkaufsgebieten, da die eigenen angeblich nicht ergiebig genug seien. Diskussionen wurden darüber geführt, wer die lokale Provision bei überregionalen Key-Accounts haben sollte. Andere Außendienstler wollten wiederum bessere Fahrzeuge, Autotelefone oder Ratschläge für persönliche Probleme. Alle diese Punkte und noch viele mehr hielten die Außendienstler davon ab, regelmäßig und erfolgreich ihre Kunden zu besuchen und die Verkaufsplanungen zu erfüllen. Es wurde mehr lamentiert und diskutiert, statt effizient und effektiv gearbeitet. Der Außendienstleiter und ich analysierten dann, welche Zeit verlorenging durch diese schwachen Außendienstmitarbeiter. Das Ergebnis war die übliche 80 zu 20 Pareto-Verteilung. *Vilfredo Marquis Pareto* (1848-1923), ein bedeutender italienischer Nationalökonom und Soziologe, formulierte die Gesetzmäßigkeit, die den meisten Ökonomen und Führungskräften als 80 : 20 Regel geläufig ist und in der Fachterminologie Pareto-Zeit-Prinzip genannt wird.

Diese Regel besagt, daß 80 Prozent des Gesamtergebnisses mit nur 20 Prozent des Inputs erzielt werden und vice versa. Abbildung 3 dokumentiert diesen Zusammenhang.

Umgekehrt benötigt man für 20 Prozent der Ergebnisse einen Input von 80 Prozent. Mit anderen Worten: Die sehr guten Außendienstmitarbeiter wurden kaum betreut. Doch auch sie brauchten Führung, Motivation, Anerkennung und sinnvolle Hilfe. Also entschieden wir, daß wir den „Spieß" umdrehen. 80 Prozent der Zeit sollte in Zukunft dem oberen Drittel des Außendienstes gewidmet werden. Das Ziel war klar. Wir wollten feststellen, ob wir die Ergebnisse verbessern könnten, wenn wir den Besten halfen. Weiterhin war klar, daß das zweite Drittel des Außendienstes an das obere herangeführt werden sollte und das untere Drittel durch neue Mitarbeiter sukzessive ausgetauscht werden würde.

Es muß nicht extra erwähnt werden, daß das untere Drittel lautstark protestierte, nachdem die Änderung der Bearbeitungsintensität wahrgenommen wurde. Einige dieser Mitarbeiter verließen daraufhin freiwillig – und uns damit entgegenkommend – das Unternehmen. Aber wir hatten klar und deutlich damit kommuniziert, was in nächster Zukunft Priorität haben wird. Auf einer Außendiensttagung wurden die neuen Ziele diskutiert, fixiert und akzeptiert. Unser Außendienstleiter half nun den Besten, coachte sie, hörte zu und unterstützte, belohnte sie und trieb sie, wenn nötig, an, forderte und lobte. Nach vier Wochen sahen wir die ersten Resultate, nach drei Monaten einen klaren Trend. Es gab einen steilen Anstieg in den Verkäufen und weniger Reklamationen. Die guten Außendienstler reagierten auf die intensivere Betreuung und erzielten deutlich bessere Ergebnisse. Einige der bisher schlechten Verkäufer fühlten sich an ihrer Ehre gepackt und entwickelten bisher nicht vorhandenen Ehrgeiz. Auch sie kamen mit besseren Ergebnissen und erhielten dann auch wieder eine angemessene Betreuung. Diese Art der Außendienstbetreuung und Motivierung arbeitete noch eine ganze Zeit erfolgreich. Da aber viele Motivationsschemata der Abnutzung unterliegen, muß nach einer angemessenen Zeit etwas Neues und möglichst Stimulierendes eingesetzt werden, um den Geist und das Engagement wieder zu beleben.

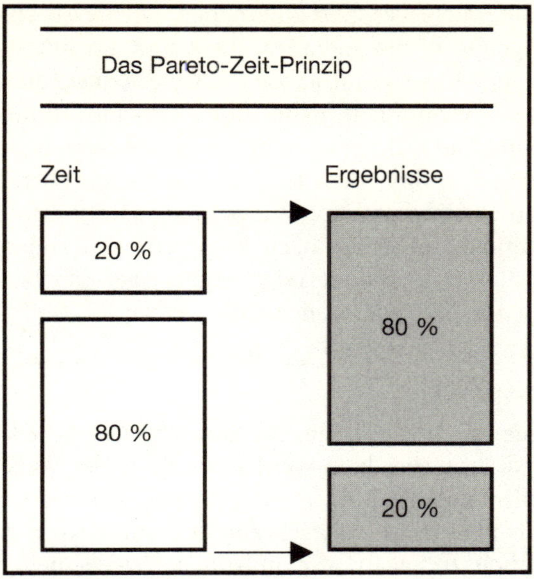

Abb. 3: Die 80:20 Regel

Das taten wir in Form einer Reorganisation und einer Verbreiterung der Führungsspitze. Dadurch gab es neben anderen Effekten auch die des Aufstiegs aus den eigenen Reihen in die Führung hinein. Ein weiterer Anreiz, langfristig erfolgreich zu arbeiten.

Jede Organisation braucht neben dem gerade beschriebenen Außendienst zuverlässige Mitarbeiter im Innendienst. Das sind die **guten Geister,** quasi die „Heinzelmännchen" des Unternehmens, die ihre Arbeit voll und ganz verstehen und diese mit Erfolg ausfüllen, ohne daß dies besonders auffällt. Zu oft wird allerdings die Leistung der guten Geister übertönt von dem Geschrei der Besserwisser, der Nörgler, der Lamentierer und Verhinderer, die die meiste Zeit damit verbringen, Probleme zu produzieren, anstatt selbst gute Resultate zu erbringen. Manager, die hervorragende Problemlöser sind, tappen oft genug in die Fallen, die diese Lamentierer aufbauen, da sie ihnen helfen wollen, die Probleme zu lösen. Dadurch bleibt den Managern natürlich weniger Zeit, die richtigen Probleme anzupacken oder sonstigen, wichtigen Aufgaben nachzukommen. Entscheidend – und doch so tragisch – ist es jedoch, daß in den meisten Unternehmen die Lamentierer eher Karriere machen als die guten Geister, obwohl letztere die wahren Könner sind, die die Arbeit beherrschen und erledigen dürfen. Sie sind allerdings unfähig, für sich selbst Marketing zu betreiben. Deshalb sind ihre Aufstiegschancen praktisch gleich null!

Viele Mitarbeiter lieben es, hart zu arbeiten. Nichts ist schlimmer für sie, als nicht genug zu tun zu haben. Aber, und das ist entscheidend, sie möchten auch das Gefühl haben, daß die Arbeit, die sie leisten, anerkannt wird. Wenn nicht, dann fühlen sie sich „benutzt, entmutigt, ausgebeutet und nicht gewürdigt" in ihrer Arbeit, ihrem Engagement und ihrer Loyalität dem Unternehmen gegenüber. Wenn das passiert, dann entsteht passiver Widerstand, häufig gefolgt von der „inneren" Kündigung, Arbeit nach Vorschrift und anderen Gegenmaßnahmen. Diese Passivität oder sogar Aggressivität kann ein Unternehmen auf die Dauer in den Ruin treiben.

Was bedeuten diese Beispiele? Die Beispiele des Außendienstes und die der guten Geister?

Wenn nur jene beachtet werden, die laut schreien, aber letztendlich wenig zustande bringen, dann werden am Ende des Weges alle laut schreien, weil nur das gehört, anerkannt und honoriert wird. Dies kann und darf aber nicht das Ziel sein. Wie am Beispiel des Außendienstes deutlich zu sehen war, müssen wir jene mehr beachten, mehr belohnen und fördern, die hart arbeiten, erfolgreich sind und dennoch nicht die Lautesten ihrer Zunft darstellen. Selbstdarsteller gibt es schon genug, und sie sind bei weitem nicht immer die Besten.

Um die Mitarbeiter mehr zum überlegten und effektiven Verhalten zu ermutigen, sollten Sie folgende Punkte berücksichtigen:

Identifizieren und analysieren Sie genau, wer gut arbeitet und sich auch entsprechend verhält

Beobachten Sie, wer welche Arbeit wie macht. Stellen Sie fest, wer nur lamentiert und diskutiert oder wer die Sachen in die Hand nimmt und bearbeitet. Schon *Henry Ford* erkannte das Problem: Die meisten Menschen verwenden mehr Zeit und Kraft darauf, um die Probleme herumzureden, als sie anzupacken.

Loben und belohnen Sie die Problemlöser, wenn Sie es für nötig halten. Gehen Sie aber damit gezielt, wenn nicht sogar sparsam um, sonst verliert das Lob seinen Wert, seinen Anreiz, seine Motivationskraft, so wie es *Samuel Johnson* schon erlebte: **Wer jedermann lobt, lobt niemanden.**

Erstellen Sie eine Liste über die Ihnen direkt zugeordneten Mitarbeiter. Schreiben Sie die Dinge auf, die Ihnen gut gefallen haben. Wenn die Zeit „reif" ist, sprechen Sie mit ihnen darüber, loben Sie sie und geben Sie eventuell Ratschläge, was noch zu verbessern ist. Sollte es bei Ihnen im Unternehmen einmal im Jahr Beurteilungsgespräche bzw. Leistungsbeurteilungen geben, dann hilft Ihnen diese Liste, positive Mitarbeitergespräche zu führen. In den meisten Unternehmen werden die Beurteilungsgespräche dazu benutzt, nur die negativen Seiten des Mitarbeiters hervorzukehren, denn diese Gespräche werden auch zur Gehaltsfindung, Neueinstufung oder zum Abbau von übertariflichen Sozialleistungen eingesetzt. Erfahrungsgemäß kommen mindestens 90 Prozent der Mitarbeiter demotiviert aus diesen Gesprächen. Und dies gilt auch für leitende Angestellte und Manager. Also die beste Quelle für „innere Kündigungen" oder aber die beste Gelegenheit, den Mitarbeitern für das vergangene Jahr zu danken, sie neu zu motivieren und auf die Ziele des Unternehmens einzuschwören.

Warum nutzen so wenige Vorgesetzte diese Motivationsmöglichkeit?

Sehr oft deswegen, weil ihre eigene, innere Gemütsstimmung auch nicht besser ist. Denn die Unternehmen lassen auch sie sehr oft „im Regen" stehen, und der Handlungsspielraum, Belohnungen auszusprechen, vor allem finanzielle, ist stark eingeschränkt. Das wiederum kommt daher, weil der oberste Unternehmensleiter inzwischen sehr oft ein „Pfennigfuchser" ist. Die ausgebildeten Finanzmanager stehen in schwierigen Wirtschaftszeiten in der Unternehmensspitze, da man annimmt, daß diese als erste in der Lage seien, das Unternehmensschiff sicher durch schwierige Gewässer zu führen. Dabei wird oft verkannt, daß sie an der falschen Stelle sparen. Diese Menschen können alles berechnen, nur nicht menschliches Einfühlungsvermögen. Mit sehr großer Wahrscheinlichkeit würden die Ergebnisse im Vergleich zu den eingesetzten Finanzmitteln überproportional steigen, wenn im richtigen Moment Mitarbeitern damit für ihren Einsatz gedankt werden würde. Denn: **Guter Einsatz ist zu wertvoll, als ihn als gegeben hinzunehmen.**

Ein weiteres, leider negatives Beispiel mag dies verdeutlichen: Die hochprofitable süddeutsche Tochtergesellschaft eines Schweizer Chemiekonzerns strich kurzerhand den Teil des Weihnachtsgeldes und der betrieblichen Zulagen, der über den Manteltarifvertrag hinausging. Diese Streichungen wurden bei den Mitarbeitern zwar empört zur Kenntnis genommen, aber sie hatten keine Möglichkeit, Einspruch zu erheben, denn diese Schweizer Tochtergesellschaft sitzt in einem kleinen Ort, andere Arbeitsmöglichkeiten sind kaum gegeben. Die Ungehörigkeit dieser Entscheidung ist, daß das Unternehmen trotz der Rezession in Deutschland zu Beginn der neunziger Jahre jedes Jahr zweistellige Zuwachsraten hatte, so auch in 1993 und

1994. Der Umsatzzuwachs betrug zum Vorjahr gut 20 Prozent. *Welchen Hintergrund hatte dann diese Entscheidung des Managements?*

Trotz der guten und hochprofitablen Entwicklung dieses Unternehmens hatte die Schweizer Muttergesellschaft entschieden, daß Kosten eingespart werden müßten, weil der Konzern in anderen Ländern zwar profitable aber dennoch stagnierende Ergebnisse aufwies. So wurden alle Gesellschaften aufgerufen, Kosten zu sparen. Da die Unternehmensleitung der deutschen Tochtergesellschaft auch nach der Ertragsleistung entlohnt wurde, reduzierte man kurzerhand die Ausgaben für die Mitarbeiter und sicherte sich selbst damit das ganze Jahresgehalt, inklusive der Tantieme und einer Gehaltserhöhung von zirka 10 Prozent. Die Mitarbeiter, die trotz Rezession und veränderten Marktbedingungen eine Umsatzsteigerung von 20 Prozent erzielt hatten, bei gleichbleibendem Personalstand und unveränderten Kosten, wurden letztendlich mit Gehaltskürzungen „belohnt", während sich das Management im Gegenzug seine hohen Gehälter sicherte.

Sind dies die geachteten, motivierenden Top-Manager, die die guten Geister fördern und die Lamentierer zur Ordnung rufen? Sind diese Manager die Vorbilder, die die Unternehmen brauchen? Sind das die Manager, die die Visionen haben, um die Unternehmen langfristig in eine gesicherte Zukunft zu führen, mit offenen, motivierten und dynamisch handelnden Mitarbeitern?

Nutzen und fördern Sie das vorhandene Mitarbeiterpotential

Letzten Endes kann man alle wirtschaftlichen Vorgänge
auf drei Worte reduzieren:
Menschen, Produkte und Profite.
Die Menschen stehen an erster Stelle.
Wenn man kein gutes Team hat,
kann man mit den beiden anderen nicht viel anfangen.

Lee Iacocca

Immer wieder wird man feststellen, daß es sehr leicht ist, zuverlässige und intelligente Mitarbeiter zu übersehen, denn sie sind immer da und fallen doch nicht auf. Aber sie sind die positive Keimzelle eines jeden Unternehmens. Die Beantwortung der folgenden Fragen wird helfen, sie zu identifizieren:

- Wer ist fast immer verfügbar?
- Wer arbeitet selbst unter Druck sehr gut?
- Wer schafft regelmäßig hervorragende Ergebnisse?
- Wer ist bereit, Sachen nochmals zu überarbeiten?

- Wer ist stets für das Team da?
- Wer übernimmt noch zusätzlich die Arbeit eines anderen, falls derjenige ausfällt?
- Wer belästigt nicht ständig andere wegen Ratschlägen und der Bitte um Hilfestellung?
- Wer arbeitet ruhig und effektiv?
- Wer arbeitet auch konstruktiv weiter, wenn der Vorgesetzte nicht anwesend ist?
- Wer produziert wesentlich mehr Antworten und Resultate als Probleme?
- Wer hilft anderen, ihre Arbeit besser zu machen?
- Wer versucht regelmäßig, sich weiterzubilden, um die Qualität seiner Arbeit und seiner Kenntnisse den neuesten Entwicklungen anzupassen?
- Wer versucht, Konflikte zu lösen, Zusammenarbeit zu fördern und die Arbeitsmoral aufrechtzuerhalten?
- Kurz, wer ist immer da, wenn Sie und das Unternehmen ihn brauchen?

Obwohl sie da sind, wer kümmert sich wirklich um sie? Sie können diese Mitarbeiter dadurch motivieren, daß Sie sie wahrnehmen, Interesse an ihnen zeigen – nicht nur als Mitarbeiter, sondern auch als Mensch. Unterhalten Sie sich mit ihnen, aber nicht nur oberflächlich. Welche Hoffnungen haben sie, Befürchtungen, Wünsche, Freuden, Hobbys und Frustrationen, sowohl im Beruf wie auch privat. Seien Sie bereit und willig, diesen Menschen zu helfen bei deren Problemen und Selbstzweifeln. Interessieren Sie sich für diese Menschen, denn das fördert den Zusammenhalt, den Sie brauchen für ein fruchtbares Miteinander im Beruf. Dies ist ein essentieller Bestandteil, um ein menschlicher und doch erfolgreicher Manager zu sein. Menschlichkeit wird oft als Schwäche ausgelegt. Ein völlig absurder Gedanke bei einer starken Vorgesetztenpersönlichkeit. Menschlichkeit und Erfolg stehen auch in schweren Zeiten nicht kontraproduktiv zueinander. Ganz im Gegenteil!

Nehmen Sie die Lamentierer in die Pflicht oder sortieren Sie sie aus

An dem Beispiel des Außendienstes wurde deutlich gemacht, wie durch die Abwendung von den Lamentierern und die Hinwendung zu den erfolgreichen, aber ruhigen Mitarbeitern nicht nur das Ergebnis erheblich verbessert wurde, sondern auch die Gesamtmoral des Außendienstes. Durch die Verhaltensänderung des Außendienstleiters wurde kundgetan und sichergestellt, wer die Belohnungen und Aufmerksamkeiten in Zukunft erhält. Damit wurde den Lamentierern deutlich das Wasser abgegraben. Seien Sie trotzdem auf der Hut, denn diese Spezies Mensch ist langlebig, äußerst zäh und trickreich!

Ihr Verhalten und die damit verbundenen Belohnungen, Anerkennungen oder Unterstützungen sind der beste Weg, den Mitarbeitern zu zeigen, wohin der Weg geht, und was Sie von Ihren Mitarbeitern konkret erwarten. Vergeuden Sie keine Zeit, Mitarbeitern bei der Lösung von Problemen zu helfen, die diese absichtlich herbeigeführt haben. Statt dessen erklären Sie ihnen, daß es in deren Verantwortungsbereich liegt, diese Krise zu meistern. Zusätzlich sollten Sie diese Mitarbeiter noch mit Sonderaufgaben bedenken, damit in Zukunft absolut klar ist, daß ein solches Verhalten grundsätzlich nicht toleriert wird.

Vermeiden Sie auf jeden Fall, diese Problemlösungsaufgaben einem der zuverlässigen und ruhigen Mitarbeiter zu übertragen, denn das ist das originäre Ziel der Lamentierer. Wenn Sie mitbekommen, daß ein Mitarbeiter ein chronischer Nörgler ist, ohne dafür einen legitimen Grund zu haben, dann sollten Sie sehen, daß Sie ihn schnellstens loswerden. Verschwenden Sie nicht Ihre Zeit mit diesen Falschspielern, die alle Register ihres Könnens ziehen, um nicht richtig arbeiten zu müssen. Konzentrieren Sie sich vielmehr darauf, jene zu unterstützen, die Ihren Erwartungen und Ihren Zielsetzungen entsprechen.

Es ist völlig natürlich, daß in der Hetze des Tagesgeschäftes gutes Verhalten übersehen wird und man sich mehr dem fordernden, eher lautstarken Mitarbeiter zuwendet. Aber können wir uns das leisten?

Das nächste Mal, wenn Sie beinahe wieder einen zuverlässigen, ruhigen und intelligenten Mitarbeiter übersehen haben, dann denken Sie an die Worte von *Samuel Goldwyn*: Verdammt, würden Sie mich hören, wenn ich ruhig wäre?

Um es nochmals zu wiederholen: Ruhige, fähige, überlegte Mitarbeiter sollten in konstruktiv kreativem Denken und Handeln gefördert werden. Verschwenden Sie Ihre Zeit nicht mit angepaßten karrieresüchtigen Opportunisten.

Kritik üben, aber wie?

> Das ist klarste Kritik von der Welt,
> wenn neben das, was ihm mißfällt,
> einer was Eigenes, Besseres stellt.
>
> *Emanuel Geibel*

Wenn Sie Kritik üben müssen, dann sollten Sie sich sowohl an die Worte von *Emanuel Geibel* erinnern, als auch an die folgende Grundregel: **Loben Sie den Arbeiter, kritisieren Sie die Arbeit.**

Niemand von uns liebt es, kritisiert zu werden, wenn man in eine Arbeit Zeit, Mühe und Emotionen investiert hat. Trotzdem ist ein wesentlicher Teil der Arbeit eines Managers damit verbunden, daß er auf Fehler hinweisen muß oder Korrekturen zu initiieren hat. Wenn Sie aber zu kritisieren haben, dann seien Sie sensibel und vorsichtig. Es ist, als wenn Sie durch ein Minenfeld gehen. *Ein* falscher Schritt kann irreparablen Schaden hinterlassen.

Beginnen Sie Ihre Kritik niemals damit, darauf hinzuweisen, was verkehrt ist. Das würde Ihren Mitarbeiter sofort in die Defensive drängen, und defensive Menschen hören nicht mehr zu. Statt dessen beginnen Sie damit, auf die guten Punkte in der Arbeit hinzuweisen und fügen Sie hinzu, daß Sie die Anstrengungen und die Fähigkeiten Ihres Gegenübers schätzen. Dann, langsam, sollten Sie den Blick darauf richten, was noch gemacht werden sollte, um die Arbeit in die richtige Richtung zu lenken, oder was nötig wäre, damit in Zukunft nicht der falsche Weg eingeschlagen wird. Beenden Sie das Gespräch wieder mit Lob für die Anstrengungen und Mühen und bieten Sie Ihre Unterstützung an. Vergessen Sie nicht, Ihrem Gegenüber noch zusätzlich Ihr Vertrauen auszusprechen.

Sollte jedoch beim nächsten Mal die Arbeit wiederum nicht den Anforderungen entsprechen, dann können und sollten Sie auch direkter werden. Lassen Sie Ihren Mitarbeiter wissen, daß er die Arbeit viel besser machen könnte. Gehen Sie nochmals auf die einzelnen Punkte ein und erklären Sie klar und deutlich, was sie beim nächsten Mal erwarten. Setzen Sie einen neuen Termin fest, an dem die Arbeit definitiv fertig sein muß. Verabschieden Sie ihn mit dem Hinweis, daß er viel besser sei, als die Arbeit, die abgeliefert worden ist.

Konstruktive Kritik hinterläßt auf der Gegenseite

- ein Verstehen der Fehler,
- die Möglichkeit der Korrektur,
- ein Gefühl der Wertschätzung und
- die Bereitschaft, es besser machen zu wollen.

Bevor Sie mit der Kritik beginnen, bereiten Sie sich mental darauf vor, die vorgenannten Punkte im Gespräch zu berücksichtigen.

3.4 Ändern Sie Scheinarbeit in intelligente Arbeit

Meine Lehrjahre verbrachte ich in einem kleinen Unternehmen des Stahl- und Werkzeugmaschinenhandels. In diesem Unternehmen, das damals nur wenig mehr als zwanzig Mitarbeiter hatte, lernte man naturgemäß alle Stationen im Unternehmen recht intensiv kennen. Genauso gut lernten der Chef und Inhaber sowie der einzige Prokurist des Unternehmens die Mitarbeiter kennen. Während der Ausbildung im Ein- und Verkauf hatte ich als Vorgesetzten den Prokuristen des Hauses. Ein hervorragender Fachmann auf seinem Gebiet. Dieser lehrte mich gleich am Anfang unserer Zusammenarbeit seine Philosophie über die Arbeit: „Wenn man seine Arbeit nicht an einem Achtstundentag erledigen kann, dann hat man entweder zu viel zu tun oder man ist für diese Arbeit unfähig." „Natürlich", fügte er hinzu, „bestätigen Ausnahmen die Regel". Im Laufe meiner Arbeitsjahre habe ich noch oft an diese Worte denken müssen, erst recht in der Zeit, in der man teilweise länger als zwölf Stunden am Tag im Büro saß und nicht wußte, wie die Arbeit erledigt werden sollte. Ganz zu schweigen von der Arbeit, die mit ins Wochenende genommen wurde. War ich deswegen unfähig?

Selbstverständlich kann man die obige Aussage nicht undiskutiert so stehen lassen. Man muß sie grundsätzlich im Kontext sehen, in der sie gemeint war. Im Top-Management muß die Aussage sicherlich anders interpretiert werden als in den unteren Hierarchiestufen.

Ich erinnere mich noch sehr genau daran, als ich zu einer Tochtergesellschaft eines internationalen Unternehmens kam. Es gab dort einen Vorgesetzten, der morgens als erster im Büro war und dieses abends als letzter verließ. Grundsätzlich als letzter, selbst wenn es keine notwendige Arbeit mehr gab. Da auch ein Teil seiner Mitarbeiter es mitbekam, daß langes Verweilen am Arbeitsplatz gern gesehen wurde, wurde die Verweildauer pro Tag immer länger, ohne daß dadurch die Effizienz gesteigert wurde, ganz im Gegenteil. Es wurden Scheinarbeiten produziert, die absolut nicht notwendig waren. Der gleiche Arbeitsaufwand wie vorher wurde nun mit mehr Stundenaufwand und, damit verbundenen, höheren Kosten erledigt.

Ähnliches erlebte ich auch in einem anderen Unternehmen, wo ein leitender Angestellter sich dahingehend äußerte, daß an einem normalen Achtstundentag die Arbeit nicht erledigt werden könnte. Weiterhin war er der Ansicht, daß jemand, der immer rechtzeitig gehen würde, wohl kein rechtes Interesse an der Arbeit und dem Unternehmen hätte. Wer Karriere machen wolle, hätte sich den

Usancen anzupassen. Was passierte darauf hin? Ein großer Teil der Mitarbeiter kam früher, trank dann erst Kaffee im Büro und unterhielt sich über den letzten Abend, das Wochenende oder den Sport. Abends das gleiche Bild. Insgesamt wurde weniger zielgerichtet gearbeitet, die Arbeitsmoral sank und damit verringerten sich auch die Arbeitsergebnisse. Viele Mitarbeiter konzentrierten sich nun eher auf private Dinge, wie zu telefonieren, den Hausbau vorzubereiten oder Pläne für das Wochenende zu schmieden. Ich erinnere mich noch genau an einen Mitarbeiter, der bis mittags sämtliche Tageszeitungen durchgelesen hatte. Außerdem waren für ihn Montag und Donnerstag immer Festtage. Montags, weil es dann zu den Tageszeitungen noch den „Spiegel", und donnerstags den „Stern" und „Die Zeit" gab.

Wenn dann ab und zu der Vorgesetzte vorbeikam, war jedoch interessanterweise jeder bis über die Ohren beschäftigt. Wie drückte es *Bhagavadgita* schon richtig aus:

Was der an höchster Stelle Stehende tut,
das ahmen die übrigen Menschen nach,
und was er sich als Richtschnur erwählt,
danach richtet sich auch das ganze Volk.

Was ist nun der große Unterschied zwischen dem „Achtstundentag" und dem „Scheinarbeit"-Arbeitstag?

Die „Achtstunden-Methode" meines ersten Vorgesetzten war ganz klar „zielgerichtet." Das heißt, jeder wußte, daß in normalen Zeiten – saisonale Schwankungen ausgenommen – die Arbeit innerhalb von acht Stunden zu erledigen war. Darauf hatte jeder sich einzustellen. Deshalb entwickelte jeder für sich oder auch im Team effiziente Arbeitsgewohnheiten beziehungsweise Arbeitsstrukturen, um alles schaffen zu können. Wenn besonders viel Arbeit vorlag, und es wurde trotzdem geschafft, die qualifizierte Arbeit innerhalb von acht Stunden zu erledigen, dann ging jeder zwar müde, aber sehr selbstzufrieden und stolz nach Hause.

Die „Scheinarbeit-Methode" ändert das Arbeitsklima von der **Zielorientierung** auf die **Zeitorientierung.** Sobald die Mitarbeiter mitbekamen, daß lange Arbeitstage belohnt wurden – nicht nur durch die Bezahlung von sinnlosen Überstunden –, änderten sie ihr Verhalten. Es wurde geschäftiges Verhalten produziert für nützliche und nutzlose Dinge, mit dem Ergebnis, daß nicht nur die Effizienz darunter litt, sondern noch mehr die Arbeitsmoral und die Qualität der Arbeit. Man kann dieses Verhalten auf das reduzieren, was der Schauspieler *Woody Allen* einmal bemerkte, wenn auch in einem anderen Zusammenhang, nämlich, „daß sich zeigen, präsent sein, 80 Prozent des Lebens ausmacht." Einige Mitarbeiter verhielten sich so, als wenn „präsent sein" und „geschäftig" aussehen, 100 Prozent der Arbeitstätigkeit ausmachen würden.

Unglücklicherweise werden die meisten von uns nicht immer dafür belohnt, wenn sie Ziele erreichen, die direkt dem Ergebnis zugerechnet werden können. Statt dessen werden Belohnungen meistens nach anderen Kriterien verteilt. Leider nehmen Manager sehr oft an, daß die Mitarbeiter, die am beschäftigtsten aussehen und am längsten arbeiten, die Besten sind. Diese werden dann belohnt für ihr geschäftiges Treiben und nicht danach beurteilt, welche Ergebnisse sie bringen.

Vielleicht haben Sie auch schon einmal festgestellt, daß Mitarbeiter am beschäftigtsten aussehen, wenn sie eine Arbeit durchführen müssen, die sie nicht können oder nicht verstehen oder deren Sinn sie nicht mehr erkennen. Was würden Sie sagen, wenn ein Rettungsschwimmer ins Wasser springt und nicht richtig schwimmen kann? Wenn ein Schiedsrichter ein Fußballspiel pfeifen soll und die Spielregeln nicht einmal kennt? Wenn ein Kraftfahrzeugmechaniker die Bremsen erneuern muß und keine Ahnung davon hat? Wenn ein Fluglotse im Tower sitzt und unter Streß nicht richtig entscheiden kann? Sie sagen, daß diese Beispiele alle nicht möglich sind! Sicherlich ist dies überpointiert, aber im Kern nicht selten zutreffend.

Jeden Tag gehen Millionen von Angestellten und Facharbeitern zur Arbeit und quälen sich mit Aufgaben ab, die sie nicht gut beherrschen. Oder sie verstehen den Sinn ihrer Arbeit nicht mehr. Um nicht negativ aufzufallen, wird dann Scheinarbeit vorgetäuscht. Außerdem sehen sie kaum eine Beziehung zwischen den Arbeitsergebnissen und der Entlohnung. Sie sehen sehr oft noch nicht einmal das Produkt ihrer Tätigkeit. Sie fühlen sich einfach zweckbestimmt und haben daher keine emotionale Beziehung mehr zu ihrer Tätigkeit. Das ist in diesem Zusammenhang auch keine Frage von job-rotation, job-enrichment, job-enlargement und Empowerment, wie es heute so gerne geglaubt wird.

Es ist daher nicht überraschend, wenn Studien belegen, daß die durchschnittliche Effizienz im Büro nur bei 45 bis 50 Prozent liegt. Wenn Sie weiterhin berücksichtigen, daß heute die Angestellten rund 53 Prozent der Arbeitnehmer stellen, aber rund 70 Prozent des Einkommens auf sich vereinigen, dann kann leicht ausgerechnet werden, welches Spar- und Rationalisierungspotential hier noch existiert. Ein

Bereich, den die Japaner jetzt auch erkannt haben, und man kann davon ausgehen, daß hier – wie bereits vorne ausgeführt – noch einige neue Rationalisierungsmodelle auf uns zukommen werden, so wie es auch in der Produktion der Fall war. Das Rationalisierungspotential kann auch positiv so ausgedrückt werden, daß damit noch ein enormes Expansionskapital existiert, das bisher zwar immer mitfinanziert, aber nicht genutzt wurde. Dieses gilt es jetzt in sinnvolle und zielgerichte Aktionen umzuwandeln, die direkt zu Umsatzsteigerungen führen, damit kein Personal abgebaut werden muß. Das Problem darf aber nicht zu Scheinarbeit führen. Sicherlich ist die Scheinarbeit nicht nur beschränkt auf die Büros, aber sie ist dort eher vorhanden als in den Fabriken, wo die Produktivität kalkulatorisch einfacher nachzuvollziehen ist.

Um Scheinarbeiten zu eliminieren und das brachliegende Potential der Mitarbeiter zu aktivieren, sollten motivationsfördernde Methoden angewandt werden. Dazu ist es allerdings notwendig, spezifische Ziele vorzugeben und – mit Ausnahmen – nicht die reine Arbeitsplatzpräsenz. Wichtig ist in diesem Zusammenhang die Einstellung des Vorgesetzten sowie die Unternehmenskultur: Honorieren und unterstützen Sie die Darstellung, dann erhalten Sie Schauspieler. Initiieren Sie Ziele und belohnen Sie Ergebnisse, dann bekommen Sie auch Resultate! Zusätzlich zu den motivierenden Methoden, die Sie einsetzen können, um Ziele zu erreichen, finden Sie nachfolgend ein paar weitere nützliche Strategien, um Mitarbeiter effektiv einzusetzen:

Stellen Sie sicher, daß Sie die richtige Person für die Arbeitsaufgabe haben

Konfuzius erkannte es schon vor sehr langer Zeit: Wer es sich bequem macht in der Auswahl seiner Leute, der hat Mühe in der Ordnung der Geschäfte. Wer sich Mühe nimmt bei der Auswahl seiner Leute, der hat es bequem bei der Ordnung der Geschäfte.

Wenn Sie Mitarbeiter haben, die entweder nicht die geistigen oder körperlichen Voraussetzungen haben, die Arbeit effektiv und/oder effizient zu verrichten oder die eines enormen Zusatztrainings bedürften, um die Voraussetzung zu erreichen, dann müssen Sie die Mitarbeiter gegen fähigere austauschen. Es würde zuviel Zeit, Energie und Geld kosten, nicht befähigte Mitarbeiter auf einen Arbeitsplatz vorzubereiten, den diese selbst mit zusätzlicher Ausbildung nicht optimal ausfüllen würden. Mit der psychischen Belastung des Mitarbeiters geht die finanzielle Belastung des Unternehmens einher. Doch fehlende Fähigkeiten sind nicht immer das Problem, wenn die Mitarbeiter keine positiven Ergebnisse erzielen. Hier gilt es, mit dem richtigen Ansatz von Geduld und Motivation die Mitarbeiter auf die Arbeitsaufgabe vorzubereiten.

Schaffen Sie die Voraussetzungen, damit Ihre Mitarbeiter die Arbeit erfolgreich durchführen können

Nicht umsonst sagt man, daß ein Handwerker nur so gut ist wie sein Handwerkszeug. Eine schlechte Ausrüstung ist meistens mit Schuld daran, wenn die Leistung nicht überzeugend ist. Stellen Sie sich nur ein Unternehmen vor, das mit einer nicht ausreichenden EDV-Anlage arbeitet. Weder die normalerweise computergestützten Marketing-, Verkaufs-, Finanz-, Logistik-, Tages-, Monats-, Quartals- und Jahresdaten stünden dann zeitgerecht zur Verfügung, noch könnte rechtzeitig auf Marktveränderungen reagiert werden – eine Horrorvision eines jeden Unternehmens. Leider ist dies nicht die seltene Ausnahme. Die gleichen Aussagen gelten natürlich genauso für den Produktionsbereich.

Erstellen Sie für jeden Arbeitsplatz eine Arbeitsplatzbeschreibung

Jeder Mitarbeiter und Manager sollte genau seinen Arbeitsbereich inklusive seiner Kompetenzen kennen. Eine glasklare Arbeitsplatzbeschreibung hilft, Kompetenzstreitigkeiten auf ein Minimum zu reduzieren und eventuelle Duplizitäten in der Arbeit zu eliminieren. Die Arbeitsplatzbeschreibung sollte allerdings **nicht** dazu führen, daß die einzelnen Arbeitsbereiche sich so abgrenzen, daß keine bereichsübergreifende Kommunikation mehr stattfindet. Ganz im Gegenteil! Jeder Bereich kann letztendlich nur optimal arbeiten, wenn alle Bereiche exakt aufeinander abgestimmt sind und auf das Unternehmensziel hinarbeiten. Es kostet zu viel Geduld und Energie, wenn unterschiedliche Abteilungen „das gleiche Rad zweimal erfinden". Dieses findet man sehr oft, wenn Marketing- und Vertriebsabteilung getrennt geführt werden.

Stellen Sie sicher, daß jeder Mitarbeiter seinen positiven Beitrag für das Unternehmen erkennt

Das ist aus zwei Gründen wichtig. Erstens erhöht es die Motivation, wenn Sie Ihren Mitarbeitern zeigen können, daß deren Arbeit Sinn macht, wichtig für das Unternehmen ist und daß dieses auch entsprechend anerkannt wird. Zweitens werden Mitarbeiter, die den wirtschaftlichen und unternehmerischen Zusammenhang verstehen, effektiver arbeiten und weniger Zeit mit Nebensächlichkeiten verschwenden.

Beobachten Sie jene Mitarbeiter, die Schwierigkeiten haben, ihr Tagespensum zu schaffen

Zu den bereits erwähnten persönlichen Schwächen mögen hier noch zusätzlich eine schlecht entwickelte Arbeitseffektivität oder mangelhaftes Zeit-Management kommen. Sollten es fähige Mitarbeiter sein, die nur aus Unwissenheit schlecht organisiert sind, dann lassen Sie ihnen ein entsprechendes Training zukommen. Überprüfen Sie nach einer angemessenen Gewöhnungsperiode, ob die Maßnahmen gefruchtet haben. Wenn nicht, dann müssen Sie hier genauso entscheiden wie bei den unfähigen Mitarbeitern. Machen Sie Ihren Mitarbeitern ebenfalls klar, daß Anerkennungen für Resultate stehen und nicht für Schweiß, lange Arbeitstage, Magengeschwüre oder Nervenzusammenbrüche.

Regen Sie zu schöpferischen Denkpausen an

Mitarbeiter, die so beschäftigt sind, daß sie keine Zeit mehr haben, über Veränderungen, Verbesserungen und andere wichtige Dinge nachzudenken, sind letztendlich eine Belastung für ihr Umfeld und auch für sich selbst. Deshalb raten Sie Ihren Mitarbeitern, trotz der Arbeitsbelastung, jeden Tag ein kleines bißchen Zeit zu investieren in Denken, Reflektieren und Planen und das möglichst an einem ungestörten Ort. Bitten Sie sie, die Denkpausen dazu zu nutzen, über die wichtigen Ziele ihrer Arbeit nachzudenken, sie kritisch zu reflektieren und sich zu überlegen, wie sie die Ziele sinnvoll und ökonomisch erreichen können. Aber auch über andere Aspekte der Arbeit darf innovativ und kreativ nachgedacht werden. Es gibt dabei keine Tabus und keine negativen Sanktionen. Die Gedanken sind wirklich frei und sie dürfen auch so geäußert werden. Alles muß aber konstruktiv sein und darf nicht emotional gesteuert sein. Schaffen Sie eine freie Atmosphäre, und die Resultate werden Ihnen recht geben. In den meisten Unternehmen wird freies unkompliziertes Denken immer als Bedrohung aufgefaßt, weil viele Gewohnheiten in Frage gestellt werden.

Nur wenn altgewohnte Verhaltensweisen ständig hinterfragt werden, wird das Unternehmen im Wettbewerb bestehen können. Und das betrifft auch die Arbeitsplätze. Wenn jeden Tag etwas Zeit genommen wird, um nachzudenken, um zu planen und um die Dinge aus der richtigen Perspektive zu betrachten, dann wird sehr viel nutzlose

Scheinarbeit auf ein Minimum reduziert und intelligente Arbeit forciert werden.

Vorsicht vor den Bürokraten in Ihrer Organisation

Die Bürokraten sind die „Geißel" jedes Managements beziehungsweise jeder notwendigen Flexibilität und Veränderung. Sobald in einer Geschäftssitzung eine wichtige Entscheidung gefallen ist, interessiert es sie nicht, **was** getan werden muß, um die Entscheidung umzusetzen, sondern **wie** die Beteiligten vorangehen sollten und welche Regularien dabei berücksichtigt werden müssen. Die Bürokraten, das sind jene Typen von Menschen, die sagen, „lassen Sie uns sicherstellen, daß wir auch die richtigen Vorschriften und Verfahren anwenden". Ohne eine Absicherung ihrer Person würde keine Entscheidung von ihnen gefällt werden. Deshalb endet dann die Entscheidungsfindung über die nächsten Verfahrensschritte meistens in endlosen, fruchtlosen Debatten und führt insgesamt weg von dem ursprünglichen Thema der Zusammenkunft.

Durch die Fokussierung der Bürokraten darauf, **wie** ein Ziel erreicht werden sollte, wird viel Zeit verschwendet, ohne darauf einzugehen, **welches** Ziel angestrebt war.

Die Konsequenz daraus ist, daß die Bürokraten meistens die falsche Sache machen, aber die machen sie sehr gut. Auch *Otto von Bismarck* hatte in seinem Arbeitsleben sehr viel mit Bürokraten und Bürokratien zu tun, so daß sein Ausspruch damals wie heute noch seine Gültigkeit hat: **Die Bürokratie ist es, an der wir überall kranken.**

Wer sein Tagespensum erledigt hat, darf nach Hause gehen

Nehmen wir einmal an, der Job erlaube es, warum sollten die Mitarbeiter auf den „Gongschlag" warten, um nach Hause zu gehen, wenn sie ihre Tagesarbeit zur Zufriedenheit erledigt haben? Sollten sie im Büro bleiben, dann lernen sie, Zeit zu verschwenden oder sie kreieren Probleme für andere Mitarbeiter, indem sie diese von der Arbeit abhalten oder stören. Wenn Sie ihnen freigeben, dann wäre das ein Weg, effektive Mitarbeiter zu belohnen.

Sie meinen, diese Art von Selbstmanagement, nämlich wirklich zu entscheiden, wann man nach Hause gehen könnte oder nicht, ist nicht möglich? Ein Beispiel aus der Gegenwart:

Wenn sie nichts zu tun haben, lesen die Arbeiter in der Montagehalle ungeniert die Zeitung, halten bei Kaffee und Kuchen in der Kantine ein Schwätzchen oder gehen einfach nach Hause, sofern sie ihr tägliches Mindestsoll von vier Arbeitsstunden erfüllt haben. Beim schwäbischen Waagenhersteller Mettler-Toledo GmbH in Albstadt scheint das Chaos zu herrschen – Klatsch am Arbeitsplatz, für den es nicht einmal eine Job Description gibt, ist ausdrücklich erwünscht. Jeder macht was er will. Doch merkwürdig genug: Der Firma, die zur Ciba-Geigy Gruppe gehört, geht es seit Jahren gut. Selbst die Konjunkturflaute konnte diesem Unternehmen nichts anhaben. Das Erfolgsrezept begann vor sieben Jahren, als tradierte Organisations- und Führungsprinzipien über Bord geworfen wurden und in Zusammenarbeit mit dem Stuttgarter Fraunhofer-Institut die sogenannte fraktale Fabrik entwickelt wurde. Der Erfolg der fraktalen Fabrik – eine Organisationsform in Anlehnung an die Mathematik der Fraktale – basiert neben dem Engagement und der Motivation der Mitarbeiter auf weiteren Faktoren wie z. B. die der dezentralen Einheiten, d. h. Gruppen, Teams und Fabriken in der Fabrik. Erkannt wurde, daß langfristig nur solche Unternehmen in den Märkten überleben werden, die sich in selbständig agierenden, selbststeuernden und eigenverantwortlichen, aber nach einheitlichen Zielen ausgerichteten Einheiten, den Fraktalen, organisieren und dadurch zu anpassungsfähigen Systemen werden. Inzwischen haben auch andere Unternehmen begonnen, dieses Konzept zu übernehmen.[55]

Eine weitere Möglichkeit besteht darin, Mitarbeitern, die in Ruhe arbeiten müssen, die Möglichkeit zu geben, dieses eventuell zu Haus zu tun. Ich persönlich habe zu bestimmten Zeiten – meistens bei der Budgetdefinierung und den Marketingplanungen für das kommende Jahr oder strategischen Ausarbeitungen – davon auch Gebrauch gemacht. *David Ogilvy,* der „Werbeguru“, antwortete auf eine diesbezügliche Anfrage: „Ich habe noch nie eine Anzeige im Büro verfaßt. Zu viele Unterbrechungen. Meine ganze Schreibarbeit erledige ich zu Hause.“[56]

Wenn Mitarbeiter zu bestimmten Themenkreisen Stille und Ruhe brauchen, die sie im Büro nicht vorfinden, um kreativ arbeiten zu können, dann lassen Sie sie nach Hause gehen. Dies immer unter der Voraussetzung, daß dort die Möglichkeiten ideal sind und die Arbeitsergebnisse schneller und qualitativ besser sind als im Büro. Entscheidend ist wie üblich das Endergebnis. Resultate sind letztendlich das einzige, was zählt, reine Anwesenheitsprämien und Scheinarbeit nicht.

3.5 Ändern Sie geistlose Konformität in angewandte Kreativität

„Lieber Ray,
vor 19 Jahren richteten Sie an mich das beste Bewerbungsschreiben,
das ich je erhielt. Ich bin noch heute in der Lage, den ersten Absatz
zu zitieren: „Meinem Vater unterstand die Herrentoilette im Ritz.
Meine Mutter war Zimmermädchen im selben Hotel. Ich erhielt
meine Ausbildung an der Londoner School of Economics..."[57]

David Ogilvy

Bei den Massen von Bewerbungen, die tagtäglich bei den Unternehmen – gerade in Zeiten hoher Arbeitslosigkeit – eingehen, ist es von außerordentlicher Bedeutung, daß, abweichend von den Standardtexten, angewandte Kreativität gefordert ist, um positiv aufzufallen. Wenn ein Unternehmer oder Personalchef sich noch nach 19 Jahren an eine Bewerbung erinnert, dann war sie zweifelsfrei herausragend. Lassen Sie der (verwertbaren) Kreativität ihren freien Lauf, zum Wohle Ihres Unternehmens, denn diese mag Sie und Ihre Produkte von der Konkurrenz abheben.

Man sollte niemals einem jungen Menschen sagen, daß etwas nicht erreicht oder entwickelt werden kann. Die Menschheit mag seit Jahrhunderten auf gerade diesen Menschen gewartet haben, der ignorant genug ist, das Unmögliche zu versuchen. Dieser Ratschlag mag klug und weise sein, aber die Historie ist voll mit Geschichten über kreative Menschen, denen gesagt wurde, sie mögen doch ihre verrückten Ideen für sich behalten und verschwinden. Dazu einige berühmte Beispiele. Diese mögen dazu beitragen, Führungskräfte so zu sensibilisieren, daß sie sich für neue Ideen öffnen, damit notwendiger Fortschritt nicht unnötig behindert wird. Denn die Zukunft verlangt einen kreativen und aufgeschlossenen Geist sowie Mut zu Veränderungen.

- 1976 hatte ein Ingenieur kein Interesse mehr, Computerchips zu entwerfen. Bei mehreren Gelegenheiten bat er seine Vorgesetzten darum, einen Personal Computer entwickeln zu dürfen. Jedesmal wurde er abgewiesen. Daraufhin machte er sich selbständig und entwickelte den „Apple"-Computer.
- *Bill Gates,* der Gründer von Microsoft, bot 1980 der IBM für rund 75.000 Dollar jene Software an, die IBM-Computer bis heute weltweit zum Laufen bringt: DOS. Aber IBM sagte nein. 1986 unterbreitete *Gates* der IBM ein weiteres Angebot, das dem Konzern im Machtkampf der PC-Anbieter den Sieg hätte eintragen können: Er bot IBM einen zehnprozentigen Anteil von Microsoft für etwa sieb-

zig Millionen Dollar an. Mit einer rekordverdächtigen Fehlentscheidung winkte IBM abermals ab – und ließ sich die Möglichkeit, einen Gewinn von zweieinhalb Milliarden Dollar zu machen, durch die Lappen gehen.[58] Erst 1994 ist IBM mit einem eigenen Betriebssystem auf den Markt gekommen, dem OS/2 Warp.

- Ein Hollywood-Produzent schrieb eine kurze, schroffe Ablehnung auf ein Manuskript. Dieses Manuskript wurde der Welterfolg „Vom Winde Verweht" von der amerikanischen Schriftstellerin *Margaret Mitchel* (1900 – 1945).
- Ein wütender Bankier sagte einst einem Erfinder, er möge „das Spielzeug" aus seinem Büro entfernen und sich selbst auch. Das „Spielzeug" war das Telefon.
- Vor mehreren Jahrzehnten arbeitete ein junger Angestellter in einem Haushaltswarengeschäft. Dort schlug er seinem Chef vor, in der Mitte des Geschäftes einen Tisch aufzubauen, auf dem veraltete und überschüssige Waren angeboten werden, die nur ein paar Cents kosten sollten. Der Chef war damit einverstanden, und es wurde ein großer Erfolg. Daraufhin hatte der Angestellte die Idee, ein Geschäft zu eröffnen, das nur Produkte führt, die ein paar Cents kosten. Der Chef sollte das Geschäft finanzieren und der junge Angestellte wollte den Laden managen. Als der Chef diese Idee mit der Begründung ablehnte, das Konzept würde nicht funktionieren, gründete der Angestellte das Geschäft selbst. Sein früherer Chef klagte später, „so weit ich das beurteilen kann, kostete mich jedes Wort, das ich gegen die Idee von *Woolworth* hatte, bisher mehrere Millionen Dollar." Das Unternehmen Woolworth wurde 1879 mit dem ersten „Great Five Cent Store" gegründet, dem Startpunkt der Erfolgsgeschichte als billige weltweite Kaufhauskette.

Diese Aufzählung könnte beliebig bis in die heutigen Tage hinein fortgeführt werden.

Der wichtigste Aktivposten, oder anders formuliert, der wertvollste Vermögensgegenstand eines Unternehmens ist nicht, wie normalerweise angenommen, das Anlagevermögen, sondern sind dessen Mitarbeiter und deren vielversprechende Ideen. Diese beiden Aktivposten, so oft erwähnt und doch oft verschmäht, müssen aktiviert werden. Das heißt, daß die vielversprechenden Ideen auch durch die Menschen umgesetzt werden müssen, oder wie *Alfred N. Whitebread* es richtig formuliert hat: **Von Ideen kann man nicht leben. Man muß etwas mit ihnen anfangen.**

Glücklicherweise gibt es immer wieder gute Beispiele, wo neue Ideen erkannt und zügig umgesetzt wurden. Dieses geschieht jedoch sehr oft in kleineren Unternehmen, wo die Bürokratie sich noch nicht so durchgesetzt hat. Auch das Mitarbeiterpotential wird eher in kleineren und mittleren Unternehmen richtig eingeschätzt als in Großunternehmen. Während Mitarbeiter in mittleren Firmen ohne weiteres neue Ideen vorschlagen können, ist dieses in Großunternehmen schon fast das sichere Aus für die Karriere. Dort wird lieber der angepaßte, einfach zu handhabende Mitarbeiter gewünscht und nicht der mitdenkende, konstruktiv handelnde.

Welcher unserer etablierten Unternehmensführer, welcher unserer Personalberater hätte mit seiner „profunden" Menschenkenntnis den folgenden Mann eingestellt?

„Er ist 38 Jahre alt und arbeitslos.
Er brach sein Collegestudium ab.
Er arbeitete als Koch, Verkäufer, Diplomat und Landwirt.
Er hat keine Ahnung von Marketing
und noch nie einen Werbetext verfaßt.
Er behauptet, an einer Laufbahn in der Werbung
interessiert zu sein (im Alter von 38 Jahren!), und wäre
bereit, für ein Monatsgehalt von 5000 Pfund Sterling
anzufangen."[59]

Wohl kaum einer. Eine Londoner Agentur stellte diesen Mann wirklich ein. Bereits drei Jahre später, war er der berühmteste Texter der Welt, und nach einiger Zeit hatte *David Ogilvy* eine der größten und bekanntesten Werbeagenturen der Welt aufgebaut.

Und die Moral von der Geschicht´? Manchmal kann es sich für die Unternehmen auszahlen, wenn sie sich in ihrer Denke und ihrer Personalpolitik nicht immer noch im vorigen Jahrhundert befinden. Es wird bei der Auswahl von Mitarbeitern und Managern immer noch zu rigide und schmalspurig verfahren, anstatt manchmal imaginativ und, wenn notwendig, auch unorthodox vorzugehen. Für die Unternehmen und erst recht für deren Personalchefs ist ein Arbeitsloser immer noch eine Persona non grata, obwohl in Deutschland inzwischen Hunderttausende von Akademikern und rund sechs Millionen Menschen insgesamt auf der Straße stehen, entlassen von eben diesen Personalchefs und Unternehmensleitern. Arbeitslosigkeit ist kein Stigma! Wann lernen die Deutschen diese Lektion?

Auch *Albert Einstein* glaubte, daß Imagination, Einbildungskraft, wichtiger ist als Wissen. Und auch *William Shakespeare* sagte, daß die Einbildungskraft den Menschen über das Tier stellt. Jeder kann Ideen entwickeln. Was etwa denken wir uns alles ständig aus, um unangenehme Dinge zu vermeiden? Oder, nehmen Sie als Beispiel eine Gruppe, mit der Sie Brainstorming betreiben, um vorhandene Probleme zu lösen. Sie werden entdecken, daß wir von lauter kreativen Menschen umgeben sind. Aber nur kreativ zu sein, reicht das aus? Nein, sicherlich nicht! Was wirklich benötigt wird, ist Mangelware! Nämlich innovative Menschen, die alles daransetzen, ihre Idee in die Realität umzusetzen. Dazu benötigen sie Intelligenz, gepaart mit Durchsetzungsfähigkeit und dem Quentchen Glück, das immer dazu gehört, wenn Erfolge sich einstellen sollen.

Sowohl *Robert H. Waterman* in „Leistung durch Innovation" als auch derselbe und *Thomas J. Peters* in ihrem Bestseller „In Search of Excellence", beschreiben sehr genau angewandte Kreativität und die Erfolgsunternehmen, die die dazugehörigen innovativen Mitarbeiter gefördert haben. Ein sehr gutes Beispiel ist die Firma 3M. In der 3M sind im Laufe der Zeit mehr als 50.000 Produkte entwickelt worden, und jedes Jahr kommen mindestens 100 neue hinzu.[60] Für die Entwicklung von neuen Ideen und Produkten ist ein sogenanntes **New Venture Team** – eine neue Projektgruppe – die Ausgangsbasis. Dieses Team wird vertreten durch unterschiedliche Disziplinen wie Produktion, Marketing, Verkauf und Finanzen. Weiterhin sind die Teammitglieder völlig autark, das heißt, nur mit der Aufgabe beschäftigt; sie sind freiwillig dabei und mit entsprechender Kompetenz und Durchsetzungsvermögen ausgestattet. Das Team arbeitet von der ersten Idee bis zur Einführung im Markt zusammen.

Sollte das Produkt, das entwickelt wurde, dem Unternehmensstandard nicht entsprechen, dann gehen die Teammitglieder zurück in die Linie, abgesichert auf dem Hierarchielevel, den sie vorher innegehabt haben. Es gibt aufgrund eines Flops absolut keine negativen Sanktionen gegen die Teammitglieder.

Sollte das Team jedoch erfolgreich sein, dann arbeitet das 3M-Belohnungs- und Anerkennungssystem. Die ganze Gruppe wird befördert, wenn das gemeinsame Projekt eine Hürde nach der anderen nimmt. Hürden, die auftreten können, auf dem Wege von der Planungsphase bis zur Produkteinführung und zum Markterfolg.

Bevor jedoch die New Venture Teams etabliert wurden, gab es auch bei der 3M Lernphasen zu überwinden, ehe daraus diese beinahe schon legendäre **Ideenfabrik** entstand. Dazu folgende zwei Geschichten:

1. Den Verkäufern, die die Autofabriken besuchten, fiel immer wieder auf, daß beim Spritzen von Zwei-Farb-Lackierungen die Arbeiter Schwierigkeiten hatten, das Ineinanderlaufen der Farben zu vermeiden. Ein junger Entwicklungstechniker fand dann die richtige Ant-

wort: ein Abdeckband (wie tesakrepp). Das erste Selbstklebeband von 3M.

1930, sechs Jahre nachdem Du Pont das Cellophan eingeführt hatte, entwickelte der gleiche Techniker die Voraussetzung dafür, wie Klebstoff auf das Cellophan aufgetragen werden konnte. Damit war „Scotch Tape" geboren (wie tesafilm und tesapack von Beiersdorf).[61] 3M ist heute der größte Hersteller von Selbstklebebändern weltweit, mit hervorragenden neuen Produkten und positiven Betriebsergebnissen und Deckungsbeiträgen. Die Firma Beiersdorf in Hamburg, die sich neben kosmetischen und medizinischen Produkten als weltweit zweitgrößter Hersteller von Selbstklebebändern bezeichnet (weltweiter Marktanteil von 8,5 Prozent, bei einem Marktanteil der 3 M von 24 Prozent und der japanischen Nitto von 7,5 Prozent)[62] und damit größter Konkurrent der 3M ist, ist bei weitem nicht so innovativ. Während die 3M – bedingt auch durch die Monopolrenten der neuen Produkte – schwarze Zahlen schreibt und hochprofitabel ist, schreibt die Beiersdorf AG in ihrer Sparte tesa öfter rote Zahlen[63]. Das zeigt deutlich, daß Innovationen und kreative Mitarbeiter sich lohnen. Das innovative Unternehmen kann die sogenannte Monopolrente kassieren durch Patente, Kostenführerschaft, spezifisches Know-how, Marketing und Vertrieb.

Was jedoch dieses Beispiel auszeichnet, ist, daß nicht wie so oft zuerst das Produkt entwickelt und dann Anwender dafür gesucht wurden, sondern der Kunde suchte für ein Problem eine zuverlässige Lösung, und diese wurde gefunden. Dies ist modernes Marketingdenken, mit dem Kunden im Mittelpunkt. Etwas, das bis heute noch nicht alle Unternehmen begriffen haben.

2. Dieses klassische und vielzitierte Beispiel handelt von einem Arbeiter, der hartnäckig versuchte, ausgesonderte, aussortierte und abgelehnte Sandpapier-Mineralien für andere Verwendungszwecke zu verwerten. Schließlich wurde dieser Mann entlassen (manchmal passiert das auch den Champions, sogar bei der 3M), da er nach Ansicht des Managements zuviel Zeit und Energie für die Lösung aufgewendet hatte. Trotz der Kündigung kam dieser Mann weiterhin zur Arbeit. Seinem Durchhaltevermögen, seinem positiven Fanatismus, ist es zu verdanken, daß die Lösung gefunden wurde. Die Roofing Granules Division verzeichnet heute interessante Umsätze und Einnahmen mit dem Besandungsmaterial für Bitumenbedachungen. Der dafür verantwortliche ehemalige Arbeiter verließ vor mehreren Jahren als Vizepräsident der Division das Unternehmen.[64]

Die 3M behandelt ihre Champions gemäß der Aussage von *J. Richter*, nämlich, daß die Individualität überall gehegt und gepflegt werden muß, als die Wurzel alles Guten. Heute ist die 3M eines der größten und erfolgreichsten innovativen Unternehmen Amerikas, wenn nicht sogar weltweit, denn es lernte seine Lektionen aus der Vergangenheit. Wenn man die Unternehmenskultur der 3M verstehen will, dann ist es wichtig, mit dem **Wertsystem** des Unternehmens zu beginnen, vor allem mit dem **eleventh Commandment,** dem elften Gebot. Es heißt: **„Thou shalt not kill a new product idea.“**[65]

Das heißt nichts anderes, als daß neue Produktideen nicht abgewürgt werden sollen. Aber welches Unternehmen ist denn schon gegen Innovationen? Welches Unternehmen kann es sich denn erlauben, dagegen zu sein? Normalerweise keines! Trotzdem ist zu beobachten, daß die meisten Unternehmen nur Lippenbekenntnisse zur Kreativität und Innovation ablegen. Zwar werden die Mitarbeiter aufgefordert, neue Ideen zu entwickeln, aber genauso schnell werden diese Ideen als zu einfach, zu kompliziert oder zu unrealistisch abgelehnt. Wer sogar zu kreativ ist, wird eher argwöhnisch betrachtet, denn er könnte ein potentieller Unruheherd in einer von Konservatismus geprägten Umgebung werden.

Daß in den USA kreative Firmen florieren, belegt auch die Firma Rubbermaid. Rubbermaid ist u.a. ein internationaler Hersteller von Haushaltsprodukten aus Kunststoff. 1993 wurde Rubbermaid zum meistbewunderten Unternehmen in den USA gewählt, nachdem es acht Jahre lang auf dem zweiten Platz stand. Der Grund zur Wahl war nicht nur die hervorragende Finanzentwicklung und damit auch Börsenentwicklung, sondern die gelebte Kreativität dieses Unternehmens. Rubbermaid etabliert alle 12 bis 18 Monate eine neue Produktkategorie im Markt. 33 Prozent des Umsatzes generiert sich aus Produkten die in den letzten fünf Jahren im Markt eingeführt wurden. Dabei bringt Rubbermaid jeden Tag ein neues Produkt auf den Markt. Von zehn neu eingeführten Produkten ist nur eines ein Flop. 14 Prozent des Gewinnes werden in die Forschung und Entwicklung gesteckt. Das sind alles nur Zahlen. Aber wichtiger sind die Menschen, die Gruppen, die neue Ideen entwickeln. Es gibt zwanzig Teams, die aus fünf bis sieben Mitgliedern bestehen. Sie kommen aus dem Marketing, der Produktion, FuE, dem Finanzbereich und anderen Abteilungen. Selbst das Top-Management ist stets auf der Suche nach neuen Ideen. Von dem Besuch des „British Museum“ brachte der Vorstandsvorsitzende allein elf neue Produktideen mit. Gelebte Kreativität![66]

Die Rezession und die Strukturkrise in Deutschland sind nicht nur auf die Umfeldbedingungen im Inland und Ausland zurückzuführen, sondern auch auf die mangelnde Vision, die unterentwickelte Kreativität und die fehlenden Innovationen.

1986 behauptete die Bundesrepublik Deutschland mit einem Anteil von etwa 10 Prozent am Welthandel knapp hinter den USA und knapp vor Japan den zweiten Platz. Eine differenzierte Studie belegte allerdings, daß die Spitzenstellung der deutschen Industriefirmen schon damals gefährdet war. Die Summe der Exporte an Industrieprodukten der 13 exportstärksten Nationen wuchs von 1978 bis 1984 von 609,5 Milliarden Dollar auf 823 Milliarden Dollar, also um rund 35 Prozent. In diesem Zeitraum wuchsen die Industrieproduktexporte der USA um 51,4 Prozent auf 143 Milliarden Dollar, die Japans um 75,2 Prozent auf 165 Milliarden Dollar und die der Bundesrepublik Deutschland um nur 18,5 Prozent auf 149 Milliarden Dollar.[67] Diese Entwicklung hätte die deutsche Industrie schon warnen müssen. Aber in den Chefetagen wurden diese Warnzeichen wie üblich ignoriert, obwohl es damals schon warnende Stimmen gab.

Gegenüber ihren Hauptkonkurrenten USA und Japan sowie anderen kleineren, meistens asiatischen Konkurrenten, vermarkten die deutschen Unternehmen im Ausland überwiegend Produkte mit unterdurchschnittlichen Wachstumsraten. Wie *Nußbaum* ausführte, stellt Deutschland nach wie vor die besten Produkte des 19. Jahrhunderts her. Seine Versuche, die Produkte des 21. Jahrhunderts herzustellen, sind schwach und seine Versuche, sie auf den Weltmärkten zu verkaufen, werden von den amerikanischen und japanischen Wettbewerbern mit leichter Hand abgewehrt.[68]

Woran fehlt es den Unternehmen in der Bundesrepublik Deutschland?

Erfolgreiche Unternehmen – wie die 3M oder Rubbermaid – haben eine Unternehmenskultur entwickelt, durch die sich nahezu jeder Mitarbeiter ermutigt fühlt, neue Ideen zur Verbesserung der Produktion sowie der Produkte und Dienstleistungen des Unternehmens vorzuschlagen. Besonders die Japaner haben hier eine einzigartige Kultur entwickelt. Toyota behauptet, daß seine Mitarbeiter pro Jahr 2 Millionen Ideen einreichen. Das sind pro Mitarbeiter zirka 35 Vorschläge. Davon werden 85 Prozent in irgendeiner Form berücksichtigt.[69]

In der deutschen Automobilindustrie ist OPEL Spitzenreiter, wenn es um das „Betriebliche Vorschlagswesen (BVW)" geht. Wenn bei Toyota jeder Mitarbeiter 35 Vorschläge pro Jahr einreicht, so ist es bei

OPEL jeder dritte Mitarbeiter. Bei BMW, dem Schlußlicht des BVW, war es gerade nur jeder zehnte Mitarbeiter. Während in der deutschen Automobilindustrie 1992 von 100 Mitarbeitern nur knapp zwölf einen Vorschlag eingereicht hatten, waren es in Japan bei 1.000 Mitarbeitern 1.000 Vorschläge.[70]

Gründe, Verbesserungsvorschläge zu machen, gibt es viele, sowohl durch Leistungs-, als auch körperlichen Leidensdruck. Ob durch Spaß an der Kreativität, an der Treue zur Firma oder der Angst um den Arbeitsplatz. Der wichtigste Grund jedoch wird immer die Prämie bleiben.[71]

1992 konnte die deutsche Automobil- und Zulieferindustrie durch das BVW knapp 330 Millionen Mark einsparen. Dem gegenüber steht eine Prämienausschüttung von rund 71 Millionen Mark. Eine ordentliche Rendite für die Unternehmen, die sich noch um ein Vielfaches erhöht, wenn berücksichtigt wird, daß die Vorschläge nicht nur für ein Jahr gut sind, sondern jedes Jahr Renditen erbringen. Die Prämie muß aber nur einmal bezahlt werden. Die Faustregel in der deutschen Automobilindustrie ist: Viel Einsparung ist gleich viel Prämie, wenig Einsparung ist gleich wenig Prämie. In der Regel sind es etwa 30 Prozent der Einsparung im ersten Jahr. Die Prämienobergrenze liegt bei hunderttausend Mark, nur bei Mercedes-Benz ist die Prämienhöhe unbegrenzt.

Ein eigentlich ungerechtes System. Denn belohnt wird so nicht die kreative Leistung des Mitarbeiters, sondern im wesentlichen die Höhe der Einsparung, und belohnt wird nur für das erste Jahr, nicht für die Lebensdauer des Vorschlags.[72]

Im Gegensatz zur Automobilindustrie werden bei der Mehrzahl der deutschen Unternehmen die Mitarbeiter jedoch relativ schlecht belohnt, sollte eine ihrer Ideen schließlich doch realisiert werden. Belohnt werden meistens jene Mitarbeiter, die konform und angepaßt dem Idealbild konservativen Unternehmertums entsprechen und ohne kritische, konstruktive Reflexion ihre Arbeiten erledigen. In der bereits erwähnten Tochtergesellschaft eines Schweizer Chemiekonzerns werden durchschnittlich pro Jahr 2 (!) Verbesserungsvorschläge eingereicht. Die Vorschläge wandern dann mehrfach zwischen dem Vorgesetzten des Einreichenden und dem Personalchef hin und her, bis der Vorschlag in das Konzept des Unternehmens paßt. Sollte ein Vorschlag dann angenommen werden, wird er stillschweigend eingeführt. Eine positive Reaktion auf den Vorschlag, Anerkennung oder gar eine Belohnung oder sonstige Motivationsfaktoren gibt es bis heute nicht. Wundern Sie sich jetzt noch über die Zahl der Verbesserungsvorschläge? Stellen Sie ruhig die Kernfrage: *Was wird belohnt?*

Sicherlich, jede Organisationsform braucht eine Mindestnorm an Konformität, um effizient und effektiv zu sein. Aber Innovationen führen auch zu Erfolg. Bereiten Sie ein Arbeitsklima, das neue Ideen anregt und Innovationen als einen Teil der Leistungs- und Arbeitsplatzbeschreibung vorsieht.

Nachfolgend finden Sie einige Hauptbestandteile, die notwendig sind, um ein innovatives und kreatives Arbeitsumfeld zu schaffen:

Akzeptieren Sie Fehlschläge

Innovationen sind wie eine Lotterie, mit vielen Nieten und nur wenigen Gewinnen. Viele Ideen sind nicht innovativ, und auch richtige Innovationen müssen nicht immer erfolgreich sein.

Beharrlichkeit und die Fähigkeit, mit Enttäuschungen, Fehlschlägen und Ablehnungen umgehen zu können, sind von außerordentlicher Bedeutung. Wichtig ist, es immer wieder zu versuchen. Vergessen Sie nicht, daß Erfolgreiche öfter verlieren als Verlierer, da sie es immer wieder aufs Neue versuchen. *Thomas Edison* versuchte es über sechstausend Mal, bevor er einen funktionierenden Glühfaden für die Glühbirne gefunden hatte. Aber dieser eine Erfolg war millionenfach wertvoller als die ganzen vorherigen Fehlschläge.

Kreieren Sie ein entspanntes, fruchtbares und zwangloses Arbeitsumfeld

Reduzieren Sie die Vorschriften und den Papierkrieg auf ein notwendiges Minimum. Unterstützen Sie positive, informale Informationswege und interdisziplinäres Verhalten. Obwohl es meistens richtig ist, daß neue Ideen normalerweise das Produkt eines einzelnen sind, ist es ebenso wahr, daß bessere und anzahlmäßig mehr Ideen aus Gruppenarbeiten kommen. Die Japaner sind hierfür wieder ein gutes, wenn auch nicht das einzige Beispiel.

Kreativität entwickelt sich am besten in einer entspannten, positiv besetzten Arbeitsatmosphäre, in der die Menschen das Gefühl haben, voll und ganz akzeptiert zu sein und in der sie sich geben können, wie sie sind.

Zahlen Sie angemessene Patentgebühren für erfolgreiche Innovationen

An dieser Voraussetzung scheitern die meisten Unternehmen, besonders in der Forschung und Entwicklung. Das ist unter anderem ein Grund, weshalb Deutschland bei der Anmeldung von Patenten, dem Einführen neuer, richtungsweisender Produkte und Dienstleistungen, im internationalen Vergleich immer weiter zurückfällt. Die Abbildung 4 zeigt zur Illustration die Patentanmeldungen der Deutschen in ausgewählten Branchen im Vergleich mit Japan und den USA.

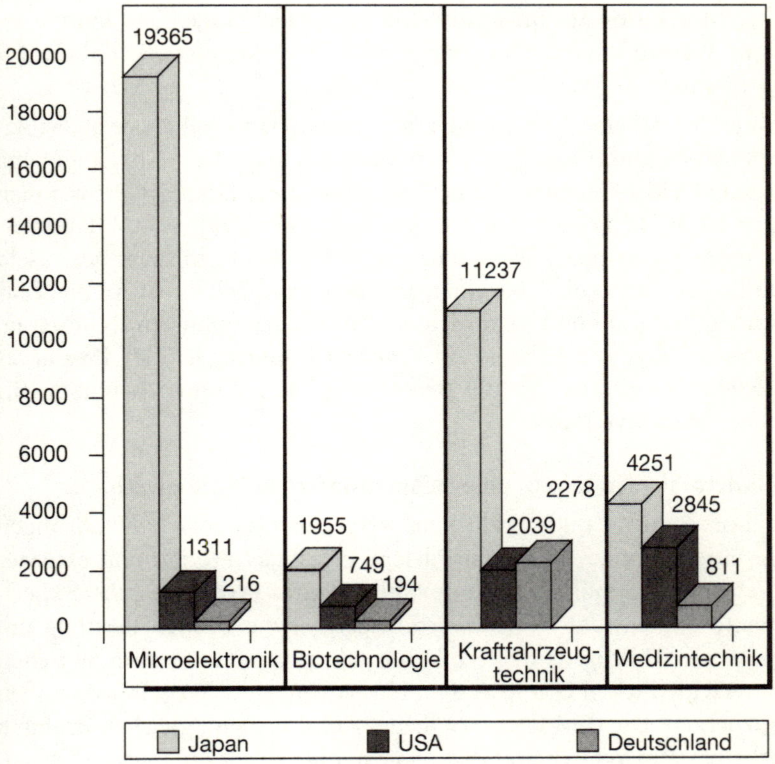

Abb. 4: Patentanmeldungen in einzelnen Branchen (jeweiliger Jahresdurchschnitt von 1987-1993)

Quelle: Deutsches Patentamt, IW, Manager Magazin 3/1995

In den meisten deutschen Unternehmen sind die Mitarbeiter, inklusive der Forscher, gezwungen, Verträge zu unterzeichnen, in denen bestätigt wird, daß die Patente und Patentrechte für die Innovationen und Erfindungen an das Unternehmen gehen. Wenn dann ein Produkt erfolgreich entwickelt und vermarktet wird, bekommt der Mitarbeiter vielleicht eine Anerkennung, Belobigung und, wenn er Glück hat, einige Mark Belohnung. Währenddessen streichen die Top-Manager große Tantiemen ein, die sie aus den Profiten erhalten, die diese Neuentwicklungen gebracht haben. Und: Die Tantiemen sind nicht einmalig.

Wenn Sie das Produkt entwickelt hätten – selbst unter der Voraussetzung, daß die Entwicklung neuer Produkte zu Ihrem Arbeitsbereich gehört – wie würden Sie sich fühlen? Gerecht behandelt? Wie sieht Ihre Motivation aus für weitere Ideen, Entwicklungen und Innovationen? Warum kommen so wenige neue Produkte aus den Labors der Großunternehmen?

Wenn Mitarbeiter motiviert werden sollen, dann sollten sie an erfolgreichen Produkten und Patenten finanziell angemessen beteiligt sein. Bei den Videospielproduzenten bekommen die Designer Provisionen von 10 bis 15 Prozent auf die von ihnen entwickelten und dann verkauften Videospiele. Wenn eine neue Idee also Geld spart oder Geld einbringt, dann geben Sie einen angemessenen Teil davon an den Entwickler zurück – und zwar nicht nur als einen einmaligen Geldbetrag, sondern über die Lebens- oder Vermarktungsdauer des Produktes verteilt. Diese faire Art der Beteiligung kann Wunder bewirken für neue, attraktive Ideen.

Fördern Sie den fairen, unternehmensinternen Wettbewerb

Laborversuche und praktische Experimente sowie Erfahrungen bestätigen immer wieder das gleiche Ergebnis: Interner und externer Wettbewerb erhöhen die Innovationsquote. Psychologische Experimente zeigten, daß Wettbewerb insgesamt die geistige Leistung um mehr als 50 Prozent steigern konnte. Interner Wettbewerb zwischen unterschiedlichen Gruppen ist ein hervorragender Weg, Innovationen anzuregen. Die IBM läßt verschiedene Gruppen am gleichen Problem arbeiten und veranstaltet dann sogenannte shoot outs, um zu sehen, welche Gruppe die besten Lösungen bietet. Der Teamgeist und die Herausforderung des Wettbewerbs begeistern die Mitglieder der Gruppen und führen zu immer neuen Ideen.

Die Resultate der Gruppen haben nichts zu tun mit den eklatanten Managementschwächen und Fehlentscheidungen des Top-Managements, die IBM in die bisher schwerste Krise seit dem Bestehen des Unternehmens geführt hat. Wenn Spitzenmanager Markttrends nicht erkennen wollen, dann helfen auch keine noch so innovativen Ideen und Produkte, da diese grundsätzlich abgelehnt werden würden. Die Achillesferse jeden Unternehmens, auch eines Unternehmens, das so erfolgreich in der Vergangenheit war wie die IBM, ist somit das Top-Management. Und es bestätigt sich immer wieder: Der Markt bestraft diejenigen, die die Kundenwünsche und Trends nicht erkennen oder ignorieren. Manchmal bis zum Untergang des Unternehmens.

Unterstützen Sie die kreativen Fanatiker

Peter F. Drucker beobachtete bei Fanatikern, daß sie eine Aufgabe, die sie faszinierte, auch durchführten. „Whenever anything is being accomplished, it is being done, I have learned, by a monomaniac with a mission."[73] Oder sinngemäß in deutsch: „Wann immer jemand erfolgreich war, das habe ich gelernt, war er besessen von seiner Idee."

Hinter jeder großen Erfindung stand oder steht ein Individuum, das die treibende Kraft ist, die Idee oder den Traum in die Wirklichkeit umzusetzen. So war es bei *John F. Kennedy*, als er seinen Traum in die Realität umsetzen ließ, daß ein Amerikaner seinen Fuß als erster Mensch auf dem Mond setzen sollte. So war es mit dem Gründer von Apple Computer, der keine Chips mehr planen wollte, sondern Personal Computer. So war es mit *Bill Gates*, der die Firma Microsoft aufbaute und heute als reichster Mann Amerikas gilt. So war es mit *Sam Walton*, der die größte Einzelhandelskette in den USA aufbaute, die „WAL-MART" und bisher als reichster Mann der USA galt. Ebenso war es bei *Akio Morita*, der Sony mitbegründete, als auch bei *Lee Iacocca*, der besessen davon war, es *Henry Ford* zu zeigen und dabei Chrysler aus der Krise in neue Höhen führte. Und so war es bei *David Ogilvy* wie auch bei dem Arbeiter, der bei der 3M entlassen wurde und trotzdem weiter zur Firma kam, um seine Idee zu verwirklichen.

Normalerweise ist der Ausdruck „Fanatiker" negativ besetzt. Hinzu kommt, daß Fanatiker sich auch nicht gut in den Arbeitsprozeß und in die Organisation einfügen. Sie sind oft egoistisch, unausstehlich, ungeduldig, intolerant, ruhelos, und es ist extrem schwierig, mit ihnen zusammenzuarbeiten – und das eben Genannte sind noch ihre besten Seiten.

Aber sie sind unentbehrlich, wenn es um erfolgreiche Erfindungen und deren Umsetzung geht. Kein intelligenter Manager würde sich von ihnen trennen. Ganz im Gegenteil! Man muß ihre Stärken und Schwächen kennen und taktisch für das Unternehmen ausnutzen. Das heißt, Stärkung des Selbstbewußtseins durch das Zelebrieren und das

Belohnen von Erfolgen, und bei Mißerfolgen das Wiederaufbauen der meist sehr sensiblen Fanatiker.

Jeder Mitarbeiter muß mindestens ein innovatives Ziel haben

Lassen Sie jeden Mitarbeiter die Antwort niederschreiben auf die Frage: „Was würden Sie außerhalb Ihrer jetzigen Tätigkeit am liebsten machen, das sowohl Ihnen als auch dem Unternehmen nutzen würde?"

Innovationen sind jedermanns Geschäft, und die Mitarbeiter, die die Arbeit ausführen, haben normalerweise die besten Ideen, um die Arbeit zu verändern oder zu verbessern. Manchmal haben sie aber auch Ideen in Bereichen, die sie nicht selbst bearbeiten, dies aber gerne tun würden. Fördern und unterstützen Sie den Ideenfundus Ihrer Mitarbeiter. Dieses riesige Reservoir an Möglichkeiten muß nur richtig angezapft und verarbeitet werden. Nutzen Sie es für die erfolgreiche Zukunft Ihres Unternehmens geschickt aus. Geben Sie an Ihre Mitarbeiter die Devise aus oder halten Sie es in der Leistungsplanung fest: Jeder Mitarbeiter muß mindestens ein innovatives Ziel innerhalb einer festgelegten Frist haben. Stellen Sie auf jeden Fall sicher, daß Sie sowohl die Frist überprüfen als auch die Ideen. Wenn Sie nicht selbst die Aufgabe ernst nehmen, wie sollten es dann Ihre Mitarbeiter?

Lehren Sie die Grundlagen für kreatives Denken

Wie jede andere menschliche Fähigkeit trainiert werden kann, so ist es auch mit der Entwicklung von Ideen oder der Kreativität. Mit viel Praxis, offenen Augen und Verstand sowie der Anwendung von einigen wenigen, meist einfachen Techniken, kann Kreativität erlernt werden.

Hinterfragen Sie den Status quo

Als *Albert Einstein* gefragt wurde, welchen wichtigen Rat er Studenten geben würde, antwortete er: „Ich würde ihnen raten, sich jeden Tag eine Stunde Zeit zu nehmen, um die Ideen von außen abzulehnen und sich selbst Gedanken zu machen. Das wird zwar sehr schwierig sein, aber es wird sich lohnen." Kreative Menschen sind niemals zufrieden und ständig darauf bedacht, nach neuen und besseren Wegen zu suchen.

Suchen Sie nach Mustern und Ähnlichkeiten in anderen Ideen

Der betriebliche Alltag ist voller Muster und ähnlich gelagerter Fälle, die eventuell bei Ihrem Problem zur Lösung angewandt werden können! Der Telefonhörer als Beispiel wurde dem Ohr nachmodelliert. Die Kontaktlinse und die Kameralinse wurden dem Auge nachempfunden. Es gibt genügend weitere Beispiele auch aus anderen Bereichen.

Betrachten Sie alles aus unterschiedlichen Blickwinkeln

Was war zuerst da, die Henne oder das Ei? Das Wort oder die Tat? Stimmt es, was der griechische Philosoph *Platon* sagte, nämlich, daß „der Mensch das Maß aller Dinge" sei? Oder ist der Mensch nur eine Kreatur, die am Ende einer harten Woche Arbeit von Gott erschaffen wurde, als er schon sehr müde war, so wie *Mark Twain* es erzählt. All dieses sind interessante Beispiele für unterschiedliche Perspektiven.

Realisieren Sie, daß alle neuen Ideen einfach nur neue Kombinationen von alten sind

Ausnahmen bestätigen die Regel. „Ich bin ein guter Schwamm, denn ich sauge Ideen auf und mache sie dann nutzbar. Die meisten meiner Ideen gehörten ursprünglich anderen Leuten, die sich nicht die Mühe gemacht haben, sie weiterzuentwickeln", sagte der amerikanische Erfinder *Thomas Alva Edison* (1847 – 1931). *Clarence Birdseye* kam nach Canada und aß dort Fisch, der auf natürlichem Wege gefroren worden war und genau so aufgetaut wurde. Aus diesem Erlebnis heraus entwickelte er die Tiefkühlkost. Als *Benjamin Franklin* alterssichtig wurde, störte ihn das ständige Wechseln der Brillen. So kombinierte er sie und entwickelte damit die Bifokalbrille.

Hören Sie auf Ihren Bauch

Das Gefühl im Bauch, ob Sie etwas machen sollen oder nicht, kommt sehr oft aus dem Unterbewußtsein, ebenso die Ahnungen. Sie sollten darauf hören, selbst wenn Ihre Logik oder sogar die Analysen Ihnen etwas anderes sagen. Fragen Sie sich selbst, ob Ihr Gefühl sich meldet, weil Sie vielleicht Informationen erhalten haben, die Sie geistig-logisch noch nicht verinnerlicht und analysiert haben. Ihr Unterbewußtsein hat dieses eventuell schon abgespeichert und verglichen mit bisherigen Daten, Problemen und Erfahrungen und ist jetzt dabei, Sie zu warnen oder Zustimmung zu signalisieren. Wenn das Gefühl gut ist, dann gehen Sie voran. Dann aktivieren Sie Verstand und Kreativität.

Achten Sie auf Zufälle

Wenn Sie das Talent besitzen, aus Zufällen wertvolle Entdeckungen zu machen, dann nutzen Sie dies auf jeden Fall aus. Innovationen sind oft Begleiterscheinungen von unerwarteten Entdeckungen. Als ein Chemiker aus Versehen eine Flasche zerbrach, die eine flüssige Kunststoffsubstanz beinhaltete, entdeckte er, daß die Glasscherben zusammengeklebt waren. Diese Zufallsentdeckung führte zur Entwicklung von splitterfreiem Glas. Manchmal fallen die Zufälle auch unter die Rubrik: „Mehr Glück als Verstand haben!"

Entwickeln Sie heute, beurteilen Sie morgen

Versuchen Sie niemals, Ideen gleichzeitig zu entwickeln und zu beurteilen. Es ist so, als würden Sie Ihren Wagen gleichzeitig bremsen und Gas geben. Deshalb die Empfehlung, erst nachzudenken und später darüber zu urteilen. Lassen Sie Ihre Idee die Nacht über „sacken". Die besten Ideen können sonst schon vorzeitig eliminiert werden.

Ein interessantes Beispiel mag dieses Strategem über die Forderung nach angewandter Kreativität beenden. Die „Swatch-Story" ist eine einzigartige Pioniergeschichte. Die Marketingidee wurde im März 1980 geboren. Der Marktauftritt begann im November 1982 mit einem Markttest in den USA. Die Schweizer Premiere erfolgte mit zwölf Modellen als Frühjahrs- und Sommerkollektion im März 1983. Bis 1984 wurden weltweit schon 3,5 Millionen Swatch-Uhren verkauft. Im September 1985 wurde bereits die zehnmillionste Swatch verkauft und inzwischen sind es über 27 Millionen Exemplare geworden. Aus einem Verlust von 173 Mio. SFr. im Jahre 1983 wurde zehn Jahre später ein Gewinn von mehr als 400 Mio. SFr. Einer der mutigsten Marketingschritte war, aus der bedürfnisorientierten, klassischen Uhr ein anwendungsorientiertes, unorthodoxes „fun product", ein „crazy thing" für „in-people" zu machen.

Swatch ist nicht nur eine moderne Uhr. Sie ist ein Lebensstil.[74] Das pionierhafte Marketing, die angewandte Kreativität, hat aus der Swatch innerhalb kürzester Zeit und gegen schwerste Konkurrenz einen Markenartikel gemacht. Es gelang, sich vom traditionellen, überlebten Uhrenmarketing zu befreien und neue Wege zu gehen. Diese Differenz heißt **angewandte Kreativität.**

3.6 Ändern Sie Risikofeindlichkeit in Risikofreudigkeit

In den Top-Etagen des Managements wird heutzutage recht häufig über unterschiedliche Formen der Menschen- beziehungsweise der Mitarbeiterführung diskutiert. Neben den immer noch vorhandenen Patriarchen oder patriarchalischen Führungskräften haben sich einige Top-Manager daran gemacht, tradierte Führungsprinzipien zu eliminieren und neue Methoden einzuführen. Wer nun geglaubt hat, daß die Mitarbeiter ohne Probleme diese neuen – und im Unternehmen bisher verleugneten oder als nicht geeignet abgelehnten – Führungsprinzipien und deren Freiräume übernehmen, hat sich getäuscht.

Es spielt neben sehr vielem Mißtrauen – ob der neue Freiraum des Handelns vom Management wirklich so gemeint ist, oder ob es sich wie in der Vergangenheit wieder nur um Lippenbekenntnisse handelt – auch die Unsicherheit hinein, mit der plötzlichen Handlungsfreiheit nicht richtig umgehen zu können. Hinzu kommt, daß damit die Angst einhergeht, Fehler zu machen und dafür negativ sanktioniert zu werden. Mit anderen Worten, man schrie zwar bisher nach mehr Entscheidungsfreiheit und der Übernahme von Verantwortung, als sie dann aber tatsächlich kam, war keiner darauf vorbereitet und wagte nicht, damit umzugehen. Aus diesen Gründen stellen immer mehr Manager fest, daß ihre Mitarbeiter eine ganze Anzahl von Entschuldigungen haben, warum sie bestimmte Tätigkeiten nicht ausgeführt haben beziehungsweise dafür nicht die Verantwortung übernommen haben. Einige der Ausflüchte sind:

- Ich war zu beschäftigt, um die Aufgabe noch zusätzlich übernehmen zu können.
- Sie haben mir nicht direkt gesagt, daß ich die Angelegenheit erledigen soll.
- Das ist nicht meine Aufgabe.
- Das steht nicht in meiner Stellenbeschreibung.
- Die Aufgabe gehört nicht in unsere Abteilung.
- Oh, das habe ich total vergessen!
- Ich dachte, daß es nicht so wichtig sei.
- Gut, daß Sie mich daran erinnern, ich wollte damit als nächstes beginnen.
- Ich dachte, Sie würden das erledigen.
- Ich habe die Unterlagen noch nicht bekommen.
- Es gibt noch einige Unklarheiten, die ich noch klären muß.

Diese Aufzählung ließe sich noch beliebig fortsetzen. Aber woran liegt es? Wo liegt das Problem begraben? Nur an den Mitarbeitern, die nicht willig oder nicht gut genug ausgebildet sind, Verantwortung zu übernehmen?

Nein! Sehr oft liegt es an der jeweiligen Unternehmenskultur. Viele bekannte Unternehmen – und dazu gehören in Deutschland fast alle großen Konzerne, die den Konsumenten durch die Medien vorgaukeln, welch ein modernes Unternehmen sie sind – sind im Grunde ihres Herzens, der Unternehmenskultur, immer noch ultra-konservativ. Zwar werden im Rahmen ihrer Weiterbildungsmaßnahmen moderne Führungsprinzipien gelehrt, aber wehe dem Nachwuchsmanager, der dieses in die tägliche Praxis umsetzen wollte. Seine Tage wären gezählt.

Das ganze Handeln des Managements und damit auch der nachgeordneten Ebenen ist auf **Fehlervermeidung** ausgerichtet. Mit anderen Worten: Jene, die am Bisherigen festhalten und keine Fehler machen, also auch nichts riskieren, werden unterstützt und belohnt. Die alten Weisheiten, wer arbeitet, macht auch Fehler, oder wer nichts wagt, der nichts gewinnt, werden in nach außen modernen, nach innen stock-konservativen Unternehmen ad absurdum geführt. Da diese Unternehmen meistens auch noch „relativ" erfolgreich sind oder waren, hat sich dort im Management die Meinung verbreitet, daß man sich doch auf dem richtigen Wege befinde. Diese Spitzenmanagementbürokraten können sich nicht vorstellen, daß die Unternehmen vielleicht noch sehr viel besser dastehen würden und auf die Zukunft ausgerichtet wären, wenn so manches Mal risikofreudiger entschieden und/oder investiert worden wäre. Erst recht darf nicht daran gedacht werden, daß vielleicht bei mutigeren Personalentscheidungen heute an der Spitze mutige, weltoffene und gut ausgebildete Querdenker sitzen könnten, die die Unternehmen in eine bessere Zukunft führen könnten als die jetzigen Stelleninhaber. „Hervorragend" geführte Unternehmen, davon gibt es dank der Public Relations eine ganze Anzahl, sehen im Inneren, beim ganz genauen Hinsehen, oft ganz anders aus, als die Medien und die Konsumenten es sich vorstellen können. Wie heißt es so richtig: **Der (schöne) Schein trügt!**

Es gibt aber auch die wirklich hervorragenden Unternehmen, Spitzenunternehmen, die ihre Mitarbeiter dazu anhalten, angemessene Risiken im Rahmen ihrer Fachkompetenz einzugehen. Es gehört schlechthin zu der Entwicklung von Mitarbeitern und Führungspersonal, daß sie im Rahmen dieser Kompetenzen und Entscheidungen auch Fehler machen dürfen. Derselbe Fehler sollte sich dann allerdings möglichst nicht wiederholen. Auch *Winston Churchill* war dieser Meinung: **Es ist von großem Vorteil, die Fehler, aus denen man lernen kann, recht frühzeitig zu machen.**

Es kann nur im Gesamtinteresse eines Unternehmens liegen, wenn junge, entscheidungsstarke und entscheidungswillige Mitarbeiter herangezogen werden. Der Preis dafür sind jedoch auch die Fehler, die gemacht werden. Hier sind vom Manager außerdem eine gute Führungsarbeit und ein entsprechendes Coaching gefragt.

Dieser gesunde und für den Fortbestand eines Unternehmens notwendige Ansatz wurde kurz von *Stephen Jobs*, dem Mitbegründer von Apple Computer, skizziert, als er gefragt wurde, warum sich Apple so gut entwickelt habe. Nach *Jobs* stellt Apple grundsätzlich nur intelligente und kreative Menschen ein, für die eine Umgebung geschaffen wird, wo Fehler gemacht werden dürfen, aber gleichzeitig auch eine persönliche Weiterentwicklung stattfindet.

Lassen Sie uns doch ehrlich zu uns selbst sein. Dann müßten wir gestehen, daß jeder von uns die Tendenz in sich spürt, Fehler auf jeden Fall vermeiden zu wollen. Noch schlimmer ist es, Fehler zuzugeben. Wir haben das zu akzeptieren, denn wir wissen, daß Fehler das Selbstbewußtsein kränken und schwächen können. Aber jedesmal, wenn wir etwas Neues versuchen, müssen wir damit leben, daß es danebengeht. Auf der anderen Seite, wenn wir jegliches Risiko vermeiden würden, entstünden Frustrationen, Langeweile und Stagnation. Ein Gefühl des Versagthabens träte auf. Was ist nun schlimmer?

Sicherlich nicht überraschend ist es, wenn Persönlichkeitstests von durchschnittlichen und hervorragenden Managern das Resultat erbringen, daß letztere die größere Tendenz zum Risiko haben. Überraschend ist dagegen sicherlich, daß die wenigsten der hervorragenden Manager in Top-Positionen saßen. Die durchschnittlichen Manager waren nur auf Sicherheit bedacht. Sie versuchten, wichtig und entscheidungsfreudig zu erscheinen, ohne jedoch bei ihren Handlungen Risiken einzugehen. Sie wollten effektiv erscheinen, ohne es zu sein. Alles war nur auf Risikovermeidung ohne Gesichtsverlust angelegt.

Die hervorragenden Manager zeigten demgegenüber ganz andere Verhaltensweisen auf.

Erstens liebten sie ihre Arbeit und gingen voll darin auf. Für sie war der Streß eher eine Herausforderung, in der sie aufblühten, denn eine Bedrohung. **Zweitens** suchten sie ständig nach neuen Herausforderungen, Möglichkeiten, Wegen und Innovationen, um das Unternehmen, ihre Abteilung und sich selbst voranzubringen. Der Sicherheitsaspekt war nur von geringer Bedeutung für sie. **Drittens** war es ihr größtes Bestreben, die jeweils gesetzten Ziele auch zu erreichen, und **viertens** versuchten sie, sich ständig weiterzuentwickeln, da sie immer zu den Besten gehören wollten. Bedenken Sie diese vier Punkte, wenn Sie das nächste Mal jemanden einstellen wollen.

Wenn Sie **Risikovermeider** in **risikofreudige** Mitarbeiter umwandeln wollen – dieses ist jedoch nicht bei allen Menschen möglich – , dann müssen Sie ein Klima schaffen, das Riskofreudigkeit fördert und belohnt. Weiterhin müssen Sie den Leuten die Möglichkeit geben, von ihren Fehlern zu lernen, ohne daß sie negative Konsequenzen befürchten müssen. Außerdem gehört ein große Portion Geduld dazu, wenn Sie aus bisher unmündigen Mitarbeitern risikofreudige machen wollen. Mit diesem Ziel im Hinterkopf, folgen ein paar wichtige Empfehlungen, wenn ein gesundes, fruchtbares und risikofreudiges Arbeitsklima geschaffen werden soll: **Erklären Sie Ihren Mitarbeitern, daß intelligente Fehler integrale Bestandteile des Fortschritts sind!**

Ein Fehler bestätigt nur, daß irgend jemand aufgehört hat, nur zu reden, und endlich handelt. Wann immer versucht wird, große Sprünge vorwärts zu machen, muß damit gerechnet werden, daß es auch manchmal einige Schritte zurückgehen kann. Wichtig ist nur, von den Fehlern zu lernen und sie sofort zu eliminieren. So sieht es auch *Karl Heinrich Waggerl*: Am auffälligsten unterscheiden sich die Leute darin, daß die Törichten immer wieder dieselben Fehler machen, die Gescheiten immer wieder neue.

Seien Sie selbst ein Vorbild

Sprechen Sie offen und ehrlich über die Fehler, die Sie selbst gemacht haben, wie Sie davon profitiert und gelernt haben. Sprechen Sie über die Risiken, die Sie eingegangen sind, obwohl Sie vor den Entscheidungen und den Ergebnissen Angst hatten. Sagen Sie aber auch ruhig, daß Sie stolz darauf waren, so etwas gewagt zu haben. Geben Sie, wenn möglich, ein paar Beispiele über Ihre Fehler und wie Sie sie korrigiert haben. Sollten Sie bisher noch keine Fehler gemacht haben, dann haben Sie sicherlich auch noch nie etwas wirklich Neues ausprobiert. Nutzen Sie die nächste Gelegenheit, Neues zu versuchen und seien Sie ihren Mitarbeitern damit ein Vorbild.

Verschwenden Sie keine Zeit für unbedeutende Risiken

Leute, die hervorragende Ergebnisse erzielen, gehen nur an große Projekte heran. Aber auch hier müssen Sie wiederum damit rechnen, daß die Bearbeitung großer Projekte auch das Risiko großer Fehler beinhalten kann. Akzeptieren Sie diese Tatsache! Je mehr Erfahrungen Sie mit großen Projekten sammeln, um so sicherer wird auch Ihre Entscheidungsbasis. Denken Sie daran, daß so mancher, der heute erfolgreich und bekannt ist, dieses nicht wäre, wenn er nicht die Chancen, Risiken und Irrtümer akzeptiert hätte, die auf seinem Wege lagen. Wichtig ist, daß diese erfolgreich beseitigt wurden. *Christoph Kolumbus* ist dafür ein gutes Beispiel.

Helfen Sie Ihren Mitarbeitern bei Erfolgen und Mißerfolgen

Das bekannte Sprichwort, **„Der Erfolg hat viele Väter, der Mißerfolg ist ein Waisenkind"**, ist sicherlich aus der bitter erlernten und erlebten Praxis entstanden. Es muß normalerweise nicht erwähnt werden, daß die höchsten Auszeichnungen, Belobigungen und Belohnungen jene bekommen, die alles versucht und riskiert haben und damit erfolgreich waren. Aber meistens hat auch der Erfolg „viele Väter" und noch mehr Neider. Hier müssen Sie auf beiden Seiten eingreifen. Stellen Sie sicher, daß derjenige, der das Risiko erfolgreich auf sich genommen hat, auch entsprechend gewürdigt wird. Stellen Sie weiterhin sicher, daß dieser Mitarbeiter durch die Neider nicht demontiert wird. Hier sind wahre Führungsqualitäten gefordert! Wenn jemand eine Chance angenommen hat und Risiken eingegangen ist, die in Fehlschläge ausarteten, dann steht er oft genug absolut alleine da. Alle haben es dann besser gewußt und hätten es garantiert anders gemacht. Hier sind wiederum Sie gefordert!

In beiden Fällen, denen des Erfolgs und des Mißerfolgs, entscheidet es sich, welche Unternehmenskultur ein Unternehmen wirklich besitzt. Steht alles nur auf dem Papier oder wird es auch gelebt? Fortschrittliche Manager und Unternehmen wissen, daß sie gerade bei Fehlschlägen die Mutigen wieder aufbauen, ermuntern müssen, denn sollten diese Mitarbeiter bestraft oder ignoriert werden, würde dies negative Zeichen setzen. Es gibt dann bald keine Mitarbeiter mehr, die bewußt Risiken zum Wohle des Unternehmens eingehen würden. Nehmen Sie sich statt dessen Zeit für die frustrierten Mitarbeiter. Diskutieren Sie mit ihnen, stellen Sie gemeinsam fest, was verkehrt lief. Versuchen Sie, Schlüsse daraus zu ziehen oder neue Ideen zu entwikkeln. Betrachten Sie es als Neubeginn mit neuen Chancen. Vergessen Sie aber auch nicht, etwas zu feiern und den Mitarbeiter ob des Risikos, das er eingegangen ist, zu loben. Das gibt wieder Kraft für die nächste Herausforderung.

Mit der Hockey-Bundesliga-Mannschaft, in der ich gespielt habe, fanden die besten Feiern nach den Niederlagen statt. Danach sind wir dann wieder motiviert und engagiert und voller Zuversicht an das nächste Spiel herangegangen. Außerdem ist dies eine hervorragende Gelegenheit, Teamwork und Motivation zu erzeugen, welche nur in einem positiven Umfeld gedeihen können.

Erfahrungen muß jeder selbst sammeln

Sie sollten die Risiken, die Ihre Mitarbeiter eingegangen sind, nicht selbst übernehmen, wenn Sie feststellen, daß etwas schief läuft. Sie würden Ihren Mitarbeitern damit die Chance nehmen, selbst zu lernen und Erfahrungen zu sammeln. Lediglich bei großen Projekten sollten Sie, wenn nötig, korrigierend eingreifen. Aber nicht mehr als das! Sie sollten sensibel und einfühlsam auf die möglichen Fehlerquellen hinweisen beziehungsweise hinführen, ohne jedoch das Projekt selbst zu übernehmen. Treten Sie nicht als der große „Besserwisser" oder „Retter" auf. Das würde nur negative Gefühle und Frustrationen hinterlassen.

Unterstützen Sie vielversprechende Risiken, aber keine Hirngespinste

Die Gründe, warum Risiken eingegangen werden sollten, sind nicht, um wagemutigen Hasardeuren ökonomische Spielwiesen einzurichten, sondern um den Fortbestand und die Zukunft der Unternehmen zu sichern. Dies geschieht durch neue Märkte, neuere und/oder bessere Produkte, geeignetere Organisationen, besser ausgebildete, erfahrene und motivierte Mitarbeiter und zufriedene, loyale Kunden.

Vielversprechende Risiken benötigen dazu einige wichtige Hauptbestandteile:

- Die Formulierung eindeutiger Ziele. Risiken ohne klar definierte Ziele einzugehen, ist ökonomischer Dilettantismus.
- Grundsätzlich muß das schlechteste Resultat, das eintreten kann, ins Kalkül gezogen werden. Sie müssen sicher sein, daß das Unternehmen damit leben kann.
- Wägen Sie die potentiellen Gefahren gegen die potentiellen Erfolge genau ab. Ein vielversprechendes Risiko ist es wert, durchgeführt zu werden. Halten Sie aber auf jeden Fall einen alternativen Plan bereit, falls alles aus dem Ruder läuft.
- Wenn Sie sich jedoch entschieden haben, ein bestimmtes Risiko einzugehen, dann schauen Sie nicht mehr zurück. Seien Sie absolut da-

von überzeugt, daß Ihre Entscheidung richtig war und setzen Sie Ihre ganze Persönlichkeit ein, um das Ziel, den Erfolg zu erreichen. Der einzige echte Mißerfolg wäre im Nichtergreifen der Chance zu sehen.

- Reduzieren Sie Ihre Verluste. Sollte wider Erwarten etwas schief laufen, dann sollten Sie aussteigen, bevor die Verluste zu groß werden: „Lieber ein Ende mit Schrecken als ein Schrecken ohne Ende."
- Entspannen Sie sich trotz der möglichen Risiken, denn sie bergen auch enorme Chancen in sich. Wenn wir uns nicht immer selbst zu ernst nehmen würden, dann würde auch die Risikofeindlichkeit kein so großes Problem sein. Sie sollten sich auf jeden Fall vor Augen führen, daß eine erfolgreiche Karriere immer auch sehr viel Spaß und Befriedigung bedeutet.

Etablieren Sie eine gesunde, risikofreudige Atmosphäre, denn das schafft die Voraussetzung für den größten internen Aktivposten und Vermögenswert, den ein Unternehmen hat: seine Mitarbeiter. Darüber mehr im nächsten Strategem.

3.7 Ändern Sie Illoyalität in Loyalität

Wo man kein Vertrauen schenkt,
darf man kein Vertrauen erwarten.

Lao Tse

Eine der großen Klagen, die Unternehmensführer in den letzten Jahren ständig äußern, ist, daß sie nicht verstehen, warum junge Leute nicht mehr das ganz große Engagement für die Firmen zeigen. Zumindest nicht so, wie die Unternehmensführer es erwarten oder wie sie glauben, daß sie es einst selbst gezeigt haben.

Haben Sie selbst bemerkt, wie oft das Wort „Engagement" oder das Wort „Einsatz" in Diskussionen mit Managern oder Kollegen erwähnt wird?

Meinen Beobachtungen zufolge ist Engagement so etwas wie – bitte entschuldigen Sie den Vergleich – Sex:

1. Jeder möchte es.
2. Diejenigen, die am meisten darüber reden, sind wahrscheinlich jene, die am wenigsten davon bekommen.
3. Es ist unmöglich, es zu bekommen, ohne es auch zu geben!

Wie sagte mein Vater noch zu mir nach Abschluß meiner Studien: „Sei niemals mit der Firma verheiratet, denn keine Firma ist je mit dir verheiratet." Er wußte, wovon er redete. Er sprach aus Erfahrung. Er hatte Engagement und Leistung, Loyalität und Verpflichtung gezeigt, über vierzig Jahre für die gleiche Firma. Er hatte nie einen Tag wegen Krankheit gefehlt. Und die Belohnung? Keine! Der persönliche Einsatz wurde als selbstverständlich hingenommen.

Jedes Unternehmen und jede Organisation braucht Loyalität, aber nur wenige belohnen sie. Statt dessen werden die Leute eingestellt und entlassen – gefeuert wäre häufig das genauere Wort dazu – , wie es den Top-Managern und dem Unternehmen gerade paßt. Immer mit dem Blick auf die jeweilige ökonomische Situation. Oder vielleicht aus einer falschen Planung heraus? Welcher Manager wird das schon zugeben?

Professor *Rüdiger Pohl*, Mitglied des Sachverständigenrates „Die fünf Weisen", äußerte sich zur heutigen Entlassungspolitik der deutschen Unternehmen, indem er den Managern vorwarf, mit Massenentlassungen über das Ziel hinauszuschießen, eine falsche Strategie zu verwenden: „Es ist natürlich, daß wir in der Rezession, bei rückläufigen Auftragseingängen und rückläufiger Produktion auch Entlassungen haben. Nur geht das Ausmaß der Entlassungen heute weit über das hinaus, was mit dem Rückgang der Wertschöpfung in den Unternehmen zu rechtfertigen wäre... Es ist eine Mentalität entstanden, die da heißt: Arbeitsplätze abbauen, koste es was es wolle. Was sonst als Managementversagen oder als unsoziales Verhalten angesehen wurde, ist im Moment sozial nicht diskriminiert... Das kann zum Handikap für die Wirtschaft werden. Es ist falsch, daß wir die qualifizierte Arbeit so schlecht behandeln. Wenn man davon ausgeht, daß wir mittelfristig Wachstumsperspektiven haben, dann werden uns diese qualifizierten Arbeitskräfte einmal fehlen. Wir verspielen damit unseren wichtigsten Wettbewerbsvorteil."[75]

Das Traurige an dieser Situation ist, daß dieses **hire and fire-Prinzip** aus den USA nun auch in Deutschland seinen Einzug gehalten hat, mit all seinen negativen Begleiterscheinungen. Dabei spielt die persönliche Willkür eine große Rolle.

In einem großen schwäbischen Unternehmen der Bodenbelagsindustrie „feuerte" der Vorstandsvorsitzende nahezu regelmäßig montags seine leitenden Angestellten. Innerhalb von wenigen Minuten mußte der Schreibtisch geräumt sein und zwar unter Aufsicht des Vorstandsvorsitzenden, nicht – wie sonst üblich – der Personalabteilung. Warum fast immer montags? Ein Fall für den Psychiater?

Das Klima in dem Unternehmen war stets spannungsgeladen, wenn nicht sogar „angsterfüllt". Das Engagement der Mitarbeiter? Loyalität? Eine fehlerfreie Produktion?

Sicherlich gab es viele Mitarbeiter, die dort schon seit Jahrzehnten arbeiteten. Sie zeigten zwar eine Art von Gewohnheitsloyalität. Aber Engagement? Die Fehlerquote war weit über dem Industriedurchschnitt und zwar so hoch, daß Expertise von außen eingekauft werden mußte.

Das Resultat? Das Freisetzen von vielen loyalen Mitarbeitern und die Teilverlagerung der Produktion ins westeuropäische – in diesem Fall noch nicht einmal kostengünstigere – Ausland.

Das Virus, fehlendes Engagement und fehlende Einstellung zum Unternehmen, kann nicht mit einer Reorganisation oder dem Entlassen von Mitarbeitern entfernt werden. In Norddeutschland heißt es in solchen Fällen: „Der Fisch stinkt vom Kopf her."

Loyalität, Engagement und Verpflichtung gegenüber dem Unternehmen müssen aus Gemeinsamkeiten erwachsen. Diese Eigenschaften können weder befohlen noch angeordnet werden. Viele Unternehmen möchten Loyalität und fördern doch die Illoyalität. Haben Sie jemals für ein Unternehmen gearbeitet, das die zuletzt Eingestellten besser bezahlt als die langjährigen, treuen Mitarbeiter? Haben Sie jemals für ein Unternehmen gearbeitet, wo Gehaltserhöhungen nur noch gering ausfielen, nachdem Sie dort eingetreten waren oder wo man sich Ihrer Arbeitskraft seit längerem „sicher" war? Haben Sie jemals für ein Unternehmen gearbeitet, das Ihnen Versprechungen gemacht hatte, Sie innerhalb eines gewissen Zeitrahmens zu befördern, und trotz Erfolgen hat ein Externer den Ihnen zugesagten Posten bekommen? In den meisten Karrieren kommen die Beförderungen nur, wenn das Unternehmen gewechselt wird, und nicht, wenn loyal zum Unternehmen gestanden wird. Muß es so sein? Natürlich nicht!

Selbstverständlich gibt es in Deutschland noch viele Unternehmen, die hauptsächlich intern befördern. Neben vielen kleinen und mittleren Unternehmen gehören dazu unter anderem auch Großkonzerne wie Siemens, Daimler-Benz oder die BASF, Hoechst und Bayer. In den Zeiten der Rezession ist aufgrund der großen Entlassungswellen bei den Großkonzernen dieses Prinzip etwas ins Schleudern geraten. Trotz dieser Problematik wissen sowohl die Unternehmen als auch die Mitarbeiter, daß sich hier Loyalität bisher ausgezahlt hat. Die Firmen wissen sehr genau, daß der enthusiastische und engagierte Mitarbeiter ein Schlüssel für den kontinuierlichen Erfolg sein kann. Die Unternehmensführer sollten intelligent und aufgeschlossen genug sein, ein einfaches Prinzip zu realisieren und auch zu praktizieren, welches heißt: **Sie bekommen Loyalität und Engagement von Ihren Mitarbeitern nur, wenn Sie Ihnen dies auch geben!**

Wenn Sie es nicht glauben, dann versuchen Sie es mit diesem Experiment: Suchen Sie Mitarbeiter einer Firma, die dort seit mindestens zehn Jahren sind und noch immer begeistert dort arbeiten. Fragen Sie sie, warum sie so stolz auf das Unternehmen sind und soviel Loyalität zeigen. Sie werden sicherlich viele unterschiedliche Antworten erhalten. Wahrscheinlich wird oft sogar auf das Unternehmen geschimpft werden. Aber das ist meistens nur die Oberfläche der Antwort, nicht der gesamte Wahrheitsgehalt. Wenn Sie das alles berücksichtigen, dann können die meisten Antworten auf die folgende Aussage reduziert werden: Sie gehören einem Unternehmen an, das sich um sie kümmert, sie herausfordert, an sie glaubt und ihnen alles Gute wünscht, nicht nur als Mitarbeiter, sondern insbesondere auch als Mensch!

Wenn Sie weiter fragen, dann wird man Ihnen allerdings auch sagen, daß das Unternehmen als Gegenleistung einen hohen Arbeitseinsatz, große Leistungen und Loyalität erwartet. Aber ist nicht die Reziprozität der Verhaltensweisen die Basis für eine auf Vertrauen aufgebaute, zuverlässige Zusammenarbeit? In der Analyse findet man dann alles wieder, was so wichtig im Miteinander ist:

- Loyalität erzeugt Loyalität
- Freundschaft erzeugt Freundschaft
- Vertrauen erzeugt Vertrauen
- Engagement erzeugt Engagement ...

So einfach ist das!

Mitarbeiterloyalität und Engagement entwickeln sich jedoch nicht aus dem Nichts heraus. Das Management muß sie entwickeln, fördern und nähren. Das Schaffen eines Klimas von Loyalität, Vertrauen und Fürsorglichkeit ist teuer, aber der Nutzen daraus ist unschätzbar. Hier nun die Voraussetzungen:

Geben Sie Arbeitsplatzsicherheit

„Als ich das erste Mal in die USA kam, dachte ich, wie einfach ist es für die amerikanischen Arbeitgeber, Arbeiter freizusetzen, wann immer das Geschäft nachläßt", sagte *Sadami Wada,* Vizepräsident der Sony Corporation in Amerika. Allerdings wechselte *Wada* seine Meinung sehr schnell, denn er bemerkte, warum es in den amerikanischen Unternehmen kaum Loyalität und Engagement gab. Arbeitnehmer, egal auf welcher Hierarchiestufe sie sich befinden, können kein Interesse an Unternehmen haben, die sofort ihre Mitarbeiter auf die Straße setzen, sobald die Zeiten schlechter werden oder infolge von Mißmanagement so handeln müssen.

Arbeitsplatzsicherheit ist kein Wunschtraum, sondern ein gutes Geschäft. Entlassungen sind teuer und wurden zumindest in Deutschland bis vor kurzem in der Öffentlichkeit negativ registriert. Heute gehören sie zum Volkssport unfähiger Manager oder zu den Empfehlungen wohlbekannter Unternehmensberater. Dazu noch einmal Professor *Pohl:* „Wenn Unternehmen unter Druck geraten, haben sie zwei Möglichkeiten: Entweder sie entlassen Leute, oder sie suchen neue Märkte und Produkte. Ich habe den Eindruck, daß man zu schnell zum blauen Brief greift... Wenn gute Leute einmal aus dem Arbeitsprozeß ausgeschieden sind, kommt es automatisch zur Dequalifikation. Damit ist eine Lücke von Fachleuten programmiert. Außerdem: Die Wirkung auf junge Leute ist verheerend. Das ist demotivierend... Entlassung ist eine defensive Strategie. Die Unternehmen sollten den Abbau von Arbeitsplätzen auf das wirklich notwendige Maß begrenzen. Statt dessen sollte man auf Dynamik setzen und die unternehmerische Tätigkeit und Aufgabe wieder in den Mittelpunkt stellen. Die Manager sind gefordert. Resignation und Pessimismus sind der größte Feind für die wirtschaftliche Entwicklung.“[76]

Es ist außerdem für ein Unternehmen schwierig, gute Mitarbeiter zu bekommen, wenn bekannt ist, daß dieses Unternehmen kaum Arbeitsplatzsicherheit bietet. Unternehmen wie IBM, Hewlett-Packard, Procter & Gamble, Daimler-Benz, Siemens und viele andere waren bekannt dafür, daß sie in schwierigen Zeiten keine Mitarbeiter entließen.

IBM war wohl eines der größten und ältesten amerikanischen Unternehmen mit ausgeprägter Mitarbeiterorientierung und Arbeitsplatzsicherheit. Bereits 1914 führte *Watson sr.* die Arbeitsplatzsicherheit bei IBM ein, die selbst in der schweren Weltwirtschaftskrise aufrechterhalten wurde. IBM produzierte in dieser Zeit auf Lager und bildete hohe Bestände, aber entlassen wurde keiner.[77] Die „Enkel“ von *Watson sr.* im Management der IBM nehmen darauf keine Rücksicht mehr. Aufgrund deren Mißmanagement, dem Nichterkennen von Markttrends und Kundenwünschen wurden weltweit Zigtausende von engagierten und loyalen Mitarbeitern entlassen. In Deutschland haben bis Ende 1993 3.500 Mitarbeiter das Unternehmen unfreiwillig verlassen und bis Ende 1995 werden nochmals 6.000 Personen folgen.[78]

Die schwierigen ökonomischen Zeiten werden vom Management für dessen Fehlverhalten gerne als Alibifunktion herangezogen. Dabei beweisen gerade diese schwierigen Zeiten die Qualität des Managements. Gut geführte Unternehmen sind für schlechte Zeiten gerüstet. In Schönwetterperioden den Kapitän spielen, können fast alle Mitarbeiter. In schlechten Zeiten andere büßen lassen für das eigene Fehlverhalten ist ebenfalls einfach. So einfach wie zur Zeit die Entlassung von Mitarbeitern. Sehr viel schwieriger ist dagegen die Suche nach Alternativen.

Daimler-Benz, das ehemalige deutsche Vorzeigeunternehmen und das größte deutsche Unternehmen überhaupt, mußte mehr als 50.000 Mitarbeiter entlassen, bedingt durch Fehlentwicklungen in der Automobilsparte als auch durch strategische Fehlentscheidungen.

Das war bei Daimler-Benz noch niemals vorgekommen. Der Aufsichtsrat fand im April 1993 den Fünfjahresplan des Konzerns so wenig überzeugend, daß er das umfangreiche Zahlenwerk kurzerhand kassierte und den damaligen Vorstandsvorsitzenden *Edzard Reuter* zum Nachsitzen aufforderte. Der bislang nahezu ungebremste Niedergang des einst weltweit profitabelsten Unternehmens der Autobranche wuchs sich mehr und mehr zum Fiasko für den Cheflenker selbst aus. Er führte den Stuttgarter Konzern von 1987 bis Mai 1995. Wie seine zahlreicher werdenden Kritiker meinen, in die falsche Richtung. In einem Positionspapier forderte *Reuter* zwar bereits 1984 von seinem damaligen Chef einen rechtzeitigen Strukturwandel, zu scheinbar sorglosen Zeiten. Genau dieses gehöre zur „hohen Schule der Unternehmensführung“. Weiterhin schrieb der ehrgeizige *Reuter* seinen Vorstandskollegen als Mahnung ins Stammbuch, daß die Historie „voll von Trümmern großer Reiche“ sei. Fast ein Jahrzehnt danach steht sein Nachfolger *Jürgen E. Schrempp* vor einem Scherbenhaufen. Daimler-Benz ist in vielen Bereichen ein Sanierungsfall.

Der steile Absturz aus früheren Ertragshöhen ist am verläßlichsten durch die Rechnung zu demonstrieren, die zwar nicht veröffentlicht wurde, aber im Management als einzig richtige Meßlatte anerkannt ist und „Betriebsergebnis drei“ genannt wird. Mitte der achtziger Jahre, bevor *Reuter* den Chefsessel bei Daimler-Benz erklomm, erwirtschaftete demnach Daimler satte vier Milliarden Mark Gewinn in zwölf Monaten. Bereits 1992 fiel das interne Ergebnis negativ aus, und zwar mit 1,7 Milliarden Mark. Nicht dementierten Meldungen zufolge lag der Verlust 1993 bereits bei vier Milliarden Mark. Allzu deutlich ging *Reuters* Plan bisher daneben, aus dem traditionellen Hersteller teurer Automobile einen weltumspannenden Technologiekonzern zu formen. Doch vom Technologiekonzern redet bei Daimler heute keiner mehr. Nach der neuen Sprachregelung heißt es jetzt »Mobilitätskonzern«.[79] Gewinn machte keine dieser Konzerndivisionen. Deshalb läuteten konzernweit die Alarmglocken. „Mit einer Intensivierung seiner strategischen Grundausrichtung antwortet der Daimler-Benz-Konzern auf die Herausforderungen durch die unvermindert scharfe Rezession in Deutschland, die mangelnde Belebung der Auslandsmärkte und den massiven Ertragsdruck durch die Abwertungen wichtiger Exportwährungen“[80], so ein Bericht aus Stuttgart. Aber kein Hinweis auf die Fehlleistungen des Managements. Weil die einstige Goldmine zur Verlustmaschinerie verkommen war, hatten die „Jobkiller“ Hochkonjunktur.[81] Von Arbeitsplatzsicherheit keine Spur. Inzwischen sieht es wieder etwas besser aus. Das Jahresergebnis 1994 des Daimler-Benz-Konzerns wies für Mercedes Benz und debis 1,85 Mrd. bzw. 86 Mio. DM Gewinn aus und für die AEG und die Dasa Verluste von 357 bzw. 438 Mio. DM, bei einem Gesamtumsatz von 109,2 Mrd. DM.[82]

Anstelle von Entlassungen gibt es auch andere Wege, ökonomische Krisen zu meistern. Dazu gehören jedoch Mut und Visionen, Interesse an den Mitarbeitern und dem Unternehmen sowie persönliche Einschränkungen beim Management. *George Bernhard Shaw* bringt es auf den entscheidenden Punkt: **Die besten Reformer, die die Welt je gesehen hat, sind die, die bei sich selbst anfangen.**

Hier seien ein paar weitere Möglichkeiten aufgezeigt:

- Die Suche nach weiteren, neuen Märkten, Kunden, Produkten und Einsatzgebieten.
- Antizyklisches Verhalten im Marketing- und Vertriebsbereich.
- Die Herausforderung von Kreativität und Innovation.
- Die Intensivierung von Forschung und Entwicklung, um langfristig mit neuen Produkten besser abgesichert zu sein.
- Die Zurücknahme von Arbeiten, die nach außen vergeben wurden. Diese Arbeiten müssen jedoch konkurrenzfähig bleiben.
- Die Einführung eines „job-sharing“-Programms. Zwei Mitarbeiter teilen sich einen Arbeitsplatz.
- Die Einführung der Vier-Tage-Woche als Übergangslösung.
- Die Einführung flexibler Arbeitszeiten.
- Vorgezogener Ruhestand, falls vom Mitarbeiter gewünscht.

- Das Verleihen der Mitarbeiter an andere Unternehmen, die eventuell dem Konzern zugehörig sind.
- Die Schulung der Mitarbeiter in anderen Tätigkeiten im Unternehmen.
- Die Kürzung der Managergehälter. Größere Verlagerung der Manager- und Vorstandsgehälter auf variable, erfolgsbezogene Bestandteile, bei Berücksichtigung qualitativer, zukunftsgerichteter Investitionsentscheidungen.
- Die Unterstützung von Mitarbeitern, die sich selbständig machen wollen.
- Die Überzeugungsarbeit zum positiven Denken, um die psychologischen Barrieren, die sich durch die Rezession und die Medien aufgebaut haben, zu entfernen. Nur dann ist eine Überwindung der Rezession und einer damit einhergehenden physischen und psychischen Lethargie möglich.

Ein Teil der soeben genannten Punkte wird heute bereits von Unternehmen ansatzweise durchgeführt. Andere Punkte können nur in der Zusammenarbeit mit der Regierung und den Gewerkschaften angegangen werden. Die Vier-Tage-Woche wurde zum Beispiel zwischen Volkswagen und den Gewerkschaften abgesprochen und eingeführt. Dadurch wurde die Entlassung von 30.000 Mitarbeitern unter Zusage einer (befristeten) Arbeitsplatzgarantie verhindert. Gegenwärtig sind viele Unternehmen dabei, nach neuen Wegen zu suchen, den Personalabbau zu reduzieren bei gleichzeitiger Erhöhung der Produktivität. Dabei sind neben den betroffenen Mitarbeitern mehr als je zuvor auch die Gewerkschaften gefordert. Flexibles Denken ist angesagt. Errungenschaften der Vergangenheit müssen überdacht und eventuell über Bord geworfen werden. „Auf zu neuen Ufern“ ist sicherlich das Schlagwort dieser Tage, bei gleichzeitiger Erhaltung qualifizierter Mitarbeiter.

Ein Vorbild für die **Arbeitsplatzsicherheit** war bisher Japan. Die Erfolge der japanischen Unternehmen waren und sind unter anderem darauf zurückzuführen, daß ein großer Teil der japanischen Arbeiter auf Lebenszeit bei ihren Unternehmen angestellt sind. Dabei handelt es sich in erster Linie um die Stammbelegschaften der Großunternehmen. Das gilt beispielsweise für Häuser wie die Mitsubishi-, Sumitomo- oder Fuyo-Gruppe, wie für Toyota und eine ganze Reihe anderer Unternehmen. Das gilt meistens nicht für die uns gänzlich unbekannten Klein- und Mittelunternehmen. Dort sieht die Wahrheit ganz anders aus.

Bei den Großunternehmen darf keineswegs die vielzitierte Sicherheit ganz wörtlich genommen werden. Im Gegenzug zur Zusage der lebenslangen Beschäftigung hat der Arbeitgeber nämlich das Recht nicht nur zur innerbetrieblichen Umsetzung jeglicher Art, sondern genauso auch zur Überstellung zu gänzlich anderen Firmen. Gerade das letztere kann in konjunkturell schwierigen Zeiten häufiger vorkommen. Selbst ganze Belegschaftsteile können dann an besser beschäftigte Unternehmen ausgeliehen werden. Das bedeutet teilweise eine gänzlich andere, neue Arbeit, die sehr oft unterhalb des bisherigen Anforderungsprofils und des Ausbildungsniveaus des Mitarbeiters liegen kann. Zwar vergütet der Stammarbeitgeber in diesen Fällen die eventuell vorhandene Differenz in den Bezügen, aber eine Einbuße an Prestige ist zumindest für Japaner nicht unbedeutend. Die tendenzielle Abkehr vom Prinzip der lebenslangen Beschäftigung ist in Japan nunmehr auch bei besonders renommierten Unternehmen festzustellen.

Nach einer Umfrage des japanischen Arbeitsministeriums beschäftigen bereits 40 Prozent aller japanischen Unternehmen mehr Mitarbeiter als nötig. Sie schrecken vor Entlassungen zurück, weil dieser Tabubruch den Ruf ihres Unternehmens in Gefahr bringen würde. Doch wie lange noch? Nach Berechnungen des Fuji-Institutes haben schon heute 1,7 Millionen Beschäftigte in Japan keine betrieblichen Aufgaben mehr, und die Firmen werden diese betriebsinterne Arbeitslosigkeit nicht mehr lange finanzieren können.[83]

Dabei ist die Arbeitslosenquote in Japan im März 1995 auf 3 Prozent – nach 2,9 Prozent im Februar – gestiegen. Rund 2,19 Millionen Japaner sind nach Angaben der japanischen Regierung Ende März 1995 ohne Arbeit gewesen. Dies war bis dato der höchste Stand seit Beginn der Erhebung von Arbeitsmarktdaten 1953.[84] Aufgrund der zu erwartenden Finanzierungsschwierigkeiten der „tätigkeitslos" Beschäftigten wird angenommen, daß nach den „Lean-Methoden" in der Produktion diese Techniken auch im Angestelltenbereich zum Tragen kommen werden, einem Bereich, der bisher aus Tabu-Gründen kaum angetastet wurde. Man rechnet mit fünf bis sechs Millionen überflüssigen Angestellten. Wenn alle diese Jobs eliminiert werden würden, um die Wettbewerbsfähigkeit der japanischen Unternehmen zu erhalten – was politisch und sozial in allernächster Zeit in Japan noch nicht möglich ist –, dann würde die Arbeitslosenquote auf über 10 Prozent ansteigen und europäische Verhältnisse erreichen.[85]

Der immer raschere industrielle Strukturwandel zwingt dazu, vieles über Bord zu werfen, was lange Zeit als unantastbarer Wertmaßstab galt. So beispielsweise auch die Unkündbarkeit. Interessant ist zu diesem Thema die Abbildung 5, die darstellt, daß sich immer mehr Japaner nicht mehr als „lebenslang" angestellt betrachten. Als Folge davon kann natürlich auch die Loyalität des Arbeitnehmers abnehmen. Nach der japanischen Beschäftigungsstatistik wechselt zur Zeit der durchschnittliche Arbeitnehmer einmal in 25 Jahren den Arbeitgeber. Noch vor einem Jahrzehnt war das aber nur einmal in 40 Jahren der Fall gewesen. Auch in Japan ist ein gewisser Wertewandel unverkennbar. Vor allem jüngere Menschen sind nicht mehr ohne weiteres bereit, einem Arbeitgeber unbedingte Loyalität entgegenzubringen. Es sind in Japan also wie auch in den westlichen Ländern Entwicklungen in Gang gekommen, die sich nur noch schwer beeinflussen lassen.[86]

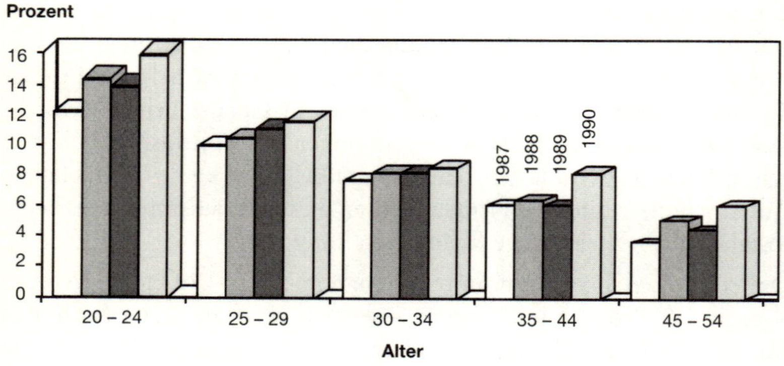

Abb. 5: Japaner betrachten sich nicht länger als „lebenslang" eingestellt. Entwicklung der Firmenwechsler.

Quellen: Ministry of Labor statistics (Japan); Harvard Business Review, No. 6, 1993

Kommen wir noch einmal auf die Möglichkeit der Kürzung von Vorstandsgehältern zurück. Ein rundherum heißes Thema. Bei der VEBA brach der Konzerngewinn 1992 um rund 28 Prozent ein – die Vorstandsbezüge indes stiegen um fast 14 Prozent. Auch den gesunkenen Gewinnen bei Thyssen (minus 32 Prozent), Mercedes-Benz (minus 42,4 Prozent) und der Düsseldorfer Gerresheimer Glas (minus 70,2 Prozent) standen 1992 steigende Einkünfte auf Vorstandsebene gegenüber. Die Top-Manager kassierten zwischen 8,7 Prozent (Mercedes-Benz) und 11,6 Prozent (Gerresheimer Glas) mehr als im Jahr zuvor. Verbandssprecher, zum Beispiel vom DIHT, haben von normalen

Arbeitnehmern für mehrere Jahre Nullrunden bei den Gehältern gefordert, während damit gerechnet wird, daß die Top-Manager sich weiterhin aus „dem Vollen" bedienen.[87] Tabelle 1 illustriert diesen Sachverhalt.

Wie hieß es so richtig von seiten der Arbeitnehmer, „dem wichtigsten Kapital im Unternehmen": „Während sich die Top-Manager ohne Scham die Vorstandsbezüge erhöhen, werden die Arbeitnehmer auf der anderen Seite wegen des Mißmanagements entlassen." Eine verkehrte Welt, oder etwa nicht?

Die Aussage von *Samuel Goldwyn*: „Er wird von uns überbezahlt, aber er ist es uns wert", stammt aus dem Hollywood-Metier, könnte aber ohne weiteres auch vom Aufsichtsrat eines deutschen Unternehmens stammen, wo trotz Verfalls des Gewinnes wieder einmal die Vorstandsbezüge erhöht wurden.

Unternehmen	Gewinn vor Steuer 1992 in Mio. DM	Differenz zum Vorjahr in Prozent	Durchschnittliche Bezüge je Vorst.-Mitglied 1992 in DM	Differenz zum Vorjahr in Prozent
Henkel	622	- 16,2	1.383469	+ 16,2
Preussag	631	- 0,8	988322	+ 15,9
RWE	2215	- 25,8	1.200301	+ 15,5
Kromschröder	15	- 22,5	470928	+ 15,4
Stelcon	2,5	- 10,7	232026	+ 14,2
VEBA	1865	- 28,2	1.103774	+ 13,5
Daimler Benz	2037	- 31,7	1.889128	+ 13,1
Gerresheimer	30	- 70,2	713400	+ 11,6
Thyssen	680	- 32,6	1.652778	+ 9,8
Mercedes Benz	2283	- 42,4	1.117252	+ 8,7
Kolbenschmidt	– 89	im Vj. k. Gew.	335800	+ 8,0
Riedel-de Haën	22	- 25,8	457569	+ 6,5
Bewag	80	- 50,3	461169	+ 6,1
Bremer Vulkan	80	- 12,7	482484	+ 5,9
Ackermann-Göggingen	11	- 34,0	458500	+ 5,8
BASF	1239	- 41,3	1.048544	+ 4,9
BAYER	2661	- 17,0	1.258916	+ 3,2
Porsche	– 42	-200	703966	+ 3,1
Hapag-Lloyd	88	- 37,6	984000	+ 1,3
BMW	1334	- 14,7	1.888889	+ 1,1

Quelle: Der Stern, Nr. 40, 1993

Tab. 1: Kasse machen – auch in der Krise

Wie kann man auf der einen Seite Engagement und Loyalität von den Mitarbeitern verlangen, wenn man auf der anderen Seite mit schlechtem Beispiel vorangeht? Mitarbeiter, die loyal waren, werden entlassen und im gleichen Atemzug dafür die Vorstandsbezüge überproportional erhöht. Neben der von den Arbeitgebern bemängelten Einstellung der Mitarbeiter muß sich auch die Einstellung der Arbeitgeber und ihre Selbstbedienungsmentalität ändern, sonst laufen beide Seiten auseinander. Arbeitsplatzsicherheit allein wird sicherlich nicht Loyalität und Engagement aufbauen. Nichtsdestoweniger ist sie ein erster, wichtiger Schritt, um ein loyales und stabiles, auf die Zukunft ausgerichtetes Miteinander zu erreichen.

Die Steinbeis-Unternehmensgruppe hat dies in ihrer Firmenphilosophie und den Führungsrichtlinien explizit dargestellt:

„Unsere Werte
zur Orientierung jenseits von Ertrag und Wachstum

Treue:

Wir entlassen keine langjährigen Mitarbeiter aus Rationalisierungsgründen.
Langjährige und engagierte Mitarbeiter sind das Rückgrat des Unternehmens.
Beide sind verbunden durch gemeinsame Tradition und gleichartige Interessen."

Schaffen Sie Vertrauen durch eine ehrliche und offene Kommunikation

Unternehmen mit hoher Moral sind jene, die ihre Mitarbeiter über ihre Ziele und die Unternehmenspolitik informiert halten. Sie setzen ihre Mitarbeiter rechtzeitig in Kenntnis, so daß diese nicht erst über die Medien informiert werden. Sie informieren aber nicht nur, sondern sie hören ihren Mitarbeitern auch regelmäßig zu. Wichtig ist, daß die Informationen nicht nur von oben nach unten, sondern auch umgekehrt fließen, und zwar ungefiltert. Neben Betriebsversammlungen bieten sich Abteilungstreffen, Sparten- oder Divisionstreffen an, um die Informationen „up-to-date" zu halten. Weiterhin ist es wichtig, daß das Management auch regelmäßig Besuche an der Basis macht, um dort Dialoge zu führen. *H. Ross Perot* sagt dazu: „Meine erste Botschaft lautet: Hören, hören und nochmals hören, was diejenigen sagen, die die Arbeit machen."

Wichtig ist allerdings nicht nur, daß zugehört wird, sondern auch, daß Konsequenzen daraus gezogen werden. Das ist aber eine der ganz großen Schwächen manches Managements, nämlich, daß keine Konsequenzen aus Erkenntnissen gezogen werden, denn die Aussage stimmt immer noch, daß der Prophet im eigenen Lande nichts gilt.

Durch die Dialoge mit der Basis sollte das Management in die Lage versetzt werden, Probleme an der Quelle zu entdecken und eventuell sofort dort zu lösen. Weiterhin besteht die Möglichkeit, Entwicklungen und Trends zu erkennen, die weiterverfolgt werden sollten. Auch neue Ideen für Verbesserungen oder für neue Produkte können an der Basis aufgespürt sowie persönliche Kontakte hergestellt oder gehalten werden. Zusätzlich könnte eine „Offene-Tür-Politik" dabei helfen, Mitarbeitern die Möglichkeit zu geben, Probleme oder Vorschläge, die ihre unmittelbaren Vorgesetzten ignorieren, dem Management direkt vorzutragen. Diese Vorgehensweise ist zwar nicht unbedingt zu empfehlen, aber die Praxis zeigt, daß es immer wieder Vorgesetzte gibt, die die Vorschläge ihrer Mitarbeiter grundsätzlich ignorieren. Hier muß die Voraussetzung geschaffen werden, Vorschläge an die „nächste Instanz" weiterzuleiten, ohne daß der Mitarbeiter Nachteile erfährt. Dieser Hinweis ist nicht unproblematisch. Leider zwingt die Realität in den Unternehmen manches Mal zu theoretisch unbefriedigenden Lösungen, die praktisch jedoch absolut notwendig sind.

Schaffen Sie Aufstiegschancen für Mitarbeiter aus dem eigenen Unternehmen

Die Beförderung von verdienten Mitarbeitern mit Potential, die die nächste Stufe in der Hierarchie auch bewältigen können, sollte das Normalmaß jedes Unternehmens sein. Sie gibt ein klares Signal an alle anderen Mitarbeiter, nämlich, daß Loyalität und Engagement belohnt werden. Voraussetzung ist in jedem Fall, daß derjenige, der befördert wird, auch das Potential dazu hat und nicht deshalb befördert wird, weil „Vitamin B" im Spiel ist. Leider sind heutzutage angepaßtes Verhalten und vor allem Beziehungen der Beförderungsfaktor Nummer eins. In den Unternehmen sitzt daher inzwischen eine größere Anzahl von Managern, die nach dem Peter-Prinzip „die Stufe der Unfähigkeit" bereits erreicht hat.[88]

Schon *William Shakespeare* bringt ein solches, interessantes Beispiel in „Othello". Im ersten Akt, 1. Szene, beklagt der ehrgeizige Jago die Tatsache, daß die Beförderung eine Frage der Protektion und nicht des Dienstalters ist:

> „Das ist der Fluch des Dienstes.
> Beförderung geht Euch nach Empfehl und Gunst,
> Nicht nach Dienstalters Rang, wo jeder zweite
> Den Platz des Vormanns erbt."

Diese historische Beobachtung hat nichts an Aktualität verloren. Auch heute noch bewirken Protektion und Nepotismus mehr als Können, Engagement und Loyalität. Stellen Sie deshalb in Ihrem Unternehmen sicher, daß Protektion, Nepotismus und Beziehungen keinen Einfluß auf Beförderungen haben. Dann können Sie auch sicher sein, daß Ihre Mitarbeiter selbst in schweren Zeiten hinter Ihnen stehen.

Sollten Sie keine geeigneten Mitarbeiter haben, die eine Vakanz schließen können, dann müssen Sie externe Bewerber einstellen. Wenn Sie in Ihrem Unternehmen Reorganisationen vornehmen wollen, um für die Zukunft gewappnet zu sein, wird oft externes Wissen gefordert, denn hier mag es sich um „Quantensprünge" handeln, die Ihr Unternehmen benötigt. Viele Mitarbeiter haben dieses notwendige Wissen nicht mehr, und deshalb sollten Sie externe Bewerber ansprechen. Dieses sollte jedoch vorher explizit mit Ihren Mitarbeitern besprochen worden sein. In Großunternehmen ist es meistens ein ungeschriebenes Gesetz, aus der internen Hierarchie zu befördern, selbst dann, wenn es für das Wohl des Unternehmens angebracht wäre, Seiteneinsteiger zu etablieren. Obwohl es wie ein Widerspruch klingt, so ist es doch keiner. Mitarbeiter, die nach zwanzig und mehr Jahren die Hierarchieleiter nach oben geklettert sind, und nur mit der „engen" Welt des eigenen Unternehmens vertraut sind, haben dann oft Schwierigkeiten, sich geistig auf etwas Neues hinzubewegen. Man mag *Joh. Peter Eckermann* folgen, der es so ausdrückte: „Wenn man sich zu lange in engen, kleinen Verhältnissen herumdrückt, so leiden der Geist und der Charakter; man wird zuletzt großer Dinge unfähig und hat Mühe, sich zu erheben."

So auch bei Siemens. „Die Verjüngung war längst überfällig, aber wie das halt in der großen Siemens-Familie so ist: Ältere Führungskräfte... behalten ihre Ämter oftmals auch dann, wenn sie nicht mehr auf der Höhe der Zeit sind. Erst wenn die Alten die Pensionsgrenze erreicht haben, dürfen die Jungen ran; das heißt bei Siemens die 50- bis 55jährigen... ‚Wenn die Leute mal 30 Jahre bei Siemens gearbeitet haben,' so ein Vorstandsmitglied, ‚dann ist es schwierig, da noch ein neues Denken reinzukriegen'."[89]

Hier macht es oft Sinn, externe Mitarbeiter „ohne Scheuklappen" einzustellen, die die „Inzucht" mit neuem, frischem Blut aufmischen. In dieser „Inzucht" liegt auch ein Großteil des Niedergangs der deutschen Wirtschaft, denn, obwohl es nicht immer einsichtig sein mag, **was gestern die Formel für den Erfolg war, kann morgen das Rezept für die Niederlage sein.**

Wer sich in unseren Konzernen zwanzig Jahre lang nach oben „gebuckelt" hat, ist „angepaßt". Das Abrutschen der deutschen Unternehmen im Vergleich zum Ausland und noch mehr gegenüber den aufkommenden japanischen Unternehmen spricht eine deutliche Sprache. Aber um hier keine Irritationen aufkommen zu lassen, seien die wichtigsten Aussagen noch einmal kurz zusammengefaßt: Beförderungen bei Eignung grundsätzlich aus dem eigenen Unternehmen heraus. Bei nicht adäquaten Mitarbeitern oder umfassenden Veränderungen des Unternehmens müssen externe Mitarbeiter als Innovatoren dazugeholt werden.

Mitarbeiter-Weiterbildung zahlt sich langfristig aus

Wie bereits dargelegt, ist eine Beförderung aus dem Unternehmen heraus ein Desaster, falls die Leute nicht die Ausbildung oder Fähigkeiten haben, diese Position einzunehmen und auszufüllen. Ein Desaster sowohl für das Unternehmen als auch für den jeweiligen Mitarbeiter. Aus diesem Grunde investieren gut geführte Unternehmen kontinuierlich in die Aus- und Weiterbildung ihrer Mitarbeiter.

Ein gut geführtes Unternehmen plant rechtzeitig, wo es seine potentiellen Aufstiegskandidaten in Zukunft einsetzen will. Weiterbildung sollte deshalb nach Rücksprache mit dem Mitarbeiter und der Erarbeitung von Potentialanalysen gezielt in die geplante Richtung gehen und dort ansetzen, wo Defizite bestehen. Verkehrt wäre es, wie z. B. bei der Steinbeis-Unternehmensgruppe vorgeschlagen, daß sich der Mitarbeiter allein um seine Weiterbildung kümmern soll. Die Mitarbeiterweiterbildung muß aufgrund der Kosten und des geplanten Einsatzgebietes zwischen Mitarbeiter und Unternehmen Hand in Hand gehen.

Sicher ist auf jeden Fall, daß Training und Weiterbildung sehr teuer sind. Deshalb muß rechtzeitig und richtig geplant werden. Nur dann, aber wirklich nur dann, machen sich die Kosten bezahlt. Wenn dieser Grundsatz ignoriert wird, kann es das Unternehmen langfristig teuer zu stehen kommen, entweder durch Fehlentscheidungen falsch oder schlecht ausgebildete Mitarbeiter zu erhalten, oder aber aufgrund höherer Gehälter, die bezahlt werden müssen, wenn spezifisch ausgebildete externe Kräfte eingestellt werden. Die eigenen Mitarbeiter rechtzeitig richtig auszubilden und auf höherqualifizierte Arbeit vorzubereiten, zeugt von der Kompetenz des Unternehmens und fördert neben vielem anderem auch die Loyalität.

Bezahlen Sie angemessene Gehälter

Sehr oft lassen sich Unternehmen „vergewaltigen“, Gehälter zu zahlen, die nicht in das Gehaltsspektrum des Unternehmens passen, nur weil sie einen jener raren Spezialisten dringend benötigen. Da die Gehälter auf die Dauer kein Geheimnis bleiben, ist die Langzeitwirkung einer solchen Entscheidung meistens verheerend. Sie führt ultimativ zu einer schlechteren Arbeitsmoral und einer höheren Kündigungsrate. Meistens bei den Mitarbeitern, die man gerne im Unternehmen behalten hätte.

Deshalb gehen Sie nicht aus Ihrem Gehaltsniveau heraus, außer es ist insgesamt nicht mehr zeitgemäß. Dann sollten Sie es allerdings dem heutigen Niveau anpassen, auch wenn es Ihnen schwerfallen sollte. Gute Mitarbeiter hält man auf die Dauer nur, wenn sie marktgerecht entlohnt werden. Sollten Sie dennoch einen Spezialisten benötigen, dann muß er ins Gehaltsniveau passen oder Sie müssen in den sauren Apfel beißen und für eine bestimmte Periode das Wissen von Unternehmensberatern (Consultants) dazukaufen. Eine faire Bezahlung oder Zusatzleistung zeigt den Mitarbeitern klar und deutlich, was Sie von ihnen halten. Sie schaffen zusätzliche Loyalität und Engagement.

Behandeln Sie Ihre Mitarbeiter fair

Sie sollten Ihre Mitarbeiter so behandeln, wie Sie auch gerne behandelt werden möchten. Schaffen Sie Führungsrichtlinien, die real und dem Geiste nach ein verbindlicher Wegweiser durch die Wirren des Spannungsfeldes von Delegation und Weisung sind. Sie sollen allen Mitarbeitern Selbstbewußtsein, Sicherheit und Spielraum geben sowie Teamgeist und Spaß an der Arbeit fördern. Führungsleitlinien dürfen nicht nur auf dem Papier stehen, sondern sie müssen auch gelebt werden.

Wenn Mitarbeiter so behandelt werden, als wenn sie der Schlüssel zum Erfolg des Unternehmens wären, dann werden sie es auch sein.

3.8 Ändern Sie Aktionismus in überlegtes Handeln

Was würden Sie sagen, wenn die Sparte eines Unternehmens ihren langfristigen Wettbewerbsvorteil opfert, nur um am Ende des Geschäftsjahres einen Gewinn ausweisen zu können? Sie kennen dieses Dilemma aus eigener Erfahrung ?

Hierzu ein Beispiel: Die angesprochene Sparte hatte ursprünglich für das laufende Geschäftsjahr einen Gewinn prognostiziert. Nach den Halbjahresergebnissen war jedoch zu erkennen, daß das Ziel nicht erreicht werden würde, da sowohl die Konjunktur ihren Auftrieb verloren hatte als auch gleichzeitig neue Wettbewerber auf den Markt gekommen waren. Der Spartenleiter wurde darauf hingewiesen, daß der Vorstand plane, aufgrund der Ergebnisse eine „lean organisation", eine schlankere Organisation, im nächsten Jahr einzuführen und die Sparte mit einer anderen zu fusionieren. Damit wäre auch eine der Spartenleitungen überflüssig. Um dies zu vermeiden, plante der Spartenleiter um. Er setzte soviel Personal frei, wie dies gewerkschaftlich und kostenmäßig sanktioniert wurde, kürzte die Budgets für alle noch offenstehenden Marketing-, Vertriebs- und Verkaufsförderungsmaßnahmen, stoppte alle Weiterbildungsmaßnahmen und alle bisher nicht getätigten Investitionen. Am Ende des vierten Quartals hatte er die geplanten positiven Ergebnisse sogar übertroffen. Der Vorstand war so begeistert über diese Ergebnisse, daß der Spartenleiter nicht nur einen Sonderbonus bekam, sondern ihm auch zugesichert wurde, daß die Sparte selbständig bleiben würde.

Aber die Geschichte endet nicht hier!

Unglücklicherweise hatten die Entscheidungen, das hektische Agieren, nicht nur kurzfristige Konsequenzen, sondern auch langfristige. Da die Sparte mit einem neuen Produkt auf den Markt gekommen war, hatte man neben den ursprünglichen Monopolgewinnen auch die Kostenführerschaft erreicht. Durch entsprechende Marketing- und Vertriebsmaßnahmen hatte man bereits für dieses Produkt einen Gattungsbegriff geschaffen, der auch von den Kunden so empfunden und akzeptiert wurde. Durch die nicht getätigten Investitionen verlor man bald darauf die Kostenführerschaft und durch die entsprechende Einsparung von qualifiziertem Personal viel Wissen, Know-how, welches die Lernkurve bei der Produktion wieder nach oben verschob. Durch die Reduzierung der Marketing-, Verkaufsförderungs- und Vertriebsmaßnahmen bei gleichzeitigem Eintritt neuer Wettbewerber im Markt und deren Marketinganstrengungen gingen viel Akzeptanz und Good-will bei den Kunden verloren. Am Ende des darauffolgenden Jahres hatte die Sparte die Marktführerschaft verloren und schrieb kräftige rote Zahlen. Daraufhin wurde der Spartenleiter freigestellt – nachdem der Vorstand ihm kundgetan hatte, wie enttäuscht man von seinen Leistungen doch sei. Die Sparte wurde dann, wie bereits ein Jahr zuvor geplant, mit einer anderen fusioniert.

Das Unglaubliche an diesem Vorgang ist, daß der Spartenleiter ursprünglich dafür belohnt wurde, daß er strategische Vorteile der Sparte aufgab, nur um einer kurzsichtigen Forderung des Vorstandes nachzukommen. Noch unglaublicher ist jedoch die Naivität des Vorstandes, erstens, nicht erkannt zu haben, daß man hier langfristig strategische Vorteile aufgibt, die nicht ohne weiteres zurückgeholt werden können, und zweitens, nicht die bei Neueinführungen notwendige Geduld gehabt zu haben. Bei der Neueinführung von Produkten muß erst einmal die Basis aufgebaut werden, um langfristig erfolgreich zu sein. Dazu gehören neben einer operativen und strategischen Planung auch Intelligenz und Wissen über die Markt- und Wettbewerbskräfte, Mut und vor allem Geduld, selbst oder gerade in wirtschaftlich schwierigen Zeiten. All dieses wurde für einen kurzfristigen Gewinnausweis aufgegeben.

So mancher Marketing- und Vertriebsleiter betet dafür, manches Mal mehr Zeit zu bekommen, um seine geplanten Konzepte solide umsetzen zu können. Das ist jedoch sehr selten der Fall, insbesondere dann, wenn die wirtschaftlichen Verhältnisse nach Aktionen und kurzfristigen Erfolgen geradezu schreien. Außerdem leben wir in einer Welt steten Wandels, und dieses reflektiert sich auch in unserer Arbeit. Zu oft werden wir belohnt für kurzfristige Lösungen, Flickwerk und ähnliches, das meistens mehr Probleme schafft, denn löst.

Wir wissen alle, daß sowohl im privaten Leben als auch im Beruf denjenigen die Zukunft gehört, die sich intensiv darauf vorbereiten. Aber unsere heutige Gesellschaft wiegt uns in dem Glauben, „daß das Heute heute ist und daß das Morgen auf sich selbst aufpassen kann“.

Überlegtes Handeln benötigt Zeit, Voraussicht, Geduld, Opfer und Disziplin. Dafür zahlt es sich aber auch langfristig aus. Die gewaltige Differenz zwischen überlegtem Handeln und Aktionismus ist der Unterschied zwischen Investitionen in die Zukunft und deren kurzfristiger Unterlassung.

Wohin tendiert Ihr Unternehmen?

In Tabelle 2 finden Sie jeweils zehn Beispiele von überlegtem Handeln und Aktionismus. Wählen Sie das Verhalten in jeder Spalte, das Ihrem Unternehmen ähnelt und versuchen Sie, daraus Ihre Schlüsse für die Zukunft zu ziehen.

Um überlegte Lösungen zu unterstützen und Aktionismus zu vermeiden, kann eine ganze Reihe von Möglichkeiten in Betracht gezogen werden:

Überlegtes Handeln ist:	**Aktionismus ist:**
1. Langfristige Pläne zu entwickeln und durchzuführen.	1. Erreichen von kurzfristigen Erfolgen ohne Folgeplanung.
2. Ständiges Investieren in neue Technologien und in die Suche nach neuen Wegen.	2. Benutzen von alter Technologie auch über den Ablösezeitraum hinweg.
3. Investitionen in Mitarbeiter, Ausbildung und Training. Investitionen in Führungskräfte und Führungsverhalten.	3. Mitarbeiter einstellen und kündigen, wie es gerade paßt.
4. Mental offen sein für die Entwicklung neuer und besserer Produkte sowie des Services.	4. Vermeidung von Investitionen in neue Produkte, denn das kostet viel Geld und das Risiko ist hoch. Nur wenn sicher ist, daß der ROI kurzfristig eintritt und hoch ist, dann wird investiert.
5. Den Kundenservice optimieren.	5. Profitable Geschäfte mit jedem Kunden, schnell und mit geringem Servicegrad.
6. Kontinuität in der Geschäftspolitik mit fairen und stabilen Preisen zur Absicherung der Kundenloyalität.	6. Erhöhen und senken der Preise gemäß jeweiliger Marktsituation.
7. Akquirieren von Geschäftsbereichen, die das Unternehmen beherrscht und die langfristig in die Unternehmenskultur integriert werden können.	7. Diversifizierungen in Unternehmen, die hohen Gewinn versprechen, aber nicht zum ursprünglichen Geschäft gehören.
8. Motivieren der Mitarbeiter, um effizientere Arbeitsmethoden zu finden.	8. Kosten dramatisch zurückführen, ohne auf die langfristigen Konsequenzen zu achten.
9. Wert legen auf hundertprozentige Qualität bei der Lieferung.	9. Lieferung der Produkte schnellstens, auch wenn die Qualität nicht hundertprozentig ist.
10. Realisieren, daß die Mitarbeiter, die die Arbeit normalerweise machen, davon am meisten verstehen. Deswegen dort auch neue Ideen suchen.	10. Den Managern alle Entscheidungen überlassen, da diese sowieso alles besser wissen und da es dann auch schneller geht.

Tab. 2: Der Unterschied zwischen überlegtem Handeln und Aktionismus

Beurteilen Sie Ihre Mitarbeiter über einen längeren Zeitraum

Zusätzlich zu den jährlichen Beurteilungen sollten Fünfjahres-Beurteilungen kommen. Das ergibt einen besseren Überblick über die Gesamtentwicklung des Mitarbeiters. Bei besonderen langfristigen Leistungen sollten entsprechende Belohnungen vorgesehen sein.

Retardierende Boni und Tantiemen

Das Top-Management und leitende Angestellte sollten einen Teil ihres Bonus oder ihrer Tantieme erst nach einigen Jahren ausgezahlt bekommen oder wenn sie das Unternehmen verlassen. Die lange zurückgehaltenen Gehaltsbestandteile könnten besonders angelegt oder verzinst werden, um zusätzliche Anreize zu schaffen. Auf jeden Fall wird dadurch eine längerfristige Beachtung der Unternehmensentwicklung auch bei den Beteiligten erreicht.

Identifizieren Sie die wichtigsten Unternehmensfaktoren

Stellen Sie fest, welche Faktoren für den langfristigen Erfolg Ihres Unternehmens, Ihrer Abteilung, Ihrer Mitarbeiter von außergewöhnlicher Bedeutung sind und honorieren Sie jene Mitarbeiter, die besonders zu diesen Faktoren beitragen. Wenn die **Kundenbeziehungen** das Wichtigste sind, dann belohnen Sie die besten Ideen zum Halten oder zur Neugewinnung von Kunden. Wenn **Qualitätsverbesserungen** am wichtigsten sind, dann belohnen Sie die größten Verbesserungen des Qualitätsstandards. Wenn **Teamwork,** das qualifizierte Zusammenarbeiten, Ihnen als sehr wichtig erscheint, dann belohnen Sie die Mitarbeiter, die die konstruktive Zusammenarbeit forcieren und geschickt nutzen, zum Wohle des Unternehmens und der involvierten Mitarbeiter.

Sollten Sie für das Gedeihen des Unternehmens höhere Marktanteile und/oder einen besseren Deckungsbeitrag benötigen, dann belohnen Sie jene, die das in ihren Bereichen auch erreichen.

Auf jeden Fall sollten Sie die von Ihnen gewünschten Faktoren **rechtzeitig** Ihren Mitarbeitern mitteilen, damit diese Faktoren konzeptionell auch erarbeitet und verinnerlicht werden können.

Zeigen Sie Anerkennung

Geben Sie jenen Mitarbeitern, die intelligente, vorausschauende und langfristig richtige Entscheidungen treffen, Anerkennung und Belohnungen. Das wird die richtigen Zeichen setzen für die Mitarbeiter, die nur an kurzfristigen Erfolgen interessiert sind.

Planen Sie langfristig

Ihre Investitionen, Marketingausgaben und F+E-Budgets sollten Sie langfristig planen. Verändern Sie diese Pläne nicht kurzfristig, jeweils nach Änderung der Marktlage. Das heißt nicht, daß Sie nicht flexible Bestandteile in Ihre Budgets einplanen sollten, mit denen Sie bei spezifischem Handlungsbedarf markt- und kundenkonform reagieren können. Gemeint ist vielmehr, daß Sie Ihre Pläne in operative und strategische aufteilen sollten. Das gibt Ihnen mehr Handlungsfreiheit.

Erhöhen Sie die variablen Gehaltsbestandsteile

Sollten die Tarifverträge oder Betriebsvereinbarungen es erlauben, dann versuchen Sie, einen nicht unerheblichen Teil der Gesamtbezüge Ihrer Mitarbeiter an der Entwicklung Ihres Unternehmens teilhaben zu lassen. Diese Anreize könnten die Einstellung zum Unternehmen und die Produktivität enorm erhöhen, wie die Japaner es bewiesen haben.

Nach all dem, was dargelegt wurde, sollte man jedoch realistisch bleiben. Jeder Manager muß den schmalen Grat gehen, der zwischen dem Erreichen der operativen Pläne – der Jahresbudgets – liegt, damit das morgige, künftige Wachstum finanziert werden kann, und den langfristigen Plänen, die meist sofort keinen positiven Deckungsbeitrag abwerfen, aber für das zukünftige Bestehen des Unternehmens von höchster Bedeutung sind. Beides ist außerordentlich wichtig. Allerdings sind überlegte, solide Lösungen schwerer zu erreichen und müssen deshalb besonders unterstützt und anerkannt werden.

Langfristiger Erfolg im Beruf – und nicht nur dort – ist, wie wir aus Erfahrung wissen, auf viele Imponderabilien zurückzuführen, die wir nicht beeinflussen können, aber auch auf hartes, geduldiges und zielgerichtetes Arbeiten.

3.9 Ändern Sie kontraproduktive Arbeit in konstruktive Zusammenarbeit

Wo Eintracht ist, herrscht Einheit;
wo Einheit ist, herrscht Stärke,
und wo Stärke ist, ist die Macht,
alles möglich zu machen.

Hsün-Tzu

Während in den westlichen Unternehmenshierarchien der „angepaßte“ Individualismus vorherrscht, der durch Egoismus und Eigennutz geprägt ist, herrscht in Japan, bedingt durch den Einfluß des Konfuzianismus, eine Eintracht, die eine kollektive Stärke vor allem durch die konstruktive Zusammenarbeit aller beteiligten hierarchischen Unternehmensebenen hervorbringt.

Hier muß in den westlichen Unternehmen der „japanische" Ansatz näher analysiert und auf westliche Verhältnisse adaptiert werden, um der fernöstlichen ökonomischen Herausforderung Paroli bieten zu können. Deshalb gilt es abzuklären, wie das moderne Japan aussieht und welche Einsichten und Schlüsse wir daraus ziehen können.

Das moderne Japan ist auch heute noch eine gruppenorientierte Gesellschaft. Die Wünsche des Individuums werden den Forderungen der Gruppe untergeordnet. Die Idee individueller Rechte wird in Japan nicht ohne weiteres verstanden. „Harmonie" ist immer noch der Schlüssel zum „japanischen Weg".

Ein vorhandenes und von jung an gelerntes Hierarchiegefühl hält Individuen wirkungsvoll davon ab, sich selbst in den Vordergrund zu schieben und dadurch die Harmonie der Gruppe zu stören. Ausnahmen von dieser japanischen Regel gibt es natürlich. Schließlich gibt es auch in Japan den einen oder anderen Vorstand, der sich gern der Sonne der Publizität aussetzt. Beispielsweise gehören die Spitze des Sony-Konzerns und hier insbesondere ihr Mitbegründer *Akio Morita* dazu. Genau das ist aber ein Grund, warum von vielen Konkurrenten in Japan so manches unfreundliche Wort über die Sony-Spitze laut wird. Die bei weitem überwiegende Mehrzahl der japanischen Spitzenkräfte zählt dagegen zu jenen, die sich bewußt quasi hinter dem eigenen Unternehmen verstecken.[90] Heftige Konfrontationen werden eingeschränkt durch ein System der Etikette, das straffer ist als jedes in der heutigen westlichen Welt anzutreffende. Doch dieses System beruht fast ausschließlich auf offenliegenden menschlichen Beziehungen; wenn die Gruppe als Bezugspunkt fehlt, bricht es meist recht schnell zusammen.[91]

„Jeder Mensch hat einen eigenen Willen. Was bei den einen Zustimmung findet, stößt bei einem anderen auf Ablehnung. Wir vertreten in der Tat unterschiedliche Auffassungen. Möglicherweise bin ich kein Heiliger, vielleicht ist der andere kein Dummkopf. Wir sind alle gewöhnliche Menschen, und niemand vermag zu sagen, was absolut richtig ist. Jedermann sollte die Entscheidung der Mehrheit akzeptieren, selbst wenn er glaubt, man sei alleine im Recht",[92] steht im Artikel 10 der Verfassung, die *Prinz Shotoku Taishi* (574 bis 622) seinem Volke im Jahre 604 gab und die das Leitprinzip des Zusammenlebens im japanischen Gemeinwesen („wa“ = die Harmonie) darstellt. Deren erster Artikel lautete: „Die Harmonie ist hochzuschätzen, und der Verzicht auf Widerspruch ist ehrenwert. Alle Menschen haben ihre Eigeninteressen, und es gibt wenig Einsichtige. Deshalb gehorchen sie zuweilen nicht ihren Fürsten und Vätern und streiten sich mit ihren Nachbardörfern. Wenn aber die Oberen und die Unteren sich harmonisch und freundlich verhalten und Eintracht in ihren Gesprächen herrscht, dann setzt sich das den Dingen Angemessene von selbst durch. Was bliebe da noch, das nicht gelingen und vollbracht werden könnte?“ Auch weitere Artikel des Kodex von *Shotoku Taishi* haben für Japan programmatischen Charakter behalten, wenn sie sich auch in Anlehnung an die Regierungsform der chinesischen T'ang-Dynastie in erster Linie an die kaiserlichen Hofbeamten richteten, denen empfohlen wurde:

Artikel 4: Erkenne, daß Anstand die Grundlage von Recht und Ordnung ist.

Artikel 5: Nimm keine Bestechungsgelder.

Artikel 7: Stelle den richtigen Mann an den richtigen Platz.

Artikel 8: Komm so früh wie möglich ins Amt und bleibe über die normale Dienstzeit hinaus.

Artikel 11: Lebe nach dem Grundsatz: Arbeite, und du wirst dafür belohnt werden.

Artikel 13: Verrichte deinen Dienst ruhig, indem du die Amtsgeschäfte rasch erledigst.

Artikel 14: Sei nicht eifersüchtig auf das Glück deines Kollegen.

Die vorgenannten Grundsätze finden sich heute noch in ähnlicher Form in den Leitsätzen japanischer Firmen.

Das tief verankerte Streben der Japaner nach Erzeugung und Aufrechterhaltung von Harmonie und Frieden, das mit entsprechender Rücksichtnahme auf die Gruppe und den anderen praktisch alle Lebensbereiche durchdringt, ist von eminent praktischer Bedeutung auch im geschäftlichen Alltag. In der *Tokugawa*-Zeit (1615 bis 1867) lautete eine gebräuchliche Entscheidungsregel: „Wenn zwei sich streiten, werden sie beide bestraft“, während sich in den westlichen Ländern der Dritte zu freuen pflegt.[93]

Während die japanische gruppenorientierte Harmoniegesellschaft insgesamt Konflikte vermeidet, werden in der individualistischen westlichen Konfliktgesellschaft die eigenen Interessen mit vermeidbaren Streitigkeiten ausgetragen. Liegt in der Gruppenorientierung der Japaner ein weiterer Vorteil im Management? Überwiegen die Vorteile die Nachteile? Wie sieht es in Ihrem Unternehmen aus, arbeiten dort die Menschen konstruktiv zusammen? Oder so, wie nachstehend aufgeführt?

- Versucht jeder, nur seine Arbeit zu erledigen?
- Versucht jeder, sich geschickt in den Vordergrund zu spielen?
- Werden aufgrund von Karrieredenken persönliche Rivalitäten aufgebaut und „besonders gepflegt"?
- Wird auch in Gruppenarbeiten versucht, möglichst die eigene Meinung durchzusetzen?
- Wird viel Zeit verschwendet für politische Spielchen, destruktive Kritik und hinterhältige Machenschaften?
- Wird gegenseitiges Unterstützen bei gemeinsamen Projekten dem Eigennutz geopfert?
- Werden Fraktionen mit dem Denken: „Wir gegen die anderen" gebildet?
- Werden Vorschläge – auch gute – grundsätzlich abgelehnt, wenn sie nicht ins persönliche Konzept passen?

Sollten Sie zu den meisten Fragen genickt haben, dann befinden Sie sich in einem normalen deutschen Unternehmen. Aber, seien wir ehrlich, nicht nur dort gibt es diese Dilemmata, sie sind international. Sie besagen nichts anderes, als daß eine Person oder Interessengruppe auf Kosten der anderen für ihr Verhalten belohnt wird. Und ein Anerkennungs- und Belohnungssystem, das nur wenige Gewinner hervorbringt auf Kosten von vielen Verlierern kommt in gewaltige Schwierigkeiten.

Ein realistisches Beispiel mag das verdeutlichen: Der Produktionschef eines Unternehmens versuchte die Produktivität zu erhöhen, indem er die Tagschicht gegen die Nachtschicht zu einem Wettbewerb herausforderte und eine stattliche Belohnung aussetzte. Leider hatte der Plan einen entgegengesetzten Effekt. Jede Schicht versuchte, die andere Schicht zu sabotieren, durch Maschinenausfallzeiten, die in die jeweils andere Schicht fielen, dem Verstecken von notwendigen Werkzeugen und Ersatzteilen oder dem Reduzieren von Einsatzmaterialien unter den Mindestbestand gegen Ende der Schicht.

Daß es auch anders geht, zeigt die folgende, wirklich stattgefundene Episode: Einer der ersten Männer, der in der amerikanischen Industrie ein Jahresgehalt von über einer Million Dollar bekam (als es noch keine Einkommensteuer gab und ein Angestellter, der in der Woche fünfzig Dollar verdiente, als gutbezahlt galt), war *Charles Schwab*. Er war von „Stahlkönig" *Andrew Carnegie*, unter anderem wegen seiner Führungsqualitäten, 1921 zum Präsidenten der neugegründeten United States Steel Company ernannt worden. *Charles Schwab* hatte einen Walzwerkdirektor, dessen Mitarbeiter immer hinter der durchschnittlichen Produktion zurückblieben. Auf die Frage von *Schwab*, warum die Mitarbeiter nicht mehr aus dem Werk herausholten, konnte der Direktor keine plausible Erklärung abgeben. Er hatte bisher nahezu alles versucht, seine Mitarbeiter anzuspornen. Ohne Erfolg.

Dieses Gespräch fand abends, kurz vor Schichtwechsel statt. *Schwab* bat den Direktor um eine Kreide, dann wandte er sich an den nächststehenden Arbeiter und fragte: „Wie viele Durchläufe hat Ihre Schicht heute geschafft?" „Sechs!" Ohne ein Wort malte *Schwab* mit Kreide eine große „sechs" auf den Boden und ging. Als die Nachtschicht kam und die „sechs" auf dem Boden sahen, fragten sie, was es damit für eine Bewandtnis hätte. Die Arbeiter der Tagschicht erklärten dies. Am anderen Morgen ging *Schwab* abermals durch das Walzwerk. Die Nachtschicht hatte die „sechs" ausgewischt und durch eine große „sieben" ersetzt.

Die Tagschicht schaffte daraufhin sogar zehn Durchläufe. Die Produktion stieg sprunghaft in die Höhe, und nach kurzer Zeit leistete dieses Walzwerk mehr als jedes andere Werk der Gesellschaft. „Der beste Ansporn", sagte *Schwab*, „ist die Herausforderung zum Wettbewerb. Ich meine damit nicht den unlauteren, auf Profit bedachten Wettbewerb, sondern den Wunsch, die anderen zu übertreffen."[94]

Wettbewerbe, ja sogar Konflikte und Konfrontationen können in jeder Organisation eine große Rolle spielen und durchaus eine positive Stimulanz erzeugen, wenn sie richtig gesteuert und eingesetzt werden. Aber jede Organisation ist letztendlich auch ein Team, und der Erfolg dieses Teams und damit des Unternehmens hängt davon ab, wie die einzelnen Teammitglieder zusammenarbeiten, um das gemeinsame Ziel zu erreichen.

Unnötige Konflikte und falsch verstandener Wettbewerb untereinander können buchstäblich ganze funktionierende Organisationen zerstören. Jede Organisation kann einige wenige Störenfriede, die nicht notwendige Konflikte schüren, überleben. Sollten davon aber ganze Gruppen existieren, dann muß sich das Unternehmen fragen, ob es nicht durch sein Belohnungs- und Anerkennungssystem Konflikte und Konfrontationen fördert, anstelle sie zu eliminieren.

Ein gutes Beispiel ist der traditionelle Unterschied zwischen den Arbeitern und dem Management. „Ihr da oben – wir da unten", wie

Bernt Engelmann und *Günter Wallraff* es so treffend 1973 formuliert haben, ist noch heute gültig und wird von den Gewerkschaften auch entsprechend gepflegt. Denn nur wenn Disharmonien zwischen Management und Arbeiterschaft existieren, haben die Gewerkschaften gute Aussichten aufs Überleben. Daß Gewerkschaften auch im Sinne des Unternehmens agieren und konstruktiv zum Vorteil der Arbeitnehmer mit den Geschäftsführungen zusammenarbeiten können, zeigen die japanischen Betriebsgewerkschaften. Sie sind nicht ideologisiert und richten ihre Forderungen an der jeweiligen Situation ihres Unternehmens aus. Daß Arbeitskämpfe in Japan heute – früher sah es auch etwas anders aus – nicht nur sehr selten stattfinden, sondern vor allem auch sehr friedlich verlaufen, erklärt sich zum einen aus dem hohen Einkommens- und Sozialleistungsniveau, dessen sich die meisten Arbeitnehmer des Landes – nicht nur in den Großbetrieben – erfreuen. Zum anderen aber spielt unbestreitbar das japanische Harmoniedenken, das in der ersten Nachkriegszeit temporär ausgeschaltet schien, wieder eine ganz erhebliche Rolle. Jeder Unternehmer, jeder Arbeitnehmer und jeder Gewerkschaftsführer ist sich bewußt, daß es eben im Alltag meist nicht ohne Ausgleich abgehen kann.[95]

Die deutschen Gewerkschaften sahen das lange Zeit anders. Heute jedoch beginnt auch bei ihnen der Prozeß des Umdenkens. Die Rezession und die Strukturkrise, verbunden mit Entlassungen von Hunderttausenden von qualifizierten Arbeitern und Angestellten, Arbeitslosen, die verdeckt und unverdeckt nahezu sechs Millionen Menschen ausmachen, der teure Standort Deutschland und vor allem die fernöstliche Konkurrenz, allen voran Japan, haben den Stein ins Rollen gebracht.

Ein Unternehmensführer brachte es auf den Punkt: „Wenn es nicht schon die japanischen Wettbewerber geben würde, hätten wir sie erfinden müssen." In der Tat. Zwei der besten Lektionen, die man von Japan lernen kann, sind die richtige Teamarbeit, die gemeinsame konstruktive Zusammenarbeit, und der nationale Wettbewerb, um die Produktivität zu erhöhen.

Durch heftigen Wettbewerb auf dem lokalen Markt Japan werden die Unternehmen gezwungen, die besten Produkte zu entwickeln und wettbewerbsgerecht anzubieten. Nur wenn die Produkte auf dem heimischen Markt eine Chance haben, zu bestehen, werden sie für den Weltmarkt freigegeben. Trotz dieses Wettbewerbs kooperieren die Firmen untereinander und es gibt kaum Geheimnisse zwischen ihnen.[96]

Das gleiche gilt auch innerhalb der Unternehmen und der Arbeitsgruppen, wo Harmonie, Teamarbeit und Kooperation selbstverständlich sind. Eines ihrer geliebten Statements ist: **Keiner von uns ist allein so schlau wie wir alle zusammen.**

Zusammenarbeit entsteht allerdings nicht von selbst. Entscheidend ist, daß das Unternehmen die Basis dazu legt, die Organisation darauf ausrichtet und die Prioritäten setzt. Mit anderen Worten: Wenn das Unternehmen Individualisten – also Einzelkämpfer – möchte, dann muß es dieses Verhalten fördern und belohnen. Wenn es aber Mannschaftsspieler haben will, dann muß Teamarbeit gefördert werden.

Die Fähigkeit zur Kooperation und zur Arbeit im Team ist eine der Voraussetzungen, um Erfolge zu erzielen. Gerade die Einführung neuer Techniken bedarf der Unterstützung durch Gruppenarbeitsformen und verstärkte Kooperation, da die Vernetztheit der Organisationsteile und die Notwendigkeit zur betrieblichen Flexibilität ständig steigen. Daneben hat auch der vielzitierte Wertewandel den Wunsch nach mehr Mitwirkung, Mitbeteiligung und Identifikation mit der Arbeit verstärkt. In den vergangenen Jahren sind deshalb verschiedene Varianten eines globalen Teamkonzepts (Quality Circles, Lernstätten, teilautonome Arbeitsgruppen, Projekt-/Prozeßteams, virtuelle Profit Center) entstanden, die diese Erkenntnisse in die betriebliche Realität umsetzen.

Kooperation bedeutet Zusammenarbeit und damit eigentlich das Gegenteil von Konkurrenzverhalten. Teamarbeit setzt Kooperation zwischen den Teammitgliedern und Teamgeist voraus, der dauerhaft nur mit einem kooperativen Führungsstil erhalten werden kann. Wissenschaft und auch die betriebliche Praxis konnten längst zeigen, daß Teamarbeit überlegen ist bei der Lösung von komplexen und mehrdimensionalen Problemen, bei denen es auf Kreativität und den Ausgleich von Beurteilungsfehlern ankommt. Teamentscheidung fördert die Akzeptanz in den nachfolgenden Umsetzungsphasen. Außerdem führt die dadurch entstandene Motivierung zu höherer Identifikation mit der Aufgabe.

Die Dezentralisation von Entscheidungen, basierend auf einem partnerschaftlichen Führungsverständnis, schafft den Mitarbeitern eine motivierende und möglichst gerechte Arbeitswelt. Das geht jedoch nur, wenn die Führungskräfte durch Leistung und Persönlichkeit überzeugen. Sie werden nur dann von ihren Mitarbeitern akzeptiert, wenn sie ihnen in vielen Dingen nochmals ein Stückchen voraus sind. Partnerschaftliches, kooperatives Führungshandeln bedeutet die

Fähigkeit zur Kooperation und Koordination mit anderen, gleichzeitig aber auch den Willen und die Fähigkeit, Verantwortung für Teams und für Projekte zu übernehmen.[97]

Hier nun einige praktische Ideen zur Teambildung, die andere Unternehmen schon erfolgreich genutzt haben:

Bilden Sie eigenverantwortliche Arbeitsgruppen

Es hat sich immer wieder gezeigt, daß die Bildung von eigenverantwortlichen Arbeitsgruppen zu höherer Moral, Produktivität, Kreativität und besserer Teamarbeit geführt hat. Die Voraussetzungen dafür sind:

- Die Übertragung von Planungs-, Regulations-, Ausführungs- und Kontrollfunktionen. Die Gruppe besteht meistens aus drei bis zehn Mitgliedern, die ein komplettes (Teil-) Produkt herstellen. Dabei können die Aufgaben zwischen den Mitgliedern folgendermaßen definiert werden:
  - Aufgabenbereicherung (Job enrichment).
    Anreicherung des Arbeitsinhaltes mit Elementen, die der Initiative und dem Gestaltungsrahmen des einzelnen größere Möglichkeiten im Sinne der Selbstverwirklichung geben. Oder
  - Aufgabenerweiterung (Job enlargement).
    Ausdehnung des Arbeitsinhaltes durch qualitativ gleichwertige Arbeiten unter Wechsel der Beanspruchung. Grundsätzlich werden mehrere Arbeitselemente zu einer Aufgabe größeren Umfanges zusammengefaßt. Oder
  - Aufgabenwechsel (Job rotation).
    Tausch von Arbeitsaufgaben zwischen mehreren Mitarbeitern innerhalb einer Arbeitsgruppe in vorgeschriebener oder frei gewählter Zeit- und Reihenfolge. Der Wechsel zwischen den einzelnen Plätzen kann einmal oder mehrmals täglich oder im Abstand von mehreren Wochen erfolgen.[98]
- Problemlose Kommunikation und Interaktion im Arbeitsumfeld und innerhalb der Gruppe.
- Die erwähnten Möglichkeiten der Aufgabenerweiterung, -bereicherung und des -wechsels sollten so gestaltet sein, daß sie relativ unabhängig voneinander sind, so daß die Arbeit jedes einzelnen wie ein Mosaikstein zum Gesamten passen muß. Dadurch entsteht ein positiver Gruppendruck, denn nur gesamthaft kann die Gruppe erfolgreich sein.
- Jedes Team muß weiterhin folgende Möglichkeiten haben: seine Leistung selbst zu beurteilen; sich mit anderen Gruppen zu verglei-

chen; neue, eigene Ziele für die Produktivität, Qualität oder andere wünschenswerte Ergebnisse setzen zu können.

- Jedes Gruppenmitglied muß sich und die anderen Kollegen beurteilen.
- Jede Gruppe und jedes Gruppenmitglied muß die Möglichkeiten haben, Vereinfachungen oder Verbesserungen des hergestellten Produktes, des Produktablaufes oder sonstige Möglichkeiten sanktionslos vorschlagen oder ausprobieren zu können.

Die Mitglieder einer eigenverantwortlichen Arbeitsgruppe, die gemeinsam die Verantwortung für den gesamten Arbeitsprozeß tragen und nicht einfach nur für einzelne Arbeitsgänge zuständig sind, haben ein völlig anderes Berufsbild gewonnen im Vergleich zur althergebrachten Tätigkeit. Sie teilen sich nun mit den anderen Teammitgliedern die Verantwortung für den gesamten Arbeitsprozeß und sind nicht nur mit einem kleinen Arbeitsschritt betraut. Sie müssen in ihrer täglichen Arbeit nicht nur eine breitere Palette von Fähigkeiten einsetzen, sondern auch einen weitaus besseren Gesamtüberblick besitzen. Zwar werden nicht alle Teammitglieder genau die gleichen Aufgaben übernehmen, da es in einem Team durchaus Wissens- und Ausbildungsdivergenzen geben kann, doch die Grenzen zwischen ihren Zuständigkeiten verwischen sich. Jedes Teammitglied wird zumindest in groben Zügen mit allen Prozeßschritten vertraut sein und auch mehrere Arbeitsgänge durchführen. Zudem sind alle Aktivitäten der Teammitglieder von einem Verständnis des Gesamtprozesses geprägt.[99] Der Autozulieferer Ymos ist mit der radikalen Hinwendung zur Gruppenarbeit wieder in die Gewinnzone gelangt. „Ohne dieses Modell", so der Betriebsratsvorsitzende, „gäbe es an unserem deutschen Produktionsstandort keine Kunststoffteile-Fertigung mehr."[100]

Eliminieren Sie unangebrachten Wettbewerb

Wenn Sie feststellen, daß Personen oder Gruppen gegeneinander arbeiten, anstatt zusammenzuarbeiten, dann achten Sie auf die folgenden Punkte:

- Legen Sie ein gemeinsames Ziel fest, das nur bei enger Zusammenarbeit erreicht werden kann.
- Identifizieren Sie die Belohnungen oder Faktoren, warum gegeneinander gearbeitet wird. Dann entfernen Sie diese Handikaps.
- Schaffen Sie einen gemeinsamen „Feind" oder eine gemeinsame „Bedrohung", um alle auf ein Ziel einzuschwören.

- Stoppen Sie sofort die ganzen „politischen“ Spiele und hinterhältigen Machenschaften. Wenn Sie diese laufen lassen, sieht es so aus, als wenn sie akzeptiert werden würden. Außerdem kosten diese Spiele bis zu 80 Prozent der Arbeitsproduktivität bei Managern. Zeit und Kosten, die Ihnen fehlen, um wettbewerbsfähig zu bleiben. Bringen Sie die unterschiedlichen Personen oder Gruppen zusammen. Von Angesicht zu Angesicht! Dann gehen Sie direkt und ohne Rücksicht auf die kritischen Punkte ein – analytisch, logisch, knallhart, ohne irgendwelche Emotionen. Fragen Sie die Kontrahenten einzeln, ob ihr Verhalten irgendeinem oder der Firma hilft. Versuchen Sie, die verdeckten Diskrepanzen, Emotionen, Feindseligkeiten oder persönlichen Aversionen herauszubekommen.

Sie müssen sich darüber im klaren sein, daß es schwierig sein dürfte, bei taktisch und rhetorisch gut geschulten Mitarbeitern die Wahrheit herauszubekommen, warum nicht zusammengearbeitet wird. Diese würden nie zugeben, daß sie die Arbeit anderer boykottieren oder konterkarieren, um in der Hierarchie weiter aufzusteigen.

Hier müssen Ihr gesunder Menschenverstand und Ihr „Bauch“ Ihnen weiterhelfen. Sollten Sie diese Mitarbeiter eines Tages wirklich befördern, dann wird dieses Verhalten das Signal auch für andere bedeuten, diese „Spiele“ anzufangen. Reagieren Sie deshalb von vornherein richtig. Weisen Sie darauf hin, daß in Zukunft nur noch erfolgreiche Kooperationen belohnt werden.

Beugen Sie zukünftigen, nicht gewollten Konkurrenzkämpfen vor

„Wehret den Anfängen.“ Es ist immer besser, Fehlentwicklungen sofort im Keime zu ersticken. Denn sollten sie erst gewuchert haben, gibt es meistens keine hundertprozentige Lösung mehr. Hier sind nochmals einige Lösungen aufgezeigt:

- Belohnen Sie die Mitarbeiter oder Gruppen auf der Basis, was sie zu den Zielen und Ergebnissen der Gruppe oder der Gesamtorganisation beigetragen haben.
- Honorieren Sie die Mitarbeiter oder Gruppen für die Unterstützung, die sie sich gegenseitig gegeben haben.
- Stimulieren und unterstützen Sie häufige Interaktionen zwischen den Mitgliedern der unterschiedlichen Gruppen.
- Lassen Sie es nicht zu, daß Gruppen oder einzelne Mitglieder voneinander isoliert werden. Ganz im Gegenteil: Forcieren Sie die Kommunikation.
- Wenn es möglich ist, tauschen Sie die Mitglieder innerhalb der einzelnen Gruppen teilweise aus. Aber nicht, um unliebsame Mitglie-

der loszuwerden, sondern nur um die Gruppen besser miteinander zu vernetzen oder mit neuen Inputs zu befruchten.

- Vermeiden Sie auf jeden Fall, dort Wettbewerbe gegeneinander auszuschreiben, wo Kooperation ein neuralgischer Punkt ist.

Etablieren Sie Zusammenarbeit durch Motivation und Anerkennung

Für viele Menschen sind die stärksten Antriebsmomente die Herausforderung der Arbeit sowie die Möglichkeit, etwas zu erreichen und dabei mit Menschen zusammenzuarbeiten, die sie schätzen. Da es nicht immer sinnvoll erscheint, die Leistung des einzelnen zu messen, sollte zur Etablierung der Zusammenarbeit nur die Gruppenleistung gemessen und belohnt werden. Dieses Verfahren regt zu kooperativem Verhalten an, wie es *Ralph Waldo Emerson* formuliert hat: Nicht der einzelne, sondern die Mannschaft wird für zähes Rudern belohnt.

Die Installation eines Fließbandes bei der Firma German Super Traktoren hatte zunächst zu einer Verbesserung der Produktion geführt. Doch seit einigen Jahren wurden immer mehr Traktoren fehlerhaft montiert. Die Analysen zeigten, daß es die Arbeiter einfach langweilte, ständig die gleichen Handgriffe zu tun und keine Anerkennung und Befriedigung in der Arbeit zu finden.

Zunächst wurde versucht, die Situation dadurch in den Griff zu bekommen, daß die Anzahl der Kontrolleure erhöht wurde. Aber auch die Kontrolleure wurden der Eintönigkeit ihrer Arbeit überdrüssig und übersahen manchen Montagefehler. „Als wir den Sinn unserer Arbeit nicht mehr sahen, begannen wir über Motivation zu reden", so das Statement eines Beteiligten. Obwohl in dem Unternehmen die allgemeine Arbeitszufriedenheit stimmte, fehlte doch die leistungsbezogene Arbeitszufriedenheit, genauer die Arbeitsmotivation. Diese Arbeitsmotivation kommt durch die „Erfolgserlebnisse bei der Arbeit" zustande. Das heißt, **die Arbeitsmotivation ist in der Regel das Ergebnis erfolgreicher Arbeit oder der unmittelbaren Erwartung eines Erfolges.** Es ist also nicht umgekehrt, daß etwa aus Dankbarkeit aufgrund einer allgemeinen Zufriedenheit etwas Besonderes geleistet würde. Im Gegenteil, in dieser Beziehung ist die Undankbarkeit des Menschen grenzenlos. Alles was Gewohnheitsrecht geworden ist, hat keine motivierende Wirkung mehr.[101]

Aufgrund der Kenntnisse neuester Arbeitsstrukturierungsmodelle entwickelte ein Ingenieur des vorgenannten Unternehmens ein verbessertes Montageverfahren. Er teilte die Arbeiter in Gruppen ein, von denen jede für die Montage eines größeren Produktteils verantwortlich war. Jede Gruppe erhielt eine Prämie dafür, wenn im Laufe der Garantiezeit keine Beanstandungen an dem von ihr montierten Teil gemeldet wurden. Kooperatives Verhalten, gegenseitige Kontrolle, Anerkennung und Belohnung führten dazu, daß Fehler praktisch nicht mehr vorkamen. Die Arbeiter beteiligten sich kreativ an der Verbesserung der einzelnen Arbeitsabläufe und erzielten eindeutig bessere Ergebnisse.[102] Allein durch die

- Faszination der neuen Aufgaben,
- Freiheitsgrade im Sinne von Selbststeuerung und Verantwortung,
- Abwechslung im Sinne von Anregung, Belastungswechsel und Fähigkeiten, sowie Anerkennung für fehlerfreies Arbeiten in Verbindung mit Belohnungen wurden Teamgeist gezeigt und hervorragende Ergebnisse erzielt.

Bei dem bekannten Autozulieferer VDO im neuen Werk in Karben heißen die vorher erwähnten Fertigungsbereiche „Werklis“. In diesen „Werklis“ übernehmen die Mitarbeiter selbst die Verantwortung für Qualität, wirtschaftliche Produktion und pünktliche Lieferung.[103]

Reengineering

Obwohl bereits über eigenverantwortliche Arbeitsgruppen diskutiert wurde, soll hier der Vollständigkeithalber noch kurz auf das Reengineering eingegangen werden, das jedoch in vielen Unternehmen schon unter anderen Bezeichnungen etabliert ist.

Durch Reengineering eines Prozesses, eines Arbeitsablaufes, werden aus eng definierten, aufgabenorientierten Positionen multidimensionale Berufsbilder. Mitarbeiter, die sich früher lediglich an Anweisungen zu halten hatten, treffen nun eigene Entscheidungen. Fließbandarbeit wird abgeschafft. Fachabteilungen verlieren ihre Existenzberechtigung. Manager hören auf, wie Aufseher zu agieren, und verhalten sich mehr wie ein Coach. Als Reaktion auf neue Anreize finden ein Einstellungs- und ein Wertewandel bei den Mitarbeitern statt. Praktisch wird jeder Aspekt des Unternehmens analysiert und transformiert, oft so weit, daß er nicht mehr wiedererkannt wird.

Reengineering ist genaugenommen ein fundamentales Überdenken und ein radikales Redesign von Unternehmen oder wesentlichen Unternehmensprozessen. Reengineering im Unternehmen bedeutet letzten Endes, daß die Arbeitsprozesse, die *Adam Smith* und *Henry Ford* vor so vielen Jahren in winzige Einzelschritte aufgegliedert haben, wieder zu einem Ganzen zusammengefügt werden. Nach dieser Radikalkur erweisen sich Arbeitsgruppen, sogenannte Prozeßteams – Gruppen von Mitarbeitern, die zusammen einen vollständigen

Unternehmensprozeß durchführen – als die logische Organisationsform. Prozeßteams bestehen nicht unbedingt aus Vertretern aller beteiligten Fachabteilungen. Ein Prozeßteam kann eine Einheit sein, die sich auf ganz natürliche Weise aus der Durchführung eines kompletten Unternehmensprozesses ergibt.

Anders ausgedrückt: Es wird eine Gruppe von Mitarbeitern, die durch die Organisationsstruktur künstlich zerrissen wurde, wieder zusammengeführt. Reengineering führt auf diese Weise zu mehr Arbeitszufriedenheit, da die Beschäftigten ein stärkeres Gefühl der Vollständigkeit, Abgeschlossenheit sowie der erbrachten Leistungen entwickeln können.[104]

Seien Sie einfühlsam im Umgang mit Ihren Mitarbeitern

Wenn Sie Kooperationen und Vertrauen aufbauen wollen, dann sollten Sie Ihren Mitarbeitern Empathie, Einfühlungsvermögen, entgegenbringen können. Das behutsame Einfühlen in die Mitarbeiter und ihre Persönlichkeit machen Sie zu einem wirklichen Kommunikator und Motivator. Benutzen Sie in Ihren Reden, in Ihrer Kommunikation mit Ihren Mitarbeitern **fünfmal** häufiger die Worte „Sie“ oder „Wir“, als das simple, aber doch so gefährliche und egoistische Wort „Ich“. Mit „Wir“ oder „Sie“, öffnen Sie Herz und Verstand Ihrer Mitarbeiter. Andere wirklich verstehen und Ihre Botschaft eindrucksvoll ausdrücken, damit gewinnen und überzeugen Sie Menschen.[105]

Zeigen Sie, daß Sie die wichtigsten Worte unserer Sprache kennen:

- Die **sechs** wichtigsten Worte sind:
  „Ich gestehe, ich machte einen Fehler.“
- Die **fünf** wichtigsten Worte sind:
  „Sie haben hervorragende Arbeit geleistet.“
- Die **vier** wichtigsten Worte sind:
  „Wie ist Ihre Meinung?“
- Die **drei** wichtigsten Worte sind:
  „Laßt uns zusammenarbeiten.“
- Die **zwei** wichtigsten Worte sind:
  „Danke schön!“
- Das **wichtigste** Wort aber ist:
  „Wir!“

3.10 Ändern Sie Paralyse durch Analyse in entschlußfreudige Aktionen

Wer jede Entscheidung zu schwer nimmt, kommt zu keiner.

Harold Macmillian

Welcher erfahrene Manager kennt sie nicht, jene Kollegen und Mitarbeiter, die mehr taktieren, als daß sie zu Entscheidungen kommen. Ich erinnere mich noch sehr genau an zwei leitende Angestellte einer bekannten deutschen Aktiengesellschaft. Der eine war sehr agil, dynamisch und entscheidungsfreudig, doch dadurch auch öfters unbequem in der Bürokratie. Das erstaunliche – oder auch nicht – war, daß dieser Mitarbeiter trotz seiner nicht unerheblichen Erfolge beim Vorstand nicht gern gesehen war. Bekam er Sonderaufgaben gestellt, die bewußt komplizierter Natur waren, dann löste er diese schnellstens und ohne großes Aufsehen darüber zu machen. Er war auf seine Art und Weise brillant zu nennen, und seine Mitarbeiter standen voll hinter ihm. Er war ein hervorragender Fachmann und eine Führungspersönlichkeit. Er war nach *Eugen Roth* „ein Mensch". Sein Nachteil war, daß er nicht zur Unternehmenskultur des „ehrwürdigen", konservativen Hauses paßte.

Der andere, auch leitender Angestellter dieses Unternehmens, verhielt sich ganz anders. Er kam vor Jahren bereits aus einem ähnlich strukturierten Unternehmen und hatte im Laufe seiner Karriere gelernt, daß die größten Karriereschritte, Anerkennungen und Belohnungen nicht für das einfache Lösen von Problemen geboten werden, sondern für angepaßtes Verhalten dem Vorgesetzten gegenüber, was aber genau im Geiste der gelebten Unternehmenskultur war. Die Bearbeitung seiner Aufgaben löste er mit „Paralyse durch Analyse". Bekam er eine Sonderaufgabe gestellt, dann wurde erst einmal analysiert. Das bedeutete für ihn das Anlegen von Akten und Datensammlungen. Es folgten die Mitteilungen an eventuell beteiligte Abteilungen mit der Bitte um Unterstützung.

Da so das Projekt nicht vorankam, wurden externe Berater hinzugezogen und das Analysieren begann von neuem. Diesmal wurden jedoch zusätzlich Projektgruppen gebildet, die einzelne Teile des Problems zu analysieren hatten. Einmal im Monat trafen sich die Projektleiter, um gemeinsam den gegenwärtigen Stand des Projekts zu erörtern und festzulegen, wie es weitergehen soll. Um auch der Informationspflicht Genüge zu leisten, wurde der Vorgesetzte regelmäßig über den Fortgang des Projekts, möglichst in entspannter Atmosphäre außerhalb des Unternehmens, informiert.

Sie mögen erwidern, daß dies zu überzogen und pointiert dargestellt wurde. Ganz im Gegenteil. Warum handelte der zweitgenannte leitende Angestellte wie kurz skizziert? Stellen Sie einfach die Kernfrage: „Was wird belohnt, anerkannt und unterstützt?". In diesem konservativen Unternehmen wurde genau sein Verhalten belohnt, deswegen hatte er sich dem angepaßt. Beim Substituieren von dynamischen Aktionen gegen Paralyse durch Analyse erarbeitete er sich vier Vorteile. Erstens förderte das Unternehmen seinen Arbeitsstil, denn dies war ja genau der Stil des Unternehmens. Zweitens stand er im Mittelpunkt des allgemeinen Interesses, da er die Projektteams, die Gespräche mit den Vorgesetzten, den unterschiedlichen Abteilungen und den Meinungsbildnern des Hauses führte. Er war ein gern gesehener Gesprächspartner und man ließ sich auch gerne mit ihm sehen, da dies wiederum dem eigenen Image förderlich war. Der dritte und wahrscheinlich entscheidende Vorteil lag für ihn darin, daß er kein Risiko einging, denn er hatte zwar alles in die Wege geleitet, aber er mußte nichts entscheiden. Und viertens schließlich bestand ein weiterer Vorteil darin, daß das Unternehmen und sein Vorgesetzter ihn weiter fördern würden, da er in deren Sinne gehandelt hatte und dies auch weiterhin tun würde.

Diese vier scheinbaren Vorteile brechen dem Unternehmen langfristig das „Genick", da keine relevanten Entscheidungen schnell und effizient getroffen werden. In einem exzellenten Unternehmen hätte jedoch dieser Angestellte keine Chance, da er trotz – oder gerade – wegen seiner vordergründigen Aktivitäten nicht gelernt hat, substantielle Entscheidungen unter Risiko zu treffen. Früher oder später wird ihm seine Paralyse durch Analyse auch das „Genick" brechen und die Karriere beenden. Hinzuzufügen ist noch, daß der erste leitende Angestellte normalerweise zwei Alternativen hätte, nämlich erstens, sich dem Unternehmen anzupassen und das gleiche Spiel zu spielen wie sein Kollege, oder zweitens, das Unternehmen zu verlassen und dorthin zu gehen, wo seine Fähigkeiten entsprechend gewürdigt werden.

Die Realität hat jedoch den ersten Angestellten überholt. Er wurde freigestellt mit der Begründung, „daß wohl beide – er und das Unternehmen – nicht zusammenpassen würden". Dabei war er einer der fähigsten Mitarbeiter im Unternehmen. Trotz Rezession hatte er von allen Kollegen die besten Ergebnisse vorzuweisen und war als einziger im Plan geblieben.

Wie sieht das in Ihrem Unternehmen aus?

Wer oder was wird dort belohnt?

In zu vielen großen Unternehmen wird konstatiert, daß unternehmerische Talente fehlen, es dafür aber jede Menge an durchschnittlich begabten Bürokraten gibt. Diese werden wiederum gemanagt von den Aufsteigern aus den eigenen Reihen, die genau wissen, wie lange Meetings gehalten werden, wie man Consultants einspannt, wie Berichte geschrieben werden müssen, wie man Sachverhalte und Zahlen im ureigensten Sinne analysiert und interpretiert oder wie Tonnen von Papier gewälzt werden. Aber sie können sich nicht entscheiden, welche Aktionen gewählt werden müssen, um diese dann erfolgreich und vorbehaltlos in die Praxis umzusetzen.

Um keine Mißverständnisse aufkommen zu lassen, sei hier nochmals klar und deutlich erwähnt, daß Planungen, Voraussicht, Analysen, Strategien und Aktionen wichtig sind für die Existenz eines jeden Unternehmens. Sie müssen deshalb integraler Bestandteil jeder Unternehmensstrategie sein. Aber sie müssen auch im Markt durchgesetzt werden. Leere Worthülsen reichen nicht aus.

Manche haben durch das ganze Taktieren vergessen, daß es noch etwas sehr Wichtiges gibt, nämlich, daß es **der Zweck eines jeden Unternehmens ist, positive Resultate zu erzielen.** Das kann man jedoch nur mit entscheidungsfreudigen Managern, die mit Mut ihre Überzeugungen durchsetzen.

Konträr zu dem vorher Genannten, erwidern Spitzenmanager, wenn sie gefragt werden, was man machen muß, um an die Spitze eines Unternehmens zu kommen: **Entscheiden Sie, was Sie machen wollen und machen Sie es sofort!**

Die praktische Erfahrung aus den Unternehmen lehrt uns leider etwas anderes. In jeder Organisation und Unternehmung gibt es viele Mitarbeiter, die analysieren, verbalisieren und sich opportunistisch verhalten, aber nur wenige, die entscheidungsfreudig sind und Risiken übernehmen. Viele Menschen besitzen einfach nicht das Durchsetzungsvermögen und die Selbstsicherheit, ihre Karriere aufs Spiel zu setzen, wenn es darum geht, wichtige Entscheidungen zu treffen. Grundsätzlich würde das bedeuten, daß aktionsorientierte, entscheidungsfreudige und risikobereite Manager an die Spitze der Unternehmen kommen, sollten sie auch noch erfolgreich sein. Leider ist es nicht so. Neben dem soeben Gesagten spielen noch viele andere Faktoren und Imponderabilien bei der Entscheidungsfindung mit hinein, wer letztendlich ganz nach oben kommt.

Professionelle, intelligente und selbstsichere Manager in hervorragenden Unternehmen unterstützen Innovationen und Wachstum, indem sie den dynamisch agierenden Mitarbeitern den Freiraum geben, den diese brauchen, um entscheiden, handeln und erfolgreich sein zu können. Sie verschwenden keine Zeit mit überflüssigen Meetings und Analysen, sondern sie entscheiden schnell und rational, manchmal jedoch auch aus dem „Bauch" heraus. Im wesentlichen sagen sie ihren Mitarbeitern: „Entscheiden Sie sich und machen Sie es dann auch! Sollte es nicht so laufen, wie geplant, dann korrigieren Sie es. Oder Sie entscheiden sich, es dann anders zu machen. Auf jeden Fall handeln Sie! Sie werden nicht dafür zur Rechenschaft gezogen, daß eine Entscheidung sich nicht so entwickelt hat wie geplant, sondern, wenn Sie keine Entscheidung treffen."

Trotz all dieser Voraussetzungen haben viele Manager, und nicht nur sie, schlaflose Nächte, wenn es darum geht, wichtige Entscheidungen zu fällen. Die folgenden Ideen mögen helfen, etwas von dem Entscheidungsdruck zu nehmen:

Lassen Sie Entscheidungen zur Gewohnheit werden

Am Anfang werden sicherlich ein paar Fehlentscheidungen dabei sein, aber wie bei vielen anderen Dingen wird alles besser mit mehr Übung und Erfahrung. Erfahrungen werden Ihr Urteilsvermögen so verbessern, daß Sie eines Tages fast nur noch richtige Entscheidungen treffen. Und es ist bei weitem besser, in 51 Prozent der Fälle richtig zu liegen, als überhaupt keine Entscheidung zu treffen.

Tolerieren Sie keine Rückdelegation von Entscheidungen

Wie oft haben Sie es schon erlebt, daß Sie jemandem ein Problem zur Lösung übergaben, um es dann eines Tages wieder auf Ihrem Schreibtisch vorzufinden. Ungelöst! Akzeptieren Sie ein solches Verhalten nicht, sondern, wenn Sie unterstützen wollen, dann offerieren Sie Lösungsvorschläge. Zum Beispiel durch das Niederschreiben von so vielen Lösungsansätzen wie angedacht oder möglich. Dann werden die Lösungsansätze in eine Rangordnung gebracht und es wird entschieden, welcher Ansatz durchgeführt wird.

Auf diesem Wege werden sowohl die Kreativität in der Lösungssuche geschult als auch die Entscheidungsfindung. Außerdem brauchen Sie das Problem nicht mehr selbst zu lösen und das spart teure Arbeitszeit.

Schreiben Sie die Entscheidung, die Sie treffen müssen, einfach und klar auf und setzen Sie sich einen Termin

Werfen Sie alles Überflüssige über Bord. Schreiben Sie nur das Kernproblem auf. Nehmen Sie sich Zeit, um das Problem zu analysieren und wenn nötig um Informationen zu beschaffen. Spätestens zum gesetzten Endtermin entscheiden Sie sich. Der Termin wird Sie davor bewahren, in die Falle der Überanalyse, Unentschlossenheit und der Verschiebung zu tappen.

Besorgen Sie sich die besten verfügbaren Informationen

Wenn Sie auf die richtige Menge oder die perfekte Information warten, dann werden Sie nie fertig werden. Der ehemalige amerikanische Präsident *Harry Truman* faßte das Problem so zusammen, daß er Entscheidungen nach dem Erhalt der besten vorhandenen Informationen treffe und anschließend seinen Kritikern wünsche, sie mögen zur Hölle fahren.

Suchen Sie so viele Alternativen wie möglich

Wenn Sie je auf einer Universität waren, eventuell sogar Betriebswirtschaft studiert haben, vergessen Sie, was Sie dort über das Finden von optimalen Lösungen gelernt haben. Das war und ist meistens reine Theorie. Das hat mit der Praxis fast nichts gemeinsam. Oder wissen Sie, wann Sie die optimale Lösung eines praktischen Problems gefunden haben? Wenn ja, herzlichen Glückwunsch! Es gibt natürlich auch hier Ausnahmen, nämlich dort, wo mathematische Lösungsmodelle durchaus die optimale Lösung finden, wie z. B. bei der optimalen Losgrößenbestimmung.

Wenn es Ihnen jedoch so wie mir geht, dann versuchen Sie, so viele Alternativen wie möglich zu finden. Bewerten Sie diese Alternativen auf einer Punkteskala von eins bis zehn.

Vergegenwärtigen Sie sich weiterhin, daß es in der realen Welt oft mehrere Lösungen gibt, die gleichrangig und gleichwertig nebeneinander stehen können. Sie müssen dann wissen, ob Sie diese alle verwenden – falls das überhaupt möglich ist – oder sich für eine Lösung entscheiden.

Benutzen Sie die Bilanz-Methode

Nehmen Sie die Alternativen, die Sie interessieren und schreiben Sie alle Vorteile auf die linke Seite eines Blatt Papiers und alle Nachteile auf die rechte Seite. Vergleichen Sie dann die jeweiligen Vor- und Nachteile miteinander. Und entscheiden Sie sich! *Benjamin Franklin* hat diese Idee bereits vor über zweihundert Jahren propagiert, und sie ist immer noch ein wertvoller Ratschlag.

Handeln Sie

Als dynamischer, agiler und professioneller Manager sollten Sie den folgenden Ratschlag bei Ihren Entscheidungen nie außer acht lassen:

Etwas zu sehen, ist eine Sache.
Zu sehen was man sieht, ist eine andere Sache.
Zu verstehen was man sieht, ist eine dritte Sache.
Zu lernen von dem, was man versteht, ist noch etwas anderes.
Aber zu handeln, nach dem was man gelernt hat, ist alles,
was wirklich zählt.

Sicherlich werden Sie sich jetzt fragen, wie Sie die zehn wichtigsten Strategeme und Verhaltensweisen belohnen könnten. Es gibt viele unterschiedliche Wege, gute Arbeit zu belohnen. Wir benutzen zehn Motivationsfaktoren dazu. Sie sind das Thema des Teils 4.

Initiieren, motivieren, unterstützen und belohnen Sie:	**Anstelle von:**
1. Einfache Strukturen	1. Komplizierten Sachverhalten
2. Qualitätsarbeit	2. Schneller und fehlerhafter Arbeit
3. Überlegtes, effektives Verhalten	3. Lamentieren und Ineffizienz
4. Intelligente Arbeit	4. Scheinarbeit
5. Angewandte Kreativität	5. Geistloser Konformität
6. Risikofreudigkeit	6. Risikofeindlichkeit
7. Loyalität	7. Illoyalität
8. Überlegtes Handeln	8. Aktionismus
9. Konstruktive Zusammenarbeit	9. Kontraproduktiver Arbeit
10. Entschlußfreudige Aktionen	10. Paralyse durch Analyse

Tab. 3: Die zehn Erfolgs-Strategeme

Teil 4: Zehn Motivationsfaktoren

Wenn man die Mitarbeiter am Profit teilhaben läßt,
sind sie motivierter, gute Arbeit zu leisten.

Lee Iacocca

Ausgehend von einer vielschichtigen Befürfnisstruktur des Menschen versuchte in den fünfziger Jahren der amerikanische Psychologe *Abraham Harold Maslow* eine „positive Theorie" als Erklärung menschlicher Motivation zu finden. Sie sollte auch auf die Frage nach der Arbeitsmotivation, also auf die Frage nach dem Arbeitsantrieb eine Erklärung geben. Wichtigster Bestandteil dieser Motivationstheorie ist die These von der **hierarchischen Reihenfolge:** Die Menschen streben zunächst nach der Erfüllung von Bedürfnissen der untersten Stufen, bevor Bedürfnisse höherer Stufen voll bewußt werden. Abbildung 6 zeigt diese Reihenfolge. *Maslow* unterscheidet dabei fünf Arten von Grundbedürfnissen:

1. **Physiologische Bedürfnisse:** Sicherung von Nahrung und körperlicher Unversehrtheit.
2. **Sicherheitsbedürfnisse:** Wunsch nach sozialer und persönlicher Sicherheit und Beständigkeit, nach einem sicheren Arbeitsplatz, Freiheit von Furcht und Chaos.
3. **Zugehörigkeitsbedürfnisse:** Wunsch nach sozialer Anerkennung und sozialem Kontakt.
4. **Achtungsbedürfnisse:** Bedürfnisse nach Stärke, Geschicklichkeit und Kompetenz, nach Prestige, Status, Ansehen, Einfluß und Beachtung.
5. **Wunsch nach Selbstverwirklichung:** Entfaltung individueller Fähigkeiten und Funktionsmöglichkeiten.

Die Vorstellung vom hierarchischen Auftreten bedeutet aber nicht, daß diese Bedürfnisse unterer Stufen völlig befriedigt sein müssen, ehe neue Wünsche auftreten können. *Maslow* geht vielmehr davon aus, daß, je länger und je regelmäßiger Bedürfnisse etwa der unteren Ebenen befriedigt werden, zunehmend Bedürfnisse höherer Ebenen an Bedeutung zulegen.

Abb. 6: Die Bedürfnispyramide nach *Maslow*

Die Bedürfnishierarchie nach *Maslow* hat der amerikanische Betriebspsychologe *Douglas McGregor* später auf die Arbeitsmotivation des Menschen angewandt und eine sogenannte **XY-Theorie** entwickelt. Danach besagt die **X-Theorie,** daß die Aufgabe des Managements darin besteht, das Personal zu steuern, zu motivieren, zu kontrollieren und sein Verhalten im Sinne der Unternehmensziele zu beeinflussen. Ohne diese Aktivität des Managements sind die Arbeiter eher passiv. Es muß daher gelobt, belohnt, bestraft, kontrolliert und das Verhalten insgesamt gesteuert werden.

Die **Y-Theorie** besagt dagegen, daß jeder Mensch den Willen hat, sich selbst und seine Fähigkeiten zu verwirklichen. Die in der Theorie X beobachteten Trägheiten und Unzuverlässigkeiten der Mitarbeiter sind nichts weiter als Auswirkungen einer traditionellen Unternehmensführung. Das Management hat deshalb die Aufgabe, den Mitarbeitern neue Möglichkeiten aufzuzeigen, wie sie ihre eigenen Ziele am besten erreichen und diese dann mit den Zielen des Unternehmens vereinen.

McGregor schlägt dazu vor:

- Dezentralisierung und Delegation von Verantwortung im Arbeitsbereich.

- Partizipation an Entscheidungen der nächsthöheren Ebene für den eigenen Arbeitsbereich.
- Aufgabenerweiterung.
- Beteiligung der Arbeitenden an der Kontrolle und Beurteilung der eigenen Arbeit.

Da die Hierarchietheorien *Maslows* und *McGregors* empirisch noch nicht bewiesen werden konnten, stützt sich die heutige Motivationsforschung – wenn auch mit Einschränkungen – mehr auf die durch empirische Untersuchungen abgesicherten Ergebnisse des amerikanischen Psychologen *Frederick Herzberg*, dessen These lautet: Arbeitszufriedenheit wird dauerhaft **nur** durch den Arbeitsinhalt gesichert.

Nach *Herzberg* besitzt der Mensch ein zweidimensionales Bedürfnissystem, das aus **Vermeidungsbedürfnissen,** „der Mühsal des Lebens zu entgehen", und **Entfaltungsbedürfnissen,** den sogenannten Zufriedenmachern oder den eigentlichen „Motivatoren", besteht: zum Beispiel die Herausforderung durch die Arbeit, Verantwortungsvermehrung, Erfolgserlebnisse, Anerkennung, Belohnung. In der sogenannten Pittsburgh-Studie hatte *Herzberg* 1959 sechzehn auslösende Faktoren für das Entstehen von Arbeitszufriedenheit ermittelt. Er unterteilte sie nach **Zufriedenmachern** (Motivatoren) und **Unzufriedenmachern** (Hygienefaktoren) und nach deren Kurz- und Langzeitwirkung auf den Menschen:

Motivatoren	Zwischenkategorien	Hygienefaktoren
1. Leistungserfolg (Selbstbestätigung)	6. Entwicklungsmöglichkeiten	10. Beziehung zu Vorgesetzten
2. Anerkennung	7. Bezahlung	11. Beziehung zu Kollegen
3. Aufgabe	8. Beziehung zu Untergebenen	12. Führungstechnik
4. Verantwortung	9. Status	13. Organisation, Management
5. Beförderung		14. Arbeitsbedingungen
		15. Privatleben
		16. Arbeitsplatzsicherheit

Tab. 4: 16 Faktoren für das Entstehen von Arbeitszufriedenheit

Die Motivatoren sollen nach *Herzberg* die Arbeitszufriedenheit langfristig positiv beeinflussen. Aus den Hygienefaktoren schloß *Herzberg*, daß es möglich ist, gleichzeitig nicht unzufrieden und nicht zufrieden zu sein, bzw. unzufrieden mit den Hygienefaktoren und zufrieden mit den Motivatoren zu sein. Die Zwischenkategorien können sowohl „Zufriedenmacher" als auch „Unzufriedenmacher" enthalten. Besonders die *Herzbergschen* Motivatoren sollten heute in den Konzepten zur Arbeitsstrukturierung berücksichtigt werden, um zur Steigerung der Entfaltungserlebnisse bei der Arbeit und damit zur Arbeitszufriedenheit beizutragen. Dabei gilt jedoch im Sinne *Herzbergs* die Voraussetzung, daß die Hygienefaktoren positiv besetzt sind.[106]

Wie festgestellt wurde, ist die erste Dimension der Bedürfnisbefriedigung determiniert durch die menschlichen Primärbedürfnisse nach **Geborgenheit.** Hierbei spielt der zivilisatorische Besitzstand, wie er durch die Hygienefaktoren verkörpert wird, eine große Rolle. Jedoch erwachsen hieraus nicht notwendigerweise langfristige Leistungsantriebe.

Die zweite Dimension der Bedürfnisbefriedigung betrifft den **Leistungserfolg.** Dieser wird in erster Linie durch Motivatoren angeregt. In dieser Dimension der Arbeitszufriedenheit wirken Hygienefaktoren – wenn sie nicht in der üblichen und erwarteten Form geboten werden – als Demotivatoren. Beide Gruppen menschlicher Primärbedürfnisse, nämlich **Geborgenheit** wie **Leistungserfolg** – im Sinne der Selbstbestätigung und Selbstfindung –, sollten in den Unternehmen ausgewogen befriedigt werden. Es mag einmal interessant sein, das Vorgenannte daraufhin zu überprüfen, in welchem Ausmaß es den verschiedenen Dimensionen der Arbeitszufriedenheit und damit den menschlichen Primärbedürfnissen gerecht wird. Um solche Überlegungen vorzubereiten, wird zunächst eine Reihe von zusammengehörigen antagonistischen Begriffspaaren, die die genannten Dualismen charakterisieren, einander gegenübergestellt. Abbildung 7 (S. 146) verdeutlicht diesen Zusammenhang.

Die aufgeführten Gruppen von Begriffspaaren lassen einen vertikalen Zusammenhang erkennen, den man als eine psychologische Kette von Analogien auffassen kann. Das heißt, die einzelnen Begriffe stehen in einer vertikalen Beziehung zueinander und kennzeichnen zwei unterschiedliche Bedürfnisstrukturen, aber auch geistige Haltungen, die beispielsweise von dem Streben nach Geborgenheit beziehungsweise nach Leistungserfolg ausgehen und zu Haltungen wie Immobilität oder Mobilität führen. Werden verschiedene Wirtschafts- oder Gesellschaftssysteme miteinander verglichen, dann erkennt man, daß oft das Bestreben besteht, beiden Bedürfnisgruppen zu genügen, daß die Gewichtung aber auch sehr unterschiedlich verschoben sein kann.

Geborgenheit	⇔	Leistungserfolg
⇓		⇓
Entlastung	⇔	Entfaltung
⇓		⇓
Sicherheit	⇔	Risiko
⇓		⇓
Gleichheit	⇔	Freiheit
⇓		⇓
Immobilität	⇔	Mobilität
⇓		⇓
Abhängigkeit	⇔	Selbständigkeit
⇓	Weiterentwickeln	⇓
⇒	nach	⇐
	Bedürfnislage	

Abb. 7: Antagonistische (horizontale) und analoge (vertikale) psychologische Zusammenhänge

In der japanischen Wirtschaft besteht – wie bereits mehrfach erwähnt – ein sehr hoher Grad an Geborgenheit durch die praktisch immer noch überwiegende lebenslange Anstellung der Mitarbeiter in den Firmen, was jedoch Nachteile der Immobilität mit sich bringen kann. Allerdings ist gerade in Japan auch das Leistungsstreben sehr stark ausgeprägt, so daß insofern ein ausgewogenes Gesamtsystem der Bedürfnisbefriedigung entsteht.

In den USA dagegen ist das ganze System sehr stark auf Leistungserfolg, Risiko und Freiheit aufgebaut, was eine sehr große Bereitschaft der Arbeitsbevölkerung zur geistigen und auch ortsbezogenen Mobilität erfordert. Dafür ist in den USA das Netz der sozialen Sicherungen, das zur Geborgenheit beiträgt, sicher noch stark ausbaufähig.

In Deutschland besitzen wir eine relative Ausgeglichenheit zwischen den Bedürfnissen nach Geborgenheit und Leistungserfolg, die aber regional durchaus unterschiedlich ausgeprägt sein kann. Für manche Beobachter der letzten Krisenjahre wurde deutlich, daß es wünschenswert wäre, das Netz der sozialen Sicherheiten nicht noch enger zu knüpfen, dafür aber die Mobilität und die Bereitschaft zum Risiko zu verstärken, um den Schwierigkeiten des Strukturwandels besser gewachsen zu sein beziehungsweise diesen schneller umzusetzen.[107]

Hier im Teil 4 geht es um die **Wirkung** der Motivationsfaktoren. Für dieses Vorhaben war es nötig, einen kurzen Überblick zu schaffen über Motivationstheorien, aber es ist völlig unnötig, sich im vorhandenen Dickicht pseudorationaler Motivationstheorien zu verirren. Sie kommen und gehen – sind so vergänglich wie nahezu jede Modellbildung im Management.

Calzaferri hat das verwirrend-erheiternd so ausgedrückt: „Wir arbeiten in Strukturen von gestern mit Methoden von heute an Problemen von morgen vorwiegend mit Menschen, die in den Kulturen von vorgestern die Strukturen von gestern gebaut haben und das Übermorgen innerhalb der Unternehmung nicht mehr erleben werden."

Ob man zwischen „Motivatoren" und „Hygienefaktoren" mühsam differenziert, ob man die Angemessenheit von Theorie „X" oder Theorie „Y" von *McGregor* wiederzubeleben sucht, das scheint mir, was die Logik der Motivationsfaktoren angeht, einigermaßen unbedeutend, obwohl das Wissen darüber sicherlich nicht hinderlich ist. Auch die nach *Maslow* benannte Pyramide wird trotz empirischer Unbewiesenheit auch heute noch von Unternehmensberatern weltweit als Schlüssel zu Mitarbeitermotivierung zelebriert, weil sie so „schön plausibel" und der Hierarchiepyramide der Organisation so ähnlich ist. *Sprenger* behauptet, daß die unendlichen Variationen der Motivierungslehre, die alle nichts Neues bringen, durch ein hohes Maß an Beliebigkeit und Willkür gekennzeichnet sind. Nach ihm ist ihr wissenschaftliches Ansehen außerordentlich dürftig. Und sie „funktionieren" alle nicht, weil zum einen die Übertragbarkeit derartiger Modelle auf die Arbeitswelt organisatorische Bedingungen voraussetzt, die ähnlich utopisch und rational sind wie etwa *Max Webers* Modell der idealen Bürokratie. Zum anderen aber deshalb, weil sie im Mitarbeiter nicht einen gleichberechtigten Partner der Führungskraft sehen. Deshalb, müssen wir uns noch lange mit *Maslow* und den Folgen aufhalten.[108]

Um sowohl den Strukturwandel in den Unternehmen voranzubringen, als auch die Motivationsfaktoren gezielt zur Erreichung der Unternehmensziele einzusetzen, bedarf es zusätzlich der **positiven Ver-**

stärkung. Für *B. F. Skinner* besteht die positive Verstärkung in der **Belohnung** für gute Leistungen. *Skinner* und andere weisen auf die Asymmetrie zwischen positiver und negativer Verstärkung (Androhung von Strafen) hin. Dabei bewirkt eine negative Verstärkung eine Verhaltensänderung, die sehr oft in unberechenbare und unerwünschte Richtungen geht. Eine positive Verstärkung (Belohnung) führt dagegen ebenfalls zu einer Verhaltensänderung, dafür aber gewöhnlich in die gewünschte Richtung. Positive Verstärkung wirkt nicht nur prägend auf das Verhalten, sondern vermittelt auch Erkenntnisse und stärkt das Selbstgefühl. Bei der positiven Verstärkung kommt es laut *Skinner* mehr auf das „Wie" als auf das „Wieviel" an.

- Das „Wie" der Belohnung sollte **spezifisch** sein, also tätigkeitsbezogen.
- Die Verstärkung (Belohnung) sollte **unverzüglich** erfolgen.
- Die Belohnungen sollten **erreichbar** sein.
- Das Top-Management sollte **involviert** sein.
- Belohnungen, Anerkennungen und dergleichen sollten nicht inflationieren. Besser wäre die **unvorhersehbare** Verstärkung in **unregelmäßigen** Abständen.

Thomas Watson sr. (IBM) soll es sich zur Gewohnheit gemacht haben, auf der Stelle einen Scheck auszuschreiben, wenn er bei seinem typischen „Wander"-Management auf besondere Leistungen stieß. Dieses System berücksichtigt auch kleine Erfolge bei entsprechend geringen Belohnungen, denn diese sind oft wirkungsvoller als große Belohnungen. Hohe Belohnungen werden häufig zum Politikum und demotivieren Legionen von Beschäftigten, die leer ausgehen, aber meinen, sie hätten die Belohnung auch verdient. Schließlich halten wir uns alle für Erfolgsmenschen. Berücksichtigen Sie aber auf jeden Fall, daß Belohnungen, Anerkennungen, Honorierungen und dergleichen an Wirkung verlieren können, wenn sich die Mitarbeiter darauf einzustellen beginnen oder diese gar als selbstverständlich betrachten.

Die positive Verstärkung ist natürlich nicht allein die Grundlage einer exzellenten Unternehmensführung, obwohl *Skinners* Arbeiten und Erkenntnisse wichtig sind und in der Praxis leider nur äußerst unzureichend genutzt werden. Im größeren Rahmen gesehen, entspringen Höchstleistungen jedoch auch der **inneren Motivation.** Auf den ersten Blick mag diese Selbstmotivation den Thesen der Verstärkungstheorie widersprechen. Doch beide Elemente greifen gut ineinander. Sie haben praktisch einen synergetischen Katalysatoreffekt.

In vielen Unternehmen stoßen sowohl die positive Verstärkung als auch die Stimulierung der inneren Motivation auf wenig Gegenliebe. Erst recht bei den konservativen Managern. Exzellente Unternehmen hingegen haben es sich zur Aufgabe gemacht, den Eigenwert von Aufgabeninhalten in eine innere Motivation der Mitarbeiter umzusetzen und sie zusätzlich entsprechend zu belohnen. Praktisch alle erfolgreichen Unternehmen bekennen sich zu einer kleinen, aber feinen Zahl von Grundwerten, und sie lassen ihren Mitarbeitern in diesem Rahmen viel Freiraum für Eigeninitiative – für eigene Wege, die Aufgabe und das Ergebnis zum persönlichen Anliegen zu machen.[109]

Nach den bisherigen mehr oder weniger theoretischen Erörterungen gehen wir jetzt dazu über, das bisher Angesprochene als die eigentlichen Management-Motivationsfaktoren zu formulieren.

Für deren erfolgreiche Umsetzung müssen grundsätzlich die richtigen Antworten zu den vier entscheidenden Fragen gefunden werden:

- Welches Mitarbeiterverhalten erwartet das Unternehmen?
- Welches Verhalten sollte gefördert werden?
- Wie und/oder woran wird es erkannt?
- Wie sollte es richtig unterstützt, anerkannt, honoriert oder belohnt werden?

Zehn Motivationsfaktoren, um gute Arbeit und die zehn wichtigsten Verhaltensweisen zu belohnen, werden im folgenden erörtert.

4.1 Anerkennung

Ford're kein lautes Anerkennen!
Könne 'was, und man wird Dich kennen.

Paul Heyse

Daß der Mensch nicht vom Brot allein lebt, ist bekannt. Vor allem auf Anerkennung kann kein Mensch verzichten, wenn er nicht unsicher, verbittert und unglücklich werden will. Selten können wir davon genug bekommen, und nicht wenige Menschen sind gleichsam „wandelnde Anerkennungsdefizite". Auch Manager brauchen offensichtlich „Streicheleinheiten", und einer formulierte es so: „Wenn ich mir überlege, warum ich morgens aufstehe oder warum ich freiwillig Überstunden mache, dann eigentlich nicht nur, um mir Geld damit zu verdienen, sondern weil ich hoffe, daß meine Arbeit und mein Einsatz anerkannt wird und jemand sagt: ‚Das haben Sie hervorragend gemacht.'"

Während Geld ein starkes Incentive ist, kann **ideelle Anerkennung** noch stärker und mächtiger sein, weswegen sie hier auch an allererster Stelle genannt wird. Sie kostet meistens sehr wenig, manchmal überhaupt nichts, und doch reagiert jeder sehr positiv auf Anerkennung. Es ist schon erstaunlich, wie engagiert Menschen arbeiten – ob hauptamtlich oder ehrenamtlich – wenn sie das Gefühl haben, es ist wichtig, was sie machen und es wird angemessen beachtet und anerkannt.

Belohnen Sie oder Ihr Unternehmen mit Anerkennung? Gehört dieses wirkungsvolle Motivationsinstrument zu ihrer Unternehmenskultur? Firmen wie IBM, Procter & Gamble und Johnson & Johnson haben den positiven Einfluß einer aktiven Gestaltung der Unternehmenskultur auf die Motivierung ihrer Mitarbeiter schon früh erkannt. Der weltweite Erfolg dieser und ähnlicher Firmen scheint die Theorie einer Verbindung von gelebter Unternehmenskultur und gesichertem Erfolg zu bestätigen. Nicht zuletzt deshalb haben sich auch viele deutsche Organisationen daran orientiert und versuchen, über das Instrument der Unternehmenskultur Mitarbeiter enger an das Unternehmen zu binden und die Identifikation und die Motivation zu intensivieren.

Obwohl Amerikaner eher als Deutsche dazu neigen, den Arbeitsplatz zu wechseln, ist bei ihnen dennoch eine sehr große Bereitschaft anzutreffen, sich mit dem arbeitgebenden Unternehmen zu identifizieren. Diese allgemein anzutreffende hohe Identifikation erleichtert es den Managern, durch gezielte Maßnahmen ein „Wir-Gefühl" zu erzeugen bzw. zu fördern. Den Mitarbeitern wird damit der Eindruck vermittelt, daß sie nicht nur ein Rädchen im Getriebe sind, sondern daß ihre Leistung zur Erreichung des Unternehmensziels geschätzt wird und sie somit ein wesentlicher Teil des Ganzen sind. Weit verbreitete Ehrungen, wie z.B. zum „Employee of the Month", sind ein weiterer Indikator dieser Politik der aktiven Förderung dieses Gedankens.[110]

Seien Sie ebenfalls kreativ und Sie werden viele Ideen finden, wie Sie Ihre Mitarbeiter mit Anerkennung belohnen können. Viele Ideen sind gratis und erfolgreich getestet in anderen Unternehmen. Wenn Sie diese nutzen können und wissen, daß Ihre Mitarbeiter diese Ideen schätzen, dann setzen Sie sie um. Wichtig ist, daß Ihre Mitarbeiter das echte Gefühl haben, daß Sie es mit der Anerkennung ehrlich meinen. Sehr oft wird nur noch aus Gewohnheit heraus jemand anerkannt, wie es zum Beispiel in Hotels oft zu finden ist: der Manager des Monats, das Dienstmädchen der Woche und so weiter. Damit erzielen Sie dann kaum noch eine Motivation.

Wichtig ist außerdem, daß die Anerkennung möglichst meßbar ist und jeder eine faire Chance besitzt, diese Anerkennung zu erhalten. Hier nun einige, sicherlich schon bekannte Beispiele, die aber dort, wo sie **noch nicht** eingeführt wurden, immer noch von Interesse sein mögen:

- Urkunden, Zertifikate, Pokale oder ähnliches für die Erreichung von bestimmten Zielen,
- Urlaubsreisen zu kulturellen, exotischen oder romantischen Zielen,
- Erwähnung mit Foto wegen der Leistung in der Firmenzeitung,
- Beförderung durch Änderung des Titels,
- Einladung zum Abendessen mit dem Vorstand bzw. der Geschäftsführung,
- „Angestellter des Monats", für den höchsten Umsatz, den besten Deckungsbeitrag, die höchste Produktivität, den besten Kundenservice, die Null-Fehler-Qualität usw.,
- öffentliche Erwähnung und persönliche Vorstellung während des Jahresmeetings, eines Kongresses oder Banketts bzw. in der Betriebsversammlung,
- Statussymbole wie Unternehmenskrawatten, Krawattennadeln, Uhren mit Widmung, Manschettenknöpfe, größere Büros, größeres Firmenauto, Firmenparkplatz usw.,
- für Verkäufer Beitritt zum 100-Prozent-Club, wenn das Budget erreicht oder übererfüllt wurde.

Der Kreativität sind keine Grenzen gesetzt, von finanziellen vielleicht einmal abgesehen. Wie hieß es früher – oder vielleicht auch heute noch – bei den ehrwürdigen Hamburger Kaufleuten, den Im- und Exporteuren? „Wenn er gut arbeitet, machen wir ihn zum Prokuristen. Dann sparen wir auf jeden Fall die Gehaltserhöhung." So fand man sehr oft bei den kleinen Im- und Exporteuren mehr Prokuristen als Mitarbeiter.

Bei der großen IBM sieht alles ganz anders aus. *Buck Rodgers* erzählt, wie es ist[111]: Genauso wie ein Unternehmen nicht nach Exzellenz streben kann, ohne sich selbst unter Druck zu setzen, so kann man auch nicht erwarten, daß seine Mitarbeiter sich selbst motivieren, neue Ideen bringen oder loyal zum Unternehmen sind, wenn dieses vom Unternehmen nicht selbst auch anerkannt und geschätzt wird. IBM verlangt viel von seinen Mitarbeitern und weiß deshalb, daß es von den Mitarbeitern sehr geschätzt wird, wenn das Unternehmen Anerkennung öffentlich kundtut, für diejenigen, die exzellent gearbeitet haben. Es gibt viele Möglichkeiten der Würdigung, von „der Nacht in der Stadt" bis hin zu mehreren tausend Dollars.

Jedesmal, wenn ein IBM-Verkäufer sein jährliches Budget erzielt, wird er Mitglied des „100-Prozent-Clubs“. Es ist also nicht nötig, daß er mit seinen Ergebnissen prahlt. Die Mitgliedschaft im Club wird im ganzen Unternehmen publiziert. Es gibt keinen Zweifel daran, daß das erste Ziel von neu eingestellten Verkäufern der „100-Prozent-Club“ ist. Erfahrungen zeigen, daß Verkäufer, die es in den ersten drei Jahren nicht geschafft haben, es auch im vierten Jahr nicht schaffen.

Die obersten 10 Prozent der erfolgreichen Verkäufer werden im „Goldenen Kreis“ aufgenommen. Ihre Ergebnisse werden weltweit publiziert. Die Belohnung und öffentliche Anerkennung der Mitarbeiter, die hervorragende Arbeit geleistet haben, sind nicht nur eine Motivation für sie selbst, auch weiterhin „oben“ dazugehören zu wollen, sondern auch eine starke Herausforderung für andere.

Ein Unternehmen kann niemals genug tun, um seine besten Mitarbeiter zu halten. Organisationen, die alles für selbstverständlich halten – das Engagement und die Loyalität der Mitarbeiter – haben diese nicht verdient.

Wie es **nicht** sein darf, erzählt *Thomas J. Watson jr.*, der Sohn des legendären IBM Chefs, *J. Watson sr.*, der 1956 als Nachfolger seines Vaters CEO (Chief Executive Officer) bei der IBM wurde: „Am ersten Arbeitstag des Jahres 1940 wurde ich der Topverkäufer des Unternehmens, als die U.S. Steel Products – die als Kunde in meine Region eingeschoben wurden, damit ich gut aussah – einen großen Auftrag plazierte. Mit nur einem Tag „Arbeit“, hatte ich das Budget für das ganze Jahr erreicht. Es gab Riesenüberschriften über dieses Ereignis in der Firmenzeitung: *Thomas J. Watson jr.,* der erste Mann im „100-Prozent-Club“ von 1940. Ich fühlte mich erniedrigt. Jeder wußte, daß ich der Sohn des Alten war, und daß ich sonst niemals soviel verkauft hätte, in so kurzer Zeit.“[112]

4.2 Finanzielle Incentives

Bargeld ist Aladins Wunderlampe

Lord Byron

Anerkennung und finanzielle Zuwendungen, einfacher auch Geldgeschenke genannt, gehen meist Hand in Hand. In unserer heutigen Welt ist Geld nahezu alles. Mit Geld kann fast alles gekauft werden. Quer durch die Jahrhunderte, von *Goethe:* „Nach dem Golde drängt, am Golde hängt doch alles!“ bis zu „Money makes the world go round", belegen unzählige Zitate, daß der Motivationsfaktor „Geld" über alle Generationen hinweg in aller Munde gewesen ist, und, bei aller Kritik, auch sicherlich bleiben wird. Geld bedeutet Macht, Prestige, Sicherheit und Erfolg, manchmal sogar höhere Lebenserwartung. Es gibt aber auch viele Autoren, die argumentieren, daß Geld ein weit überschätztes Incentive ist.[113]

Das liest sich dann so:

- Zu viele Manager glauben an die Kraft des Geldes allein.
- Geld ändert nicht die Einstellung, die unser Verhalten beeinflußt.
- Geld stimuliert nur für kurze Zeit, dann wird es zur Gewohnheit.

Aber so können diese Argumente selbstverständlich nicht stehen bleiben, wenn wir finanzielle Incentives als Motivationsfaktoren für ein erfolgsorientiertes Management einsetzen möchten. Das Problem der obigen Argumentationen ist, daß das Gehalt, die Bezahlung und die Incentives nicht sinnvoll verbunden sind mit den gezeigten Leistungen.

Wenn Löhne, Gehälter und finanzielle Incentives ein Anreiz zur Leistungssteigerung sein sollen, dann kommt es entscheidend darauf an, daß die Mitarbeiter sie auch an die erbrachten Leistungen gebunden betrachten müssen. Das Top-Management hat einen entscheidenden Einfluß darauf, ob Entlohnungen und Incentives auch attraktiv erscheinen. Durch ein nachvollziehbares System, bei dem sich die Kompensation nach der definierten und erbrachten Leistung richtet, kann ein wirksamer Anreiz geschaffen werden. Weiterhin sollten Sie finanzielle Belohnungen nur individuell verteilen, das kann eine Einzelperson, aber auch eine Gruppe sein. Unterscheiden Sie dabei erkennbar zwischen sehr guten, guten und schlechten Leistungen. Stellen Sie sicher, daß zu den Leistungen, die erbracht wurden oder erbracht werden müssen, grundsätzlich die Qualität gehört. Jede Gruppe oder Person muß verantwortlich sein für die Qualität der erstellten Leistungen. Jeder Fehler muß korrigiert werden von der Gruppe oder dem Verursacher. Fehler, die vom Kunden oder der Qualitätskontrolle entdeckt werden, reduzieren den Bonus.

Die Gesamtaussage dürfte jedoch klar sein: Ist die Bezahlung angemessen und sind die Incentives interessant, dann erhalten Sie auch die gewünschten Leistungen und erfolgreiche Mitarbeiter. Zahlen Sie schlecht, dann bekommen Sie langfristig noch weniger zurück. Das ist wie ein Bumerang. Leider haben viele Unternehmen diese Lektion bis heute noch nicht gelernt. Zahlen Sie gut und erzielen Sie schlechte Ergebnisse, dann stimmt Ihr Belohnungs- und Sanktionssystem nicht.

4.3 Die Beförderung

Es ist nutzlos zu versuchen, Menschen zu helfen, die sich nicht selbst helfen. Man kann nur jemanden eine Leiter hinaufstoßen, wenn er bereit ist, selbst zu klettern.

Andrew Carnegie

In unseren heutigen Hierarchien wird eine Beförderung selten rückgängig gemacht, eher wird der Mitarbeiter freigesetzt. Damit die Beförderung wirklich eine Belohnung ist und wird, ist es ratsam, sich ein möglichst genaues Bild von dem Kandidaten zu machen. Die hervorragenden Leistungen auf dem zur Zeit ausgeübten Job dürfen allein keine Veranlassung sein, den Mitarbeiter zu befördern. Ist man jedoch nach eingehender Prüfung zu der Erkenntnis gelangt, eine Beförderung auszusprechen, dann sollte dies im gegebenem Rahmen auch erfolgen.

Wie oft erlebt man, daß Mitarbeiter mit Potential das Unternehmen verlassen, da sie entweder nicht richtig eingeschätzt und daher nicht befördert wurden oder die Aufstiegswege blockiert waren. Unternehmen verlieren sehr oft deshalb die besten Mitarbeiter an Firmen, die die besseren Aufstiegsmöglichkeiten bieten oder das Potential des Mitarbeiters richtig einzuschätzen wissen. Nicht selten haben sich Unternehmen schon gewundert, was aus ihren ehemaligen Mitarbeitern geworden ist, die sie so kläglich unterschätzt haben. Um diese Fehler zu vermeiden, gehört neben der kontinuierlichen Entwicklung der Mitarbeiter auch die rechtzeitige Planung von Karrieremöglichkeiten und Aufstiegschancen.

Bei hervorragenden Leistungen muß sichergestellt sein, daß der nächste Karriereschritt möglich ist. Sollte es tatsächlich mal einen Engpaß geben, dann muß der Mitarbeiter durch eine spezielle Projektarbeit mit hohem Image- und Statustransfer belohnt werden. Außerdem wären Aufstiegschancen in verbundenen Unternehmen und bei Tochtergesellschaften möglich, die es dem Mitarbeiter ermöglichen, zusätzliche wertvolle Erfahrungen zu gewinnen. Schlecht ist es, wenn der unmittelbare Vorgesetzte den hervorragenden Mitarbeiter nicht weiterentwickelt oder -empfiehlt, da er ihn als potentiellen Konkurrenten empfindet. Dies ist wohl in vielen Unternehmen der Fall, obwohl die Personalabteilungen diese Problematik gerne herunterspielen. Hier muß nach entsprechenden Wegen gesucht werden, damit ein engstirniger Vorgesetzter den potentiellen Nachwuchs nicht zur Konkurrenz „verjagt". Nur fähige Manager werden den Fortbestand des Unternehmens sichern!

In Unternehmen, in denen Vertreter verschiedener Berufe tätig sind, ist es sinnvoll, auch verschiedene „Karriereleitern" zu etablieren, die eine Beförderung innerhalb einer bestimmten Berufskategorie ermöglichen. Für Spezialisten wie Wissenschaftler, Informatiker oder Ingenieure, die nicht direkt ins Management aufsteigen, ist es wichtig, eine separate Karriereleiter zu haben, deren Stufen komplett mit Titeln, Bezahlung, Incentives und den anderen Dingen, die zu den Statussymbolen gehören, ausgerüstet sind. Gewöhnlich fehlt es in unseren Organisationen jedoch an der notwendigen Flexibilität, ohne die ein wirksames Belohnungssystem nicht funktionieren kann.

Belohnungen und Beförderungen haben einen stärkeren Anreiz, wenn sie in Reichweite liegen. Sie müssen als Lohn für eine sachgerechte und kompetente Leistung verstanden und innerhalb einer vernünftigen Zeitspanne vorgenommen werden.

In der Praxis ist es leider meistens nur ein Zufall, wenn eine Beförderung zeitlich richtig durchgeführt und damit den Forderungen gerecht wird. Deshalb planen Sie und Ihr Unternehmen die Beförderungen rechtzeitig und signalisieren Sie Ihre Entscheidung frühzeitig auch an die vorgesehenen Mitarbeiter. Dann wird es sich langfristig auszahlen.

4.4 Persönliche Herausforderungen

Zu erkennen, wann es eine Gelegenheit zu ergreifen gilt,
ist das wichtigste im Leben;
aber fast ebenso wichtig ist es,
zu wissen, wann man auf einen Vorteil besser verzichtet.

Benjamin Disraeli

Viele fähige Mitarbeiter fühlen sich durch Vorschriften und bürokratische Einschränkungen frustriert. Diese Art der Frustration läßt sich vielfach durch das Gefühl der Befriedigung ersetzen, das kompetente Mitarbeiter empfinden, wenn man sie ermächtigt, selbständig zu arbeiten oder ihre Abteilungen nach ihren eigenen Gesichtspunkten zu leiten. Dazu gehört die Freiheit, eigene Initiativen und Ideen zu entwickeln und umzusetzen, wobei es klare, ehrgeizige Zielvorstellungen seitens der Geschäftsleitung gibt. Diese persönliche Herausforderung kann das Bedürfnis befriedigen, die eigenen Fähigkeiten zu entfalten und sich geachtet und geschätzt zu fühlen, wenn sich der Erfolg einstellt. Sollte er ausbleiben, dann ist zumindest die Schuldzuweisung relativ einfach und eventuell auch die Bekämpfung der

Ursachen. Wichtig ist, die talentierten und ehrgeizigen Mitarbeiter durch diese Form der Arbeit zu erhalten und sie doch gleichzeitig herauszufordern, ambitionierte Ziele mit neuen Arbeitsmethoden, Arbeitstheorien und Arbeitsanwendungen anzugehen. Durch die Herausforderungen wächst der Mitarbeiter auch in andere Dimensionen hinein und kann später zu noch anspruchsvolleren Aufgaben herangezogen werden.

Während Beförderungen für Manager wichtig sind, bieten persönliche Herausforderungen eine fruchtbare Antriebsquelle für Wissenschaftler und Techniker. Persönliche Herausforderungen können hauptsächlich auf zwei Wegen belohnend wirken: Erstens geben Sie Ihren Mitarbeitern damit neue Aufgaben, die es ihnen ermöglichen, ihre Kreativität einzusetzen. Damit erhalten sie die Chance, sich selbst zu prüfen, zu fordern, mit der Aufgabe zu wachsen und festzustellen, wo die natürlichen persönlichen Grenzen liegen. Zweitens belohnen Sie Ihre Leistungsträger mit Ausbildungsmöglichkeiten, zum Beispiel in Management-Kursen, die über das jetzige Wissen Ihres Mitarbeiters hinausgehen und bei Bestehen oder erfolgreicher Teilnahme als persönliches Erfolgserlebnis gesehen und erlebt werden. Es bieten sich vor allem Kurse im internationalen Umfeld an, wo der Gedankenaustausch mit anderen Nationalitäten und deren Arbeitsstrukturen den eigenen Horizont vergrößert. Um das alles zu erreichen, müssen Sie nur sicherstellen, daß die Voraussetzungen im Unternehmen geschaffen werden, damit das Umfeld für die persönlichen Herausforderungen stimmt.

4.5 Freude an der Arbeit

> Wirkliche Freude erwächst nicht aus Behagen oder Reichtümern
> oder dem Lob der Menschen,
> sondern daraus, daß man etwas Lohnendes tut.
>
> *William Grenfell*

Wenn man sich in den Büros umschaut, so kann man schnell entdekken, wer Freude an der Arbeit hat oder wer zur Arbeit kommt, nur weil er damit seinen Lebensunterhalt verdient, das Auto oder die Eigentumswohnung beziehungsweise das Haus abbezahlen muß. Diese zuletzt genannten Mitarbeiter werden immer nur die Mitläufer sein. *Robert Frost* hat es so treffend formuliert: Zum Dienst gepreßt bedeutet, in eine fremde Form gepreßt.

Diese Mitarbeiter könnten an anderer Stelle sicherlich mehr leisten als dort, wo sie gerade eingesetzt werden. Wichtig für ein jedes Unternehmen ist es deshalb, möglichst nur wenige dieser Mitarbeiter zu beschäftigen, da sie die Arbeitsmoral, die Produktivität und das Arbeitsklima in der Firma negativ beeinflussen können.

Aber es gibt auch andere Mitarbeiter, die sogar ins Unternehmen kommen, wenn sie krank sind. Warum? Nicht auf Druck des Unternehmens, das Kranke nicht oder kaum dulden mag, sondern aus Interesse an der Herausforderung oder aus Freude an der Arbeit. Zwei Beispiele, zwei unterschiedliche Konklusionen? Soll Freude an der Arbeit auch Belohnung sein, dann müssen dafür allerdings die Voraussetzungen geschaffen werden.

Als erstes muß das Unternehmen die Basis dafür schaffen, daß Arbeit auch Freude bereiten kann, und zwar durch

- die Arbeitsbedingungen,
- das Arbeitsumfeld,
- die Arbeitskonditionen.

Zweitens muß der Vorgesetzte die vorgenannten Grundlagen mit Fingerspitzengefühl in eine interessante Erlebniswelt umsetzen, und drittens sollte die Freude an der Arbeit durch geschickte Incentives gezielt aufgebaut werden. Jeder Vorgesetze sollte im Vorfeld herauszufinden versuchen, wie die Freude an der Arbeit hergestellt werden kann, denn das könnte theoretisch und praktisch für jeden einzelnen etwas anderes bedeuten. Praktisch muß der Vorgesetzte sehen, daß er den kleinsten gemeinsamen Nenner findet und diesen so umsetzt, daß jeder das Gefühl hat, sein „Wunsch" sei irgendwie berücksichtigt worden. Belohnungen am Arbeitsplatz könnten sein:

- Gemeinsame Feiern beim Erreichen des Budgets,
- Besondere Jubiläumsfeiern,
- Gemeinsame Essen mit dem Vorstand bzw. der Geschäftsleitung,
- Besuche von Konzerten und Veranstaltungen,
- Gemeinsame Sportaktivitäten,
- Verbesserte Büroausstattung wie z. B. neue PC's mit CD-ROM.

Letztendlich ist es unwesentlich, welche Aktivitäten dazu beitragen, das Arbeitsklima zu verbessern und mehr Freude an der Arbeit zu verspüren, wenn ein wichtiger Grundsatz eingehalten wird, nämlich, **daß alle Mitarbeiter sich als Gewinner fühlen!**

Schaffen Sie Erfolgserlebnisse! Stellen Sie sicher, daß jeder Mitarbeiter wichtige, aber auch erreichbare Ziele gesetzt erhält und sich als akzeptiertes Mitglied eines erfolgreichen Teams fühlt.

Wenn Sie die oben genannten Voraussetzungen schaffen – selbst wenn Sie sich persönlich nicht davon angesprochen fühlen würden – und Ihre Mitarbeiter mit Begeisterung und Freude an die Arbeit gehen, dann haben Sie Ihr Ziel erreicht. Es kommt darauf an, daß Ihre Mitarbeiter sich wohl fühlen und dadurch die Produktivität gesteigert wird, und nicht, ob die Incentives Ihren Vorstellungen entsprechen oder nicht.

4.6 Zusätzliche Freizeit

Das Vergnügen kommt erst dann,
wenn alle Pflichten getan sind.

R. Pollok

Daß die Freizeit eine immer größere Rolle spielt, ist inzwischen hinreichend bekannt. Sehr oft wird auch von der sogenannten Freizeitgesellschaft oder dem deutschen Freizeitpark gesprochen. Für die Deutschen bedeutet dies sechs Wochen Urlaub und teilweise sogar die 35-Stunden-Woche oder noch weniger. Der Anreiz, mehr Freizeit als Belohnung zu geben, ist deswegen unterschiedlich stark ausgeprägt, sowohl bei den Arbeitgebern als auch bei den Empfängern, den Arbeitnehmern. Das hängt sehr stark von den individuellen Umständen ab und sollte daher sehr genau eruiert werden. In Ländern, wo der Jahresurlaub noch zirka zehn Tage beträgt, wie zum Beispiel in den USA, kann zusätzliche Freizeit als Belohnung sehr geschickt eingesetzt werden. In Japan dagegen, wo der Urlaubsanspruch ähnlich lang ist wie in Deutschland, würde zusätzliche Freizeit nicht als Belohnung, sondern eher als Bestrafung betrachtet werden. Denn dort wird selbst der Tarifurlaub nur zu einem geringen Teil ausgenutzt.

Aus den Beispielen erkennt man, daß gemäß der jeweiligen Präferenzen zusätzliche Freizeit an die Mitarbeiter und Unternehmen wie auch an die regionalen Gegebenheiten angepaßt werden sollte. Inzwischen gibt es auch Entwicklungen, daß Mitarbeiter die Chance haben, nach Hause zu gehen, falls sie eine Mindeststundenzahl in der Firma verbracht und ihre Tätigkeit für den betreffenden Tag beendet haben, oder wenn beispielweise eine Projektarbeit schneller fertig wurde als erwartet. Sind die Resultate ausgezeichnet, dann kann freigenommen werden.

Bedingt durch den gesetzlichen Urlaubsanspruch und die geringe Wochenarbeitszeit kann zusätzliche Freizeit in Deutschland voraussichtlich nur bei jüngeren oder älteren Mitarbeitern Motivation schaffen, bzw. bei den Mitarbeitern, die über ausgeprägte, zeitintensive Hobbys verfügen. Weitere Möglichkeiten wären Regenerations- oder Bildungsurlaube, sogenannte Sabbaticals. Mitarbeiter, die sich gerne weiterbilden möchten, hätten dann die Möglichkeit, diese Gelegenheit zu nutzen. Die Harvard-Business-School bietet aus diesen Gründen zum Beispiel dreimonatige Managementkurse an. Der Vorteil liegt auf der Hand – sowohl für den Mitarbeiter als auch für das Unternehmen.

4.7 Unternehmensbeteiligung

> Ziele sind Träume, die wir in Pläne umsetzen;
> dann schreiten wir zur Tat, um sie zu erfüllen.
>
> *Zig Ziglar*

An sich ist die Idee praktisch und einfach zugleich: Mitarbeiter, die Eigentümer werden, verhalten sich wie Eigentümer. Jene Mitarbeiter, die einen Teil des Unternehmens besitzen, werden alles daransetzen, daß das Unternehmen erfolgreich ist und alles vermeiden, was dem Unternehmen schaden könnte. Diese Einsicht ist nicht neu und hat dazu geführt, daß einige Unternehmen Belegschaftsaktien ausgegeben haben quasi als Bonus zum Ende eines erfolgreichen Jahres. In Amerika hat diese Art der Beteiligung am Unternehmen im Management schon eine lange Tradition. Einige sind durch steigende Kurswerte sehr reich dabei geworden. Dies wird vor allem auch bei CEOs (Chief Executive Officers) praktiziert. Bei Antritt ihrer Arbeit erhalten sie ein Aktienpaket (z. T. vorgezogener Bonus, zum größten Teil aber als Motivator).

In Deutschland hat sich diese Idee jedoch nicht so stark durchsetzen können wie in den USA. Dabei muß hinzugefügt werden, daß die Deutschen sowieso kein Volk von Aktieninhabern sind und daher dieser Idee eher skeptisch gegenüber stehen. In Amerika fand man heraus, daß dort, wo die Mitarbeiter Anteile am Unternehmen besaßen, der durchschnittliche Gewinn größer war als bei den Konkurrenzunternehmen ohne Mitarbeiterbeteiligung. In Deutschland wurde außerdem festgestellt, daß die Mitarbeiter in den Unternehmen mit Belegschaftsaktien nicht so häufig das Unternehmen wechselten wie im Durchschnitt der Industrie.

Ein erfolgreiches Mitarbeiter-Unternehmensbeteiligungsmodell hängt sehr stark von den folgenden Richtlinien ab:

- Je höher der Anteil der Mitarbeitereigentümer ist, um so mehr Einfluß müssen sie auf die Gestaltung ihrer Arbeit haben und auf das Unternehmen.
- Die historisch bedingten angespannten Beziehungen zwischen Belegschaft und Management müssen einer fruchtbaren Kooperation weichen. Jeder muß lernen, sich im Interesse einer langfristigen Unternehmensentwicklung anzupassen.
- Die Unternehmensbeteiligung sollte in stimmberechtigten Aktien bestehen, sonst sind die Mitarbeiter keine echten Miteigentümer.
- Das Unternehmen muß wettbewerbsfähige Produkte herstellen. Es nutzt wenig, ein Mitarbeiter-Unternehmensbeteiligungsprogramm für schrumpfende oder stagnierende Industrien zu entwickeln.
- Mitarbeitereigentümer müssen genau wissen, was es bedeutet, Eigentümer zu sein. Dazu gehören auf jeden Fall einige Basisvoraussetzungen und Verpflichtungen wie: das Geld im Unternehmen belassen; Investitionen und Innovationen forcieren; langfristiges Denken; Geduld, harte Arbeit und das Quentchen Glück, das jeder Unternehmer braucht.

Es sollte eines auf jeden Fall nochmals klargestellt werden: Die Mitarbeiter zu beteiligen, ist kein Allheilmittel für schlechtes Management oder schlechte Führung. Wenn die Beteiligung jedoch gut durchdacht ist und konzeptionell richtig durchgeführt wird, dann kann sie die Arbeitsmoral, die Motivation und die Produktivität im Unternehmen nachhaltig positiv beeinflussen und damit die Wettbewerbsfähigkeit enorm erhöhen.

Eines der Unternehmen in Deutschland, das sehr frühzeitig und konsequent mit der Beteiligung seiner Mitarbeiter begonnen hatte, war der Spiegel-Verlag. Sein Gründer *Rudolf Augstein* war der geistige Vater und die treibende Kraft dahinter. Die Abbildung 8 zeigt die gesellschaftlichen Verhältnisse auf, wie sie sich im Jahre 1993 darstellten.

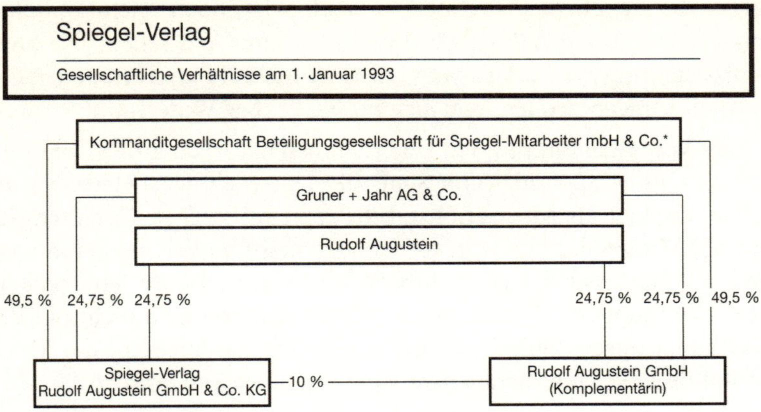

* In diese Beteiligungsgesellschaft sind 740 Spiegel-Mitarbeiterinnen und -Mitarbeiter als Stille Gesellschafter eingetreten. Fünf gewählte Mitarbeiter halten die Kommanditanteile und die Geschäftsanteile der Beteiligungsgesellschaft für Spiegel-Mitarbeiter mbH.

Quelle: Spiegel-Verlag; Frankfurter Allgemeine Zeitung, Nr. 255, 1993

Abb. 8: Der Spiegel-Verlag
Gesellschaftliche Verhältnisse am 1. Januar 1993

Der Spiegel-Verlag ist auf der einen Seite ein sehr positives Beispiel, zeigt auf der anderen Seite allerdings auch die Gefahr, die in einer Mitarbeiterbeteiligung am Unternehmen auftreten kann, wenn nicht von den Mitarbeitern unternehmerisch und langfristig gedacht wird. Um ein Unternehmen abzusichern, bedarf es der Bildung von Reserven. Das war bisher im Spiegel-Verlag nicht möglich, da fast alles, was verdient wurde, den Gesellschaftern zugute kam und ausbezahlt wurde. Manch einer sieht den Spiegel-Verlag daher jetzt eher als eine in die Jahre gekommene Ausschüttungsgesellschaft denn ein mit Investitionen vordrängendes Unternehmen. Ein früherer Geschäftsführer des Spiegel-Verlags hatte die Spiegel-Mannschaft mit einer Musikkapelle verglichen: Beim Einpacken der Instrumente abends werde alles verteilt, was tagsüber eingespielt worden sei!

Die Ausschüttungen an die Mitarbeiter-Gesellschafter betragen in der Spitze jährlich bis zu 70.000 DM und gelegentlich mehr. Die Mitarbeiter haben die nach Betriebszugehörigkeit und Gehalt bemessenen Gewinnanteile nicht nur dankbar angenommen. So kritisch Spiegel-Redakteure über anderer Leute Geld schreiben, sie selbst praktizieren einen einträglichen, manchmal peinlich wirkenden Kleinkapitalismus. Oder ganz banal gesagt: Sie wollen nur Geld sehen. Die Substanzsicherung des Verlags interessiert sie nicht. Wenn Kürzungen der Ausschüttungen drohen, regt sich im Nu großer Widerstand.[114]

Dieses Verhalten birgt für ein Unternehmen natürlich große Gefahren in sich und ist auch nicht im Sinne der Unternehmensbeteiligung zu sehen, die hier als Motivationsfaktor gemeint ist. Das Verhalten der Spiegel-Mitgesellschafter pervertiert das ursprünglich als Belohnung und als langfristige Unternehmenssicherung gedachte Mitarbeiter-Beteiligungsmodell. Deshalb sollten Beteiligungen auch nicht mit der Gießkanne ausgeschüttet werden, sondern gezielt, im Sinne der Motivation und der Unternehmensprosperität, eingesetzt werden.

4.8 Lieblingsbeschäftigung

Nicht Zufriedenheit erzeugt Leistung,
sondern Leistung erzeugt Zufriedenheit.

NN

Belohnen Sie die Mitarbeiter damit, daß Sie ihnen für gute Leistungen mehr von den Aufgaben geben, die sie lieben. Denn was die Menschen lieben, das können sie meistens auch hervorragend. Zusätzlich erzielen Sie durch diese Entscheidung höhere Leistungen, bessere Ergebnisse und eine beispielhafte Motivation. Gleichzeitig müssen Sie Ihre Mitarbeiter aber von den Aufgaben entlasten, die sie nicht mögen oder nicht besonders gut können. Wichtig ist, dem Mitarbeiter klar umrissene Ziele zu geben, die ihm zeigen, was erwartet wird. Sie sind außerdem eine Grundlage für die objektive Bewertung seiner Leistung und damit auch seiner Belohnung. *C. Reade* führt den Gedanken, der dahintersteckt, richtig aus, wenn er sagt: Wenn Liebe und Geschicklichkeit Hand in Hand gehen, darf man ein Meisterwerk erwarten.

4.9 Handlungsfreiheit

Das große Ziel des Lebens ist nicht Wissen,
sondern Handeln.

Thomas H. Huxley

Spielräume zum Handeln oder Agieren, so wie es sich erfolgreiche, dynamische und kreative Mitarbeiter wünschen, haben einen hohen Motivations- und Belohnungswert besonders dort, wo sonst rigides hierarchisches Denken und intensive Kontrollen vorhanden sind. Die Aussichten sollten sein, daß jeder wie sein eigener Chef arbeiten kann: **Setze die richtigen Prioritäten, handle erfolgreich in der dir vorgegebenen Zeit und du kannst arbeiten wie dein eigener Chef!**

Einen Versuch in diese Richtung macht zur Zeit Mercedes-Benz. Angefangen hatte es 1991, als eine von Mercedes-Direktoren gesponserte „Querdenker-Gruppe" die Chance sah, den Sandkasten zu verlassen und anhand eines konkreten Projekts die Zukunft zu üben. Sieben junge Manager schicken sich deshalb jetzt an, in den USA einen Mercedes-Geländewagen zu bauen. Festgelegt wurden vom Vorstand lediglich die Gewinnerwartung, der Budget- und der Zeitrahmen. In zwei Jahren soll der neue Geländewagen in Amerika vom Band rollen, ein Mercedes sein und doch nicht teurer als ein Mitsubishi Pajero oder ein Jeep Cherokee.

Und die Handlungsfreiheit bei einem so hierarchischen und konservativen Unternehmen wie Mercedes-Benz? Normalerweise ein großes Problem für jedes Unternehmen, das in seinen Reihen nur widerwillig kreative Unruheherde duldet.

Das Rezept von Mercedes-Benz: Die neue Gesellschaft ist völlig losgelöst von bestehenden Strukturen und wird über einen Beirat an die Organisation angedockt. In ihm sitzen zehn Direktoren aus allen Fachbereichen. Sie sollen nicht nur für den wechselseitigen Wissenstransfer sorgen, sondern auch den Linienmanagern bei Mercedes das Gefühl vermitteln, mit von der Partie zu sein, denn je konkreter das einstige Sandkastenspiel der Querdenker wird, desto mehr interessieren sich die Linienmanager für die Ausreißer und desto intensiver sind ihre Versuche, möglichst viel an Entscheidungskompetenz zurückzuholen.[115]

Für Mercedes-Benz geht es nicht nur um die Handlungsfreiheit, sondern auch um den Mut, Tabus in Frage zu stellen. Für die Mitglieder der Querdenker-Gruppe geht es darum, mit der Belohnung der Handlungsfreiheit richtig umzugehen und zu beweisen, daß es mit derart motivierenden Veränderungen selbst in einem so konservativen Unternehmen wie Mercedes-Benz besser geht als mit der bisherigen Denke und Handlungsweise. Ihre Ergebnisse werden auch richtungsweisend sein für zukünftige Projekte und das Führungsverhalten bei Großunternehmen. Es gibt selbstverständlich auch noch viele andere Möglichkeiten, mit Handlungsfreiheit zu motivieren und zu belohnen. Beispiele sind: flexible Arbeitszeiten, Abschaffung der Stechuhr, Arbeiten zu Hause oder außerhalb der Arbeitsstelle, wenn die Arbeit dies zuläßt. Entscheidend bei all diesen Möglichkeiten ist, daß die vorgegebenen Resultate mit zufriedenen, motivierten und engagierten Mitarbeitern erzielt werden.

4.10 Preise

Es ist besser, Ehrungen zu verdienen und nicht geehrt zu sein,
als geehrt zu sein und es nicht zu verdienen.

Mark Twain

Die Belohnung und Ehrung mit Preisen und deren vielfältige Möglichkeiten sind – genau wie bei der Anerkennung – nur limitiert durch die Phantasie. Ob es sich um Ehrungen, Medaillen, Pokale, Opernkarten, Videogeräte, PCs, Reisen oder ein Essen mit dem Vorstand bzw. der Geschäftsleitung handelt, alles ist möglich und kann zielgerecht eingesetzt werden. Um das Optimale aus dieser Gelegenheit herauszuholen, ist es wichtig, den Neigungen, Wünschen und Vorstellungen der Empfänger Rechnung zu tragen. Der positive Erlebniswert ist die Voraussetzung dafür, daß motiviert und mit Elan wieder an die Arbeit herangegangen wird. Hier darf im Ablauf nichts danebengehen, denn das könnte enorme negative Folgen nach sich ziehen. Planen Sie deshalb wirklich alles bis ins kleinste Detail. Es muß alles ehrlich, aufrichtig und stimulierend ausgerichtet sein. Vermeiden Sie auf jeden Fall Übertreibungen, die sofort als solche erkannt und abgelehnt werden. Das mag in Amerika üblich sein, aber nicht in Deutschland. Das Wichtigste ist, daß Sie eine positive Stimmung schaffen. Während Anerkennung sehr oft nur materiell gesehen wird, wird bei Preisen mehr der ideelle Wert im Vordergrund stehen. Nichtsdestoweniger haben Anerkennung und Preise eine große Schnittmenge und sind in vielen Fällen nahezu identisch.

Hinweise zum Belohnungsverhalten

Aufgrund der kritischen Analyse der zehn Motivationsfaktoren beziehungsweise Belohnungsmöglichkeiten kann explizit gesagt werden, daß alle zehn Möglichkeiten effektive Wege sind, bessere Leistungen durch die Mitarbeiter zu erzielen. Die Anregung, den Mitarbeiter zwischen verschiedenen Arten der Belohnung und den Motivationsfaktoren wählen zu lassen, ist von Betriebswirtschaftlern, Managementberatern, Verhaltensforschern, Gewerkschaften und betroffenen Mitarbeitern positiv begrüßt worden. Ein weitgefächertes Angebot von Kompensationsmöglichkeiten, die den Bedürfnissen der Mitarbeiter nach Geld, Prestige, Sicherheit oder Selbsterfüllung Rechnung tragen, ist für ein Unternehmen durchaus zweckmäßig, wenn es in die Belohnungstrategie und den Zielkatalog des Vorgesetzten oder des Unternehmens paßt.

Für einen jungen Mitarbeiter, der ein Haus oder eine Wohnung kaufen will, sind Preise unter Umständen ein schwacher Anreiz, besondere Leistungen zu zeigen. Finanzielle Incentives sind dagegen in diesem Zusammenhang genau das Richtige. Sondervergütungen, die nicht in barem Geld bestehen, befriedigen seine unmittelbaren Bedürfnisse nicht. Später, in der Mitte seiner Laufbahn, mag er vielleicht eher an Belegschaftsaktien, Beförderungen, Preisen oder anderen Belohnungsmöglichkeiten interessiert sein.

Wichtig ist, daß die Motivationsfaktoren die erwünschten Resultate bringen, gemäß den Kernfragen:

Was wird belohnt?
Was sollte belohnt werden?

Sie haben bis jetzt zehn Erfolgs-Strategeme kennengelernt und zehn Motivationsfaktoren, um gute Arbeit zu belohnen. Damit kann die Tabelle 3 von Seite 141 ergänzt werden und Sie erhalten ein neues Erfolgs-Management-System: Zehn Motivationsfaktoren, um zehn Erfolgs-Strategeme zu belohnen. Sie können dabei die Motivationsfaktoren mit den Belohnungsstrategemen beliebig (oft) kombinieren. Tabelle 5 (S. 166) zeigt Ihnen das Schema.

Sie werden jedoch weder in der Lage sein, alle zehn Erfolgs-Strategeme gleichzeitig belohnen, anerkennen oder unterstützen zu können, noch werden Sie dies wollen. Als Vorgesetzter müssen Sie entscheiden, welches gute oder richtige Verhalten für die jeweilige Situation am wichtigsten ist und am meisten für das Unternehmen bringt. Danach sollten Sie die Motivationsfaktoren in Abstimmung mit den Betroffenen aussuchen.

Damit Sie feststellen können, was am wichtigsten sein mag, können diese Hinweise benutzt werden:

- Belohnen Sie überlegtes Handeln, um sicherzustellen, daß die langfristigen Ziele auch erreicht werden.
- Unterstützen Sie Risikofreudigkeit, angewandte Kreativität und entschlußfreudige Aktionen, um den Unternehmergeist zu stärken.
- Initiieren Sie intelligente Arbeit, einfache Strukturen, überlegtes, effektives Verhalten und Qualitätsarbeit, um die Produktivität zu verbessern.
- Belohnen Sie Loyalität und konstruktive Zusammenarbeit, um die Teamfähigkeit und die Kooperation zu fördern.

Management ist mehr eine Kunst denn eine Wissenschaft und wird es auch immer so bleiben. Ihr persönlicher Erfolg hängt nicht nur von Ihrem Urteilsvermögen und Ihren Fähigkeiten, sondern auch von anderen, zum Teil imponderablen Faktoren ab. Was bisher dargelegt wurde, kann Sie nur unterstützen, Ihnen helfen, die richtige Sache und diese dann richtig zu machen. Das Meisterstück müssen Sie allerdings selbst vollbringen.

Belohnungsstrategem / Motivationsfaktor	1. Einfache Struktur	2. Qualitätsarbeit	3. Effektives Verhalten	4. Intelligente Arbeit	5. Angewandte Kreativität	6. Risikofreudigkeit	7. Loyalität	8. Überlegtes Handeln	9. Zusammenarbeit	10. Entschlußfreudige Aktion
1. Anerkennung										
2. Finanzielle Incentives										
3. Beförderung										
4. Persönliche Herausforderung										
5. Arbeitsfreude										
6. Freizeit										
7. Unternehmensbeteiligung										
8. Lieblingsbeschäftigung										
9. Handlungsfreiheit										
10. Preise										

Tab. 5: Erfolgs-Management-System

Teil 5: Halten Belohnungsprogramme das, was sie versprechen?

5.1 Warum Belohnungsprogramme versagen

Erinnern Sie sich noch an das Beispiel des Ruderwettbewerbs zwischen den Japanern und den Deutschen? Das deutsche Boot hatte verloren, und die Analyse ergab, daß im japanischen Boot acht Ruderer und ein Steuermann saßen, während das deutsche Boot acht Steuermänner und nur einen Ruderer hatte. „Was können wir da machen?" fragte das obere Management den Personalleiter. Darauf dieser – so wird es zumindest kolportiert – : „Motivieren! Den Mann besser motivieren!"

„Motivation" ist ein Schlagstock im unternehmensinternen Handgemenge: „Sie haben wohl Ihre Leute nicht richtig motiviert!?" Frage? Aussage? Jedenfalls ein treffsicherer Knüppel aus dem Sack des Manager-Angstmachers. Da der Begriff „Motivation" in den Augen nahezu sämtlicher Führungskräfte einen positiven Beiklang hat, ist dabei immer wieder zu beobachten, wie er mit relativ leichter Hand zur Diffamierung von Führungskräften eingesetzt wird. Entsprechend gebetsmühlenartig wiederholt wird die Frage: „Wie motiviere ich meine Mitarbeiter?" Aber die Verantwortung für die Motivation der Mitarbeiter wird möglichst wieder delegiert.[116]

Es ist wirklich schwierig zu sagen, wieviele Manager und Mitarbeiter glauben, daß Belohnungen ein Allheilmittel sind. Mit Sicherheit kann gesagt werden, daß fast jedes Unternehmen in der Bundesrepublik Deutschland Kompensationen, Boni, Provisionen und andere Incentives in der einen oder anderen Form einsetzt, um die Mitarbeiter zu motivieren und festgelegte Ziele zu erreichen. Erstaunlich ist schon allein der Glaube, daß die Mitarbeiter bessere Arbeit abliefern, wenn ihnen Belohnungen und dergleichen in Aussicht gestellt wurden. Diese Annahmen werden durch die Praxis aber nicht immer bestätigt. Eine Anzahl von Studien belegt, daß Belohnungen oft das Gegenteil von dem bewirken, was ursprünglich geplant war. Das liegt nicht an den Incentive-Programmen per se, sondern daran, daß die psychologischen Annahmen unzureichend bzw. falsch waren.

Verhaltenstheorien, die in Laboratorien mit Tierversuchen entstanden sind, sind indirekt dafür mit verantwortlich, daß Stücklöhne für Fabrikarbeiter, Belegschaftsaktien für Manager, „Mitarbeiter des Monats" und Provisionen für die Verkäufer und Außendienstmitarbeiter als Belohnungsprogramme eingesetzt werden. Finanzielle Incentives, Sonderurlaub, Galaempfänge, Preise... die Liste der Variationen, die aus einem einfachen Verhaltensmodell der Motivation entstanden sind, ist endlos. Und selbst heute, wo viele Manager glauben, daß sie fortschrittlich denken – jene, die Zusammenarbeit, ständige Erneuerungen, Innovationen und dergleichen propagieren – benutzen Belohnungen, um diese Reformen zu institutionalisieren und zu erhalten.

Funktionieren Belohnungen wirklich?

Die Antwort hängt davon ab, was mit „funktionieren" gemeint ist. Untersuchungen bestätigen, daß Belohnungen im großen und ganzen nur für einen begrenzten Zeitraum erfolgreich sind. Nach *Michael Beer* ist die „Halbwertszeit" für Incentive-Systeme fünf Jahre.[117] Sobald damit aufgehört wird, kehren die Mitarbeiter zu ihren alten Gewohnheiten zurück. *Ernst Willer* berichtet aus der Praxis darüber, daß Sonderprämien, Incentives und Veranstaltungen für den Außendienst an Motivationswert eingebüßt haben. Denn es war Verwöhnung im höchsten Grade, und jedes Jahr sollte es mehr, besser und größer sein. Daraus resultierte ein Anspruchsdenken, „das steht mir zu", egal ob die Leistung dazu stimmte oder nicht.[118] *Sprenger* behauptet sogar, daß „Motivieren" nichts anderes meint als die fünf großen „B": Belohnen, Belobigen, Bestechen, Bedrohen, Bestrafen. Ihm sei klar geworden, so *Sprenger*, daß „Führen" unter der kalten Sonne der Anreizsysteme immer „Ver-Führen" ist..., daß jede Motivierung mit mechanischer Sicherheit ihr eigenes Gegenteil erschafft: Demotivation.[119]

Incentives, die die Psychologen als eine Version der **extrinsischen Motivatoren** bezeichnen – dazu gehören zum Beispiel Anerkennungen und Geldzuwendungen –, ändern laut *Kohn* nicht die Einstellung in unserem Verhalten. Sie kreieren kein langfristiges Engagement von irgendeinem Wert oder legen die Grundlage für langfristig erfolgreiche Aktionen.[120] *Kohn* behauptet weiter, daß mindestens zwei bis drei Dutzend Studien in den letzten dreißig Jahren gezeigt haben, daß die Produktivität bei den Mitarbeitern, die eine Belohnung erwartet haben, schlechter war, als bei jenen, die keine erwartet haben.

Allgemein kann aus den Studien abgeleitet werden, daß in den Positionen, in denen die kognitiven Ansprüche und das flexible Denken besonders gefragt sind, die Ergebnisse wesentlich schlechter waren, wenn Incentives ausgeschrieben wurden, als wenn man darauf verzichtete. Darüber waren selbst die Forscher überrascht, die natürlich andere Ergebnisse erwartet hatten. Die Frage, die sich damit für die Manager stellt, ist, ob Belohnungsprogramme wirklich das Gewünschte bewirken, wenn extrinsische Motivatoren dieses im allgemeinen nicht tun.

Eine andere Serie von Studien befaßte sich mit Sonderzahlungen für Top-Manager. Man wollte herausbekommen, ob Sonderzahlungen in Beziehung standen zur Profitabilität des Unternehmens oder anderen Unternehmensleistungen. Sehr oft wurden nur leichte oder sogar negative Korrelationen gefunden. Der Schluß, den *Kohn* daraus zieht, ist, daß bessere Bezahlung nicht notwendigerweise bessere Leistungen nach sich zieht. Mit anderen Worten: Die Idee, zu versuchen, Qualitätsarbeit zu belohnen, mag nutzlos sein.[121]

Es wird ein weiteres Beispiel angeführt, das eine Gruppe von Schweißern betrifft, deren Incentive-System nach vielen Jahren eingestellt wurde. Wie erwartet, wenn finanzielle Anreize ausfallen, fiel auch die Produktivität. Interessanterweise erreichte jedoch die Produktivität nach einigen Monaten wieder den gleichen Stand wie zu den Zeiten des Incentive-Systems!

Warum versagen demnach die Belohnungsprogramme? Warum verlassen sich die Manager trotz besserem Wissen immer noch beziehungsweise immer wieder auf die Belohnungsprogramme?

Vielleicht deswegen, weil sich nur wenige Manager die Zeit nehmen, die Verbindungen zu untersuchen, die zwischen den Incentive-Programmen und den Problemen am Arbeitsplatz bestehen mögen. Belohnungen kaufen nur zeitweilige Motivation. Das sieht dann gegenüber dem Management so aus, als seien keine Probleme vorhanden oder als seien sie gelöst. Weiterhin ist es nicht einfach zu behaupten, daß Incentives Schaden anrichten. Aber wer kennt nicht den verführerischen Ausspruch, „mache **dieses** hier und dann bekommst du **das** dafür!"

Bekannt aus Führungshandbüchern ist die „vollmundige Manipulationsverherrlichung" *Dwight D. Eisenhowers*, so *Sprenger*, „Motivation (Führung) ist die Fähigkeit, einen Menschen dazu zu bringen, das zu tun, was man will und wie man will – weil er selbst es so will."[122]

Nicht jeder sieht es so kraß wie *Sprenger.Zander* drückt das aus, was jede Führungskraft (positiv) auszeichnen sollte, nämlich „Führen heißt Mitarbeiter motivieren, und zwar in dem Sinne, sie zu veranlassen, sich auf eine bestimmtes Ziel hin zu bewegen.“[123]

Kohn erklärt in sechs Punkten, warum seiner Meinung nach Belohnungen versagen:[124]

Finanzielle Incentives sind kein Motivator

Kohn führt interessanterweise *Frederick Herzberg* an, der argumentiert haben soll, daß eine Demotivierung durch zu wenig Geld nicht logischerweise eine immer höher steigende Zufriedenheit und Motivation durch mehr und mehr Geld nach sich zieht.

Belohnungen bestrafen

Belohnungen und Bestrafungen sind zwei Seiten derselben Medaille. Denn Belohnungen sind manipulativ. „Mache **dieses** und du bekommst **das**“, ist nicht weit entfernt von „Mache **dieses**, andernfalls **passiert dir das.**“

Belohnungen zerstören Arbeitsbeziehungen

Jeder versucht, Belohnungen nur für sich zu bekommen. Keiner versucht, das Individualsystem in Richtung auf Gruppenbelohnungen zu verändern. Aber ohne eine konstruktive Zusammenarbeit kann es keine Qualitätsarbeit geben. Der sicherste Weg, Kooperationen zu zerstören – und damit die Exzellenz eines Unternehmens – ist es, die Mitarbeiter zu zwingen, interne Wettbewerbe auszutragen, um Belohnungen egal welcher Art zu bekommen. Denn für jeden Gewinner gibt es eine Menge Verlierer, die sich nicht besonders wohl in ihrer Haut fühlen. Eine konstruktive Zusammenarbeit wird es unter diesen Umständen dann in Zukunft kaum noch geben.

Belohnungen ignorieren Gründe

Um Probleme am Arbeitsplatz zu lösen, müssen die Manager wissen, wodurch sie verursacht wurden. Sind die Mitarbeiter nicht qualifiziert genug für die Arbeit? Sind die Mitarbeiter nicht in der Lage oder wollen sie nicht zusammenarbeiten? Ist die Organisation so starr und rigide, daß die Mitarbeiter keine Verbesserungsvorschläge vorzubringen wagen? Wurde das langfristige Wachstum zugunsten kurzfristiger Resultate aufgegeben?

Alle diese Fragen erfordern unterschiedliche Antworten und Lösungen. Aber das Problem mittels Incentives anzugehen, führt nicht an seinen Ursprung.

Belohnungen verhindern Risikofreudigkeit

Die Mitarbeiter werden exakt das tun, was von ihnen verlangt wird, wenn die Belohnungen nur hoch genug sind. Manchmal werden sie sogar die Zeitpläne manipulieren und verändern, nur um die Aufgaben innerhalb der Belohnungsspanne zu schaffen. Selbst vor illegalem und unethischem Verhalten wird nicht haltgemacht. Versuche, bekannte und belohnte Wege zu verlassen, um bessere Arbeitsbedingungen, Abläufe oder Produkte zu finden, werden daraufhin unterlassen. Eines der größten Opfer von Belohnungen ist dabei die Kreativität.

Belohnungen unterminieren das Interesse

Wenn das Ziel des Unternehmens Exzellenz ist – hervorragende Produkte, Qualität oder Arbeit –, dann kann kein künstliches Incentive der Kraft der **intrinsischen Motivation** – Motivation durch Herausforderung und Freude an der Arbeit – das Wasser reichen.

Mitarbeiter, die hervorragende Arbeit leisten, mögen sich über gute Bezahlung freuen, aber sie arbeiten nicht nur wegen des Gehaltes, sondern aus einem inneren Antrieb heraus. Sie lieben ihre Arbeit. *Teresa M. Amabile* berichtet von einem sehr bekannten Wissenschaftler, der sich weigerte, eine überproportionale Gehaltserhöhung zu akzeptieren, mit der Begründung, daß er jetzt noch das „Sagen“ in seinem Labor hat und tun und lassen kann, was er will. Aber je mehr bezahlt wird, um so mehr verliert man seine Freiheit und Eigenständigkeit. Damit verliert man aber auch das innere Feuer und das Interesse. [125]

Das zeigt, daß extrinsische Motivatoren nur ein schlechtes Substitut für ein ernsthaftes und engagiertes Interesse an der eigenen Arbeit sein können. Sehr oft wird auch vermutet, daß größere Incentives von den Firmen nur angeboten werden, wenn die Arbeit, die zu erledigen ist, nicht besonders geliebt wird.

Ein einfaches aber reales Beispiel schildert der amerikanische Sozialpsychologe *Alfie Kohn* in der Zeitschrift Health (5/1990): „Ein alter Mann wurde täglich von den Nachbarskindern gehänselt und beschimpft. Eines Tages griff er zu einer List. Er bot den Kindern einen Dollar an, wenn sie am nächsten Tag wiederkämen und ihre

Beschimpfungen wiederholten. Die Kinder kamen, ärgerten ihn und holten sich dafür einen Dollar ab. Und wieder versprach der alte Mann: ‚Wenn ihr morgen wiederkommt, gebe ich Euch fünfzig Cent.' Und wieder kamen die Kinder und beschimpften ihn gegen Bezahlung. Als der alte Mann sie aufforderte, ihn auch am folgenden Tag, diesmal allerdings für zwanzig Cent zu ärgern, empörten sich die Kinder: Für so wenig Geld wollten sie ihn nicht beschimpfen. Von da an hatte der alte Mann seine Ruhe." Damit sei bewiesen, daß Belohnung **nicht** das beste Mittel der Leistungssteigerung sei.

Im vorgenannten Beispiel waren die Kinder anfangs intrinsisch motiviert, den alten Mann zu ärgern. Später ärgerten sie ihn nur noch, weil es eine Belohnung dafür gab – ihre intrinsische Motivation wurde durch die extrinsische Motivierung zerstört.

Ausblick

Außerhalb der Psychologie sind die begrifflichen Unterschiede zwischen **intrinsischer Motivation** und **extrinsischer Motivierung** nicht sehr geläufig. Häufig werden hierfür die Begriffe Eigen- und Fremdmotivation genommen. Dabei ist der Unterschied doch so wichtig bei der Diskussion über das „Für und Wider" von Belohnungsprogrammen. Da es bisher anscheinend keine überprüfbaren Studien gegeben hat, die beweisen, daß durch extrinsische Belohnungen langfristige Verbesserungen der Leistungen erzielt werden, könnte daraus geschlossen werden, daß Belohnungsprogramme versagen.

Außerhalb der Belohnungen gibt es jedoch mindestens drei Möglichkeiten, Mitarbeiter zu motivieren:

- Mitarbeiter sollen Entscheidungen mittragen können, die ihren Arbeitsplatz betreffen.
- Zusammenarbeit und Gruppenarbeit müssen gefördert werden zum Austausch von Ideen und gegenseitiger Unterstützung.
- Der Inhalt der Arbeit muß „Sinn" machen oder wie *Frederick Herzberg* es ausdrückte: „Wenn Sie die Mitarbeiter motiviert haben wollen, um gute Arbeit zu leisten, dann müssen Sie ihnen auch gute Arbeit geben."

Innovationen und Spitzenleistungen sind die natürlichen Resultate, wenn die Mitarbeiter intrinsische Motivation erleben. Aber intrinsische Motivation kann in einem Unternehmen nicht überleben, das seine Mitarbeiter wie Haustiere behandelt.[126]

Deshalb können Belohnungsprogramme am Arbeitsplatz auch nichts Positives erreichen! Ein absurdes, aber reales Beispiel mag dies verdeutlichen: Bei einer deutschen Autofirma, die für ihr dynamisches Image und „Freude am Fahren" weltbekannt ist, las sich das in doppelseitigen Anzeigen so: „Die neueste Art der Beförderung: Motivations-Leasing. (...) Ihr Mitarbeiter erhält das Fahrzeug für Dienstfahrten und zur privaten Nutzung. Vergleichen Sie dieses Motivationsmodell ruhig mal mit einer größeren Gehaltserhöhung. Bei gleichem unternehmerischen Aufwand sind der Nettowert und der Motivationseffekt aus Sicht des Mitarbeiters ungleich höher. (...) Keine Frage, diese Art der Beförderung setzt zusätzliche Energien frei. In Form von noch höherer Identifikation mit ihrem Unternehmen. Wie es der Name schon sagt: Motivations-Leasing."

Dazu wurde noch eine groteske Vergleichsrechnung angestellt, die bei einer monatlichen Gehaltserhöhung von DM 670,-- brutto den „Motivationseffekt" mit 44 Prozent angab, wohingegen bei Leasing eines Firmenwagens der gehobenen Mittelklasse ein „Motivationseffekt" von exakt 76 Prozent errechnet wurde.[127]

5.2 Warum Belohnungsprogramme erfolgreich sind

Die Auswirkungen von Belohnungen und Incentiveprogrammen auf die Motivation und Leistungen von Mitarbeitern und Managern ist einer der am meisten studierten Gegenstände der Management-Literatur. Jedes Jahr wird aufs neue bewiesen, daß die Unterbezahlung von Mitarbeitern sich in einer niedrigeren Produktivität ausdrückt, während bessere Bezahlung sich nicht notwendigerweise auch in einer höheren Produktivität zeigt. Jedes Jahr werden die Mitarbeiter gefragt, was sie am meisten motiviert. Und jedes Jahr gibt es die gleichen Antworten:

- Selbstbestätigung und Zufriedenheit mit der Arbeitsaufgabe.
- Anerkennung von den Kollegen und dem Management.
- Aufstiegsmöglichkeiten.
- Unterstützung durch das Management.
- Einkommen.

Höheres Einkommen steht erst an fünfter Stelle in der Hierarchieliste der Motivation. Somit stellt sich natürlich die Frage, warum das Management immer noch zu diesem Mittel der Motivation greift, wenn doch andere Motivationsfaktoren besser bewertet werden. Das ist relativ einfach zu beantworten. Wenn Mitarbeiter gefragt werden, „Welche Belohnung haben Sie für Ihre Arbeit zuletzt bekommen?", dann wird am häufigsten darauf hingewiesen, daß es finanzielle Incentives waren. Und dies, obwohl nachgewiesenermaßen inzwischen auch andere Motivationsfaktoren eingesetzt wurden. Mit anderen Worten: **Geld hat immer noch den stärksten Einfluß auf das Verhalten und den Erinnerungswert der Mitarbeiter.**

Das Management wird darauf verzichten, **nur** finanzielle Incentives als Motivationsfaktor einzusetzen, wenn die Prinzipien vom Total-Quality-Management (TQM) eingeführt werden und Bezahlung und Leistung der veränderten Arbeitsinhalte in enger Zusammenarbeit mit den betroffenen Mitarbeitern neu überdacht werden müssen. Diese mögen dann sagen: „Geben Sie uns die Werkzeuge, die Informationen, die Unterstützung, das Training und den Respekt, den wir benötigen, um die Arbeit erfolgreich durchzuführen."

Das Ganze mit anderen Worten: „Geben Sie uns richtiges Kapital, geistiges Kapital und symbolisches Kapital und wir werden Ihr – und unser – finanzielles Kapital erhöhen." Geld ist das Resultat großer Leistung. Zufriedenheit und Respekt sind Incentives dazu.[128]

Jerry McAdams weist auf die Studie „Capitalizing on Human Assets" hin, die über eine Million Angestellte und 432 Belohnungsprogramme analysiert hat und zu dem Ergebnis kam, daß das Belohnen von Gruppen, ganzen Fabriken und Büros eine erfolgreiche Geschäftsstrategie ist. Gemäß der Studie zahlte sich die Belohnung dadurch aus, daß die eingesetzten Belohnungen überproportionale Umsatzsteigerungen nach sich zogen. Die Mitarbeiter bekamen zwischen 2 und 15 Prozent von ihrem Basisgehalt in finanziellen oder anderen motivierenden Incentives. Hinzu kam, daß trotz der wesentlich besseren Leistungen und steigender Produktivität keine Mitarbeiter entlassen wurden. Interviews und eine intensive Analyse der 432 Programme zeigten eine positive Mitarbeiter-Management-Zusammenarbeit, verbesserte Informationen und Mitarbeiterbeteiligungen bei Entscheidungen.[129]

George P. Baker führt aus, daß Belohnungsprogramme viel zu gut arbeiten. Aus diesem Grunde hat *Kohn* auch recht, wenn er analysiert, daß Belohnungsprogramme zu viele unerwünschte und ungewollte Nebeneffekte haben. Das Problem ist nur, daß Belohnungsprogramme, die **falsches Verhalten** belohnen, auch **falsche Resultate** liefern. Deshalb ist es falsch zu argumentieren, daß Belohnungsprogramme versagen. Ganz im Gegenteil!

Die Manager müssen nur lernen, die Kraft der Incentives so auszunutzen, daß die individuelle und unternehmerische Leistung in die richtige und gewünschte Richtung geführt wird. Das gilt natürlich auch für Gruppenincentives.[130]

Unternehmenspläne, die nur von gewünschtem Verhalten abhängen und keine Anreize bieten, bringen keine Kreativität, Innovationen oder sonstige positive Beiträge. Wenn Pläne jedoch gewünschte Resultate belohnen, dann werden gerade Kreativität und innovatives Verhalten freigesetzt, um neue Wege zu finden, die gesetzten Ziele zu erreichen.

Wenn aber Belohnungsprogramme oder extrinsische Motivatoren versagen, was soll dann eingesetzt werden, um die Mitarbeiter zu motivieren?

Ohne einen Mindesteinsatz von extrinsisch wirkenden Motivatoren oder Motivationsfaktoren wird auch das intrinsisch vorhandene „Feuer" von Individuen, Gruppen oder Unternehmen schwerfällig und unflexibel. Deshalb ist es utopisch und naiv anzunehmen, daß ohne Belohnungsprogramme gewünschte Ziele in der geplanten Zeit erreicht werden können. Dabei ist es unerheblich, ob extrinsische Motivationsfaktoren monetärer oder psychologischer Natur sind, solange sie sowohl auf die Empfänger als auch auf das Ziel ausgerichtet werden.

In unserer realen Welt nützen keine Wunschträume. Wenn Unternehmen im harten Wettbewerb bestehen wollen, dann müssen sie Belohnungsprogramme einsetzen, um flexibel, innovativ, kreativ und zielgerichtet erfolgreich arbeiten zu können.

Ausblick

Wenn Motivationsfaktoren oder Belohnungsprogramme eingesetzt werden, geht es nicht nur um den monetären Aspekt. **Finanzielle Incentives** haben zwar das **längste Gedächtnis,** sind aber meistens nur von kurzer bis mittelfristiger Motivationsdauer. Erfolgreich sind Belohnungsprogramme dann, wenn diese sich in der **Reorganisation der Arbeit** äußern und die Mitarbeiter durch Ausbildung, Status und in der Beteiligung bei der Entscheidungsfindung daran partizipieren. Verstärkt wird die Motivation noch dadurch, daß Vorschläge über neue Ideen gemacht werden können, ohne daß dieses zu negativen Sanktionen führt. Wichtig ist weiterhin, daß die Produktivität durch verbesserte Strukturen erhöht wird, ohne daß dadurch Mitarbeiter entlassen werden. Und wenn die gesamthaft verbesserten Ergebnisse dann auch zu Bonuszahlungen, Tantiemen oder dergleichen führen, dann wird das Belohnungsprogramm abgerundet. Sinnvoll ergänzt kann es durch den gezielten Einsatz von Belohnungen und den anderen, psychologisch wirkenden Motivationsfaktoren werden.

Aus eigener Erfahrung kann ich sagen, daß alle Belohnungsprogramme, die ich durchgeführt habe, durchaus eine stimulierende, positive Resonanz hatten. Selbstverständlich sprechen unterschiedliche Programme den einzelnen Mitarbeiter unterschiedlich an. Jeder hat seine „Belohnungs-Prioritäten-Hitliste", dennoch wollte kein Mitarbeiter auf die positive Stimulanz der Belohnungen verzichten. Ganz im Gegenteil! Sehr oft wurden wir in der Geschäftsleitung darauf angesprochen, neue Incentives auszuloben. Für viele Mitarbeiter waren die Motivationsfaktoren auch eine Art positiver Wettbewerb, ein sportlicher Wettkampf mit den Kollegen, der außerdem noch belohnt wurde.

Diese Einstellung belebte die intrinsische Motivation, und die extrinsische Motivatoren waren ein willkommenes Geschenk für etwas, das man aus eigenem Antrieb sowieso gemacht hätte. Bei all diesen Diskussionen um das „Für und Wider" von Belohnungsprogrammen oder den Einsatz der Motivationsfaktoren sollten jedoch immer wieder die *Kernfragen* gestellt werden, damit das vorrangige Ziel nicht aus den Augen verloren wird: **„Was wird belohnt"** und **„Was sollte belohnt werden?"**

Teil 6:
Persönliches Erfolgs-Management

Das Geheimnis des Erfolges
ist die Beständigkeit des Ziels.

Benjamin Disraeli

In der bisherigen Diskussion des erfolgsorientierten Managements ging es darum, das existierende Dilemma der Unternehmen, des Top-Managements und seiner Mitarbeiter zu analysieren und Wege aufzuzeigen, die als Problemlöser benutzt werden können. Das alles wäre ohne eine Analyse der Position der eigenen Person im Rahmen des Erfolgs-Managements unvollständig. Ihr eigener, ganz persönlicher Erfolg kann nicht nur über Spitzenleistungen und Motivierung Ihrer Mitarbeiter erreicht werden. Sie benötigen neben einer riesigen Portion Glück und Vitamin „B", sprich Beziehungen, auch Ihren Vorgesetzten sowie ein gekonntes und geplantes Zeit-Management, um Ihre persönlichen und unternehmenspolitischen Ziele zu erreichen.

Aber das alles beginnt mit Spitzenleistungen und der richtigen Führung und Aufgabenstellung Ihrer Mitarbeiter. Nur wenn diese Erfolg haben, dann haben auch Sie eine Voraussetzung für Ihren eigenen persönlichen Erfolgsweg geschaffen. Erfolgreiche Mitarbeiter machen Ihnen den Weg frei. Deshalb ist das erfolgreiche Managen Ihrer Mitarbeiter die wichtigste Voraussetzung für Ihren persönlichen Erfolg. Nur wenn Sie wirksam führen, können Sie Kräfte mobilisieren. Sie wissen, daß man auf Schwächen nichts gründen kann, sondern daß man, um Ergebnisse zu erzielen, alle verfügbaren starken Kräfte einsetzen muß.

Die starken Kräfte produktiv zu gestalten, ist eine der wichtigsten Aufgaben der Organisation. Sie kann natürlich die Schwächen, mit denen jeder von uns reichlich versehen ist, nicht aus der Welt schaffen. Ihre Aufgabe ist es jedoch, die starken Kräfte jedes Mitarbeiters so zu nutzen und effektiv und effizient einzusetzen, daß ein einheitlicher Aufbau für die gemeinsame Leistung entsteht. Sie als effektive Führungskraft besetzen die Stellen und veranlassen Beförderungen nach Maßgabe dessen, was ein Mitarbeiter leisten kann. Sie treffen Ihre Personalentscheidung nicht, um Schwächen minimal zu halten, sondern um starke Kräfte maximal einzusetzen. Ein historisches Beispiel mag dies verdeutlichen:

Als dem ehemaligen amerikanischen Präsidenten *Lincoln* mitgeteilt wurde, daß General *Grant,* sein neuer Oberbefehlshaber, gerne zu tief ins Glas sah, sagte er: „Wenn ich seine Marke wüßte, würde ich einigen anderen Generälen ein Fäßchen davon schicken." *Lincoln* wußte genau Bescheid über den Alkohol und seine Gefahren. Aber von allen Generälen der Union hatte *Grant* als einziger die Fähigkeit verläßlich bewiesen, siegreiche Schlachten zu planen und durchzuführen. *Grants* Ernennung war der Wendepunkt des Bürgerkrieges. *Lincoln* hatte diesen General ausgewählt wegen seiner erwiesenen Tüchtigkeit und nicht, weil er nüchtern war, das heißt, keine Schwäche hatte. Selbst *Lincoln* war es schwergefallen, dies zu lernen. Bevor er sich für *Grant* entschied, hatte er nacheinander drei oder vier Generäle ernannt, deren Hauptqualifikationen in ihrem Mangel an Schwächen bestand. Das Resultat war, daß der Norden trotz seiner immensen Überlegenheit an Material und Menschen keine Fortschritte zur Beendigung des Krieges erzielte. Das änderte sich jedoch mit General *Grant,* dem späteren US-Präsidenten.[131]

Wer als Führungskraft mehr auf das sieht, was ein Mann nicht kann, als auf das, was er kann, und wer deshalb Schwächen zu vermeiden sucht, statt sich die Stärken zunutze zu machen, ist selbst ein schwacher Mensch. Er sieht vielleicht die Stärken anderer als Bedrohung seiner eigenen Person an. Aber kein Unternehmensführer hat je darunter gelitten, daß seine Untergebenen stark und erfolgreich waren. Ganz im Gegenteil!

Diese Unternehmensphilosophie und ihre Erfolge geben Männern wie *David Ogilvy* und *Andrew Carnegie* recht. Dazu *D. Ogilvy*: Ein Wort an die Weisen. „Schon vor langer Zeit fiel mir auf, daß mir die Kompetenz oder das Interesse oder beides für verschiedene Bereiche unseres Geschäfts fehlt. Vor allem gilt das für Fernsehwerbung, Finanzen, Verwaltung, kommerzielle Produktion und Marketing. Deshalb stellte ich Leute an, die in den Bereichen stark waren, in denen ich Schwächen hatte. Jeder von Ihnen ist ebenfalls in einigen Bereichen stark und schwach in anderen. Deshalb folgen Sie meinem Rat: Stellen Sie Leute an Ihre Seite, die Ihre Schwächen ausgleichen... Verstärken Sie Ihre eigenen Schwachpunkte nicht noch dadurch, daß Sie Leute in Schlüsselpositionen holen, die *die gleichen* Schwächen wie Sie haben."[132]

Es gibt kaum einen besseren Rat für die Effektivität der Führungskraft als die Worte, die *Andrew Carnegie*, der Vater der amerikanischen Stahlindustrie, auf seinen Grabstein setzen ließ: „Hier liegt ein Mann, dem es gelang, Männer in den Dienst zu stellen, die besser waren als er selbst."[133] Führungskräfte wie *David Ogilvy* und *Andrew Carnegie* sind die Personifizierung des „100-Prozent-Managers".

6.1 Der 100-Prozent-Manager

Management ist nichts anderes als die Kunst,
andere Menschen zu motivieren.

Lee Iacocca

Die Aufgabe des „100-Prozent-Managers" ist es, wirksam, d. h. effektiv zu sein. Effektivität ist normalerweise nicht angeboren, sondern kann und muß gelernt werden, denn die Führungskraft wird für effektive Tätigkeit eingestellt und bezahlt. Sie schuldet sozusagen dem Unternehmen ein echtes „Wirksamwerden". Effektive Tätigkeit ist eine Selbstdisziplin, denn effektive Tätigkeit erweist sich als entscheidend für die Selbstentwicklung der Führungskraft, für die Entwicklung der Organisation sowie für die Aufgabenerfüllung und Lebensfähigkeit der modernen Gesellschaft.

Es ist sehr schnell feststellbar, daß es eine „effektive Persönlichkeit" nicht gibt. Die wirkungsstarken Unternehmer unterscheiden sich weitgehend in ihrem Temperament und ihrer Befähigung, in dem, was sie tun und wie sie es tun, in ihrer Persönlichkeit, ihrem Wissen, ihren Interessen – kurz in fast allem, was Menschen unterscheiden kann. Gemeinsam ist ihnen nur die Fähigkeit, zu bewirken, **daß die richtigen Dinge getan werden.**

Wenn Effektivität jedoch erlernbar ist, dann stellt sich die Frage: Worin besteht sie? Was muß gelernt werden? Sind es Fähigkeiten, die man sich als Lehrling aneignen kann? Oder ist es nur ständige Übung, die man durch unermüdliches Wiederholen immer derselben elementaren Dinge erlangt? Es gibt im wesentlichen fünf Verfahrensregeln – fünf Regeln geistiger Gewöhnung, die erworben werden müssen, um als Führungskraft effektive Arbeit zu leisten, also „100-Prozent-Manager" zu sein.

(1) Zeitermittlung

Der „100-Prozent-Manager" weiß, wo seine Zeit bleibt. Er arbeitet systematisch, um das Wenige an Zeit, über das er ungestört verfügen kann, so wirtschaftlich wie möglich einzusetzen.

(2) Prioritäten setzen

Prioritäten setzen und Zeit-Management könnten die beiden Säulen genannt werden, zwischen denen die Effektivität des „100-Prozent-Managers" aufgehängt ist. Der effektive Manager konzentriert sich auf die wenigen wichtigen Gebiete, auf denen seine Leistungen ungewöhnliche Ergebnisse bringen werden.

(3) Kräfte produktiv gestalten

Der „100-Prozent-Manager" arbeitet daran, die Möglichkeiten und Chancen zu nutzen. Dabei stützt er sich auf die positiven Kräfte – seine eigenen, die seiner Vorgesetzten und seiner Mitarbeiter.

(4) Erzielen eines Beitrags

Der „100-Prozent-Manager" richtet seine Anstrengungen mehr auf die Ergebnisse als auf die Tätigkeit an sich. Er geht von der Frage aus: „Welche Resultate werden von mir erwartet?" Das bedeutet in der Konsequenz ein Fortschreiten vom Verfahren zur Konzeption, von der Mechanik zur Analyse, von der Intensivierung der Arbeit zur Berücksichtigung der Ergebnisse. In diesem Stadium erzieht die Führungskraft sich selbst dazu, die Gründe zu durchdenken, weshalb sie auf der Lohnliste steht und welchen Beitrag sie dafür leisten sollte.

(5) Effektive Entscheidungen

Der „100-Prozent-Manager" trifft effektive Entscheidungen. Sie beruhen auf einem zweckrationellen Handeln. Der effektive Manager weiß, daß man ein System braucht, um die richtigen Schritte in der richtigen Reihenfolge zu machen. Wirkungsvolle Entscheidungen zu treffen, erfordert sowohl Methoden und Analysen, aber das Wesentliche ist eine Ethik des Handelns. Er weiß, daß eine wirkungsvolle Entscheidung immer ein Urteil auf der Basis gegensätzlicher Meinungen ist und nicht auf einer Übereinstimmung angesichts der Tatsachen beruhen kann. Er weiß, daß zu schnelle Entscheidungen fast immer zu Fehlentscheidungen führen. Nötig sind einige wenige, aber gut fundierte Entscheidungen. Virtuosität im Taktischen ist sehr viel weniger wirksam als eine einfache und zielstrebig verfolgte wichtige große Politik. Die Belohnungen in den Unternehmen stehen dazu manchmal konträr und fördern damit eher die Ineffektivität der Manager.

Zu der Selbstentwicklung des „100-Prozent-Managers" gehört allerdings viel mehr als nur die Schulung in effektiver Tätigkeit. Als führende Kraft muß man sich kontinuierlich neue Kenntnisse und Fähigkeiten aneignen. Man muß sehr viele neue Arbeitstechniken annehmen, je höher man in der Hierarchie nach oben kommt, und man muß gelegentlich – so schwer es auch fallen mag – einige alte, ehemals erfolgreiche und bewährte Arbeitsgewohnheiten ablegen.

Aber Kenntnisse, Fertigkeiten und Techniken, so vollkommen erarbeitet sie auch sein mögen, werden der Führungskraft wenig nutzen, wenn sie sich dabei nicht selbst zur Effektivität erzieht. Die Selbsterziehung der Führungskraft ist der einzig verfügbare Integrator. Es ist der einzige Weg, um Organisationsziele und individuelle Bedürfnisse zusammenzuführen. Der „100-Prozent-Manager", der sich an führender Stelle bemüht, die Kräfte effektiv und produktiv einzusetzen – seine eigenen sowohl wie die der anderen –, bemüht sich, die Leistung des Unternehmens mit persönlicher Erfüllung in Einklang zu bringen. Der 100-Prozent-Manager braucht Gelegenheiten, um Leistungen zu erbringen, er braucht Erfüllung, er braucht Werte. Nur indem er sich selbst zu einer effektiven Führungskraft macht, kann er diese Befriedigung finden.

Nur der „100-Prozent-Manager" kann die Unternehmung befähigen, ihre beiden Bedürfnisse in Einklang zu bringen: die Bedürfnisse der Unternehmung, von den einzelnen den Beitrag zu erhalten, den sie braucht, und das Bedürfnis des einzelnen, sich der Unternehmung als Werkzeug zur Verwirklichung seiner Ziele zu bedienen.

Zielgerichtetes Führen

In der heutigen Arbeitswelt gibt es nur noch wenige, die vor Erschöpfung umfallen, aber viele, die mit ihrer Arbeit oder den Arbeitsinhalten unzufrieden sind. Für sie ist die Arbeit meistens – wie bereits in den vorangegangenen Abschnitten behandelt – nur noch „Mittel zum Zweck". Das heißt, es wird die Zeit im Büro oder am Fließband „verbracht", in der Hoffnung, daß bald Feierabend ist. Das Einkommen ist, überspitzt formuliert – neben der Kostendeckung für die Wohnung, die Lebensmittel oder das Auto – zur Finanzierung der Hobbys „Mittel zum Zweck". Für die Hobbys wird inzwischen gelebt, sie bedeuten nahezu alles. Warum?

Viele Menschen suchen und finden in ihren Hobbys Freude, Anerkennung, Selbstbestätigung und vieles mehr. Mehr jedenfalls, als sie normalerweise je an ihrem Arbeitsplatz erleben werden. Man mag sich nur einmal vorstellen, welchen Produktivitätszuwachs es in Deutschland in den Unternehmen geben könnte, wenn die Mitarbeiter so enthusiastisch und engagiert an ihre Arbeit gehen würden, wie sie es üblicherweise bei ihren Hobbys tun, wenn sie mit der gleichen Begeisterung, mit der sie Sport treiben, in den Urlaub fahren oder als Zuschauer agieren, ihre Energien für die Unternehmen freisetzen würden.

Ist dies überhaupt denkbar?

Ja, wenn vier wichtige Voraussetzungen erfüllt sind:

- Es muß ein **sinnvolles Ziel** vorhanden und erreichbar sein.
- Es müssen möglichst **objektive Beurteilungskriterien** existieren, damit Fortschritte erkannt und gemessen werden können.
- Der **einzelne** muß das Gefühl haben, zur Zielerreichung beizutragen.
- Angemessene, sinnvolle **Belohnungen** oder **Incentives müssen zielgerichtet wirken.**

Nehmen wir zur Erörterung ein ganz einfaches Beispiel. Sie sind Mitglied in einem Tennisclub und möchten an der Clubmeisterschaft teilnehmen:

- Das Ziel ist die Clubmeisterschaft.
- Beim Tennis wird gezählt.
- Damit ist also die Möglichkeit der objektiven Bewertung gegeben.
- Es liegt nur an einem selbst, ob man gewinnt.
- Die richtige Taktik, Selbstbewußtsein und die spielerischen Fähigkeiten müssen gezielt eingesetzt werden.
- Die Belohnung, das Incentive, die Motivation, liegt im Gewinnen, dem Pokal, der Ehre oder dem Geldpreis, vielleicht auch an vielen anderen Dingen im Zusammenhang mit dem Spielen.

Wenn nur eine dieser Voraussetzungen fehlt, dann wird das Interesse schlagartig auf das unterste Niveau fallen oder sogar eliminiert. Es kann mit an Sicherheit grenzender Wahrscheinlichkeit davon ausgegangen werden, daß bei dem nachlassenden Arbeitseifer der Deutschen mindestens einer der vorgenannten Punkte fehlt. Was muß also geändert werden?

Um wieder Interesse, Engagement und Produktivitätssteigerungen zu erreichen, sollte ein **Aktionsplan** etabliert werden, der alle Voraussetzungen beinhaltet und der neben den Grundregeln der Mitarbeiterführung folgende Punkte klar und deutlich berücksichtigt:

- Niemand arbeitet für Sie. Jeder arbeitet nur für sich selbst.
- Keinen Mitarbeiter interessiert letztendlich, was Sie wollen, sondern nur was er will.
- Ihre Aufgabe ist es, ein Führungs- und Incentivesystem zu etablieren, das Ihren Mitarbeitern das gibt, was diese wollen, und Ihnen ebenfalls gibt, was Sie sich erhoffen, so daß die Arbeitsaufgaben wie von Ihnen geplant, erledigt werden.

- Wenn Ihren Mitarbeitern die Fähigkeit, die Autorität, das Training oder die richtigen Werkzeuge fehlen, dann nützt auch kein Incentivesystem.
- Mitarbeiter, die zufrieden sind, produzieren nicht automatisch bessere Ergebnisse. Aber gute Ergebnisse verhelfen zu einem besseren Gefühl. Ein Schlüssel zur Zufriedenheit ist es, die Arbeit richtig zu machen. Und wenn die Arbeit richtig und gut erledigt wird, gibt es dazu auch die richtige Einstellung. Somit muß man für die richtigen Ergebnisse und die dazugehörigen Belohnungen sorgen. Dann kommt die richtige Arbeitseinstellung von allein.
- Strafen und negative Sanktionen sollten nur dann benutzt werden, wenn wirklich nichts mehr läuft. Ein positives Incentivesystem ist eine solide Lösung für langfristig wirksames Verhalten. Strafen dagegen sind nur notdürftige Reparaturen, mit langfristigen negativen Konsequenzen.

Nachdem die Voraussetzungen der Mitarbeiterführung angesprochen wurden, kann jetzt an den **Aktionsplan** herangegangen werden.

Definition der Ziele

Gutes Management geht immer von soliden, genau formulierten und schriftlich fixierten Zielen aus. Setzen Sie sich mit den jeweilig Beschäftigten, den Arbeitsgruppen oder den Abteilungen zusammen, wenn es um Gruppenziele geht, und legen Sie gemeinsam klar und deutlich fest, welche Ergebnisse bis zu einem festgelegten Termin zu erzielen sind. Die folgenden Richtlinien mögen bei der Zielsetzung helfen:

- Die Ziele der Mitarbeiter sollen dazu beitragen, daß auch Sie Ihre Ziele und die Gesamtziele des Unternehmens erreichen. Deshalb zeigen Sie Ihren Mitarbeitern, was das Unternehmen erreichen will und bitten Sie Ihre Mitarbeiter um Unterstützung.
- Stellen Sie auf jeden Fall sicher, **daß die Ziele auf Ergebnisse ausgerichtet sind und nicht auf Aktivitäten.** Zum Beispiel: Eine höhere Besuchsfrequenz des Außendienstes ist eine Aktivität. Eine Umsatzsteigerung um 10 Prozent ist ein Ergebnis.
- Die Ziele müssen in knappen Worten oder Zahlen schriftlich festgehalten werden. Das erhöht die Klarheit und reduziert Fehlinterpretationen sowie Mißverständnisse.
- Wenn es möglich ist, sollten Mitarbeiter ihre eigenen Ziele setzen können. Selbstgesetzte Ziele erhöhen den Einsatz und das Interesse an der Aufgabe.

- Die Ziele sollten auf einige wenige reduziert sein, da die Mitarbeiter oder Gruppen sich sonst „verzetteln". Diese Ziele sollten dann eine klare Prioritätenrangfolge darstellen.
- Die Ziele sollten einander ergänzen und sich nicht gegenseitig ausschließen. Das scheint einsichtig zu sein, und ist doch nicht immer durchführbar. Deshalb Vorsicht bei der Definition der Ziele!
- Ziele, die zwar eine große Herausforderung bedeuten, aber dennoch erreicht werden können, haben Priorität. Trotzdem sollten grundsätzlich auch kleine Ziele gesetzt werden, um auf jeden Fall Erfolgserlebnisse zu garantieren. Nichts ist schlimmer, als wenn überhaupt kein gestecktes Ziel erreicht werden kann.

Jedes Ziel muß in Beziehung zu einem Bewertungssystem gesetzt werden. Wenn Sie das Gesamtziel auf Jahresbasis ausgerichtet haben, dann könnten monatliche Zwischenergebnisse darlegen, welche Diskrepanzen es zum Ziel gibt und wie eventuell gegengesteuert werden müßte. Wenn Sie heute etwas nicht messen können, dann können Sie davon ausgehen, daß der Mitarbeiter oder die Gruppe das Interesse an den Zielen schnell verliert. Das **Bewertungssystem** sollte

- sehr einfach sein, im Vertrieb zum Beispiel: Umsatz, Absatz, Dekkungsbeitrag,
- Ergebnisse messen, keine Aktivitäten,
- Rückmeldungen (Feedback) geben, so daß Fortschritte oder Rückschläge erkennbar sind,
- Einzel- und Gruppenziele deutlich herausstellen und kenntlich machen.

Wenn die Ziele und die Bewertungskriterien klar definiert worden sind, muß dieses auf dem Aktionsplan vermerkt werden. Der Plan beinhaltet dann den Namen des Mitarbeiters oder der Gruppe, den Terminplan und die Form der Überprüfung sowie den akzeptierten Bewertungsmaßstab.

Definition und Auswahl der Erfolgs-Strategeme, die dem Ziel dienen

Es ist nicht nur sehr wichtig, daß jeder Mitarbeiter seine Ziele kennt, sondern sich auch mit ihnen identifiziert. Da kein Ziel direkt umgesetzt werden kann, sondern nur im Kontext der Strategeme und Verhaltensweisen, müssen diese in einem nächsten Schritt ausgewählt werden.

Gehen Sie folgendermaßen vor:

Überprüfen Sie nochmals die Ziele.

Überprüfen Sie die zehn Strategeme:

- einfache Strukturen
- Qualitätsarbeit
- effektives Verhalten
- intelligente Arbeit
- angewandte Kreativität
- Risikofreudigkeit
- Loyalität
- überlegtes Handeln
- Zusammenarbeit
- entschlußfreudige Aktionen.

Wählen Sie die Strategeme und Verhaltensmuster aus, die Sie zur Erreichung des Zieles für notwendig erachten. Legen Sie dann Ihre Rangfolge fest. Bitten Sie anschließend Ihre Mitarbeiter, das gleiche zu tun, ohne sie jedoch über Ihre Wahl zu informieren. Sie müssen selbständig und unabhängig ihre Entscheidung treffen. Setzen Sie sich anschließend zusammen und treffen Sie gemeinsam die Entscheidung, welche Strategeme zur erfolgreichen Verwirklichung der angestrebten Ziele erforderlich sind.

Stellen Sie nun die gemeinsame, abgestimmte Rangfolge auf, damit diese später entsprechend überprüft werden kann.

Entscheidung über die geeigneten Motivationsfaktoren

In vielen deutschen Unternehmen werden Jahr für Jahr Ziele festgelegt, mit den Mitarbeitern besprochen, abgesprochen und akzeptiert. Und das Resultat?

Viel Zeitverschwendung, viel Arbeit, viel Papieraufwand und wenig Erfolg. Warum?

Der Grund, warum so viele Planungen scheitern, ist hauptsächlich der, **daß die abgestimmten Ziele nicht direkt mit den geeigneten Motivationsfaktoren verbunden sind.** Gute, sinnvolle und solide Ziele werden von den Mitarbeitern zwar akzeptiert, und der Weg dorthin wird auch geplant, aber damit auch in Richtung Ziel marschiert wird, brauchen sie motivierende Incentives. Das Ziel ohne Motivationsfaktoren erreichen zu wollen, ist heutzutage nahezu unmöglich. Vergleichen Sie das mit einer Fußball-Bundesligamannschaft, die für das Erreichen des Europapokal-Endspieles eine hohe Prämie zugesagt bekommt. Erstens muß diese Prämie so bemessen sein, daß selbst die „satten“ Millionäre unter den Spielern es für angemessen erachten, den Pokal gewinnen zu wollen, und zweitens spielen die nichtmonetären Motivationsfaktoren, wie persönliche Herausforderungen, Preise und der Image- und Statusgewinn eine nicht unerhebliche Rolle. **Denken Sie daran: Nur die richtigen Motivationsfaktoren führen zu richtigem Verhalten und damit zu den gewünschten Ergebnissen.**

Es stellt sich nun die Frage: Was ist jeweils die richtige Belohnung für ein bestimmtes Ziel. Bei Budget-, Leistungs- oder Zielplanungen ist in deutschen Unternehmen meistens

- keine Belohnung vorgesehen, oder wenn, dann hauptsächlich
- Geld in Form eines Bonussystems.

Andere Motivationsfaktoren werden nur selten eingesetzt und sprechen daher für die Einfallslosigkeit der Manager. Mit diesen einfallslosen „Antimotivationsinstrumenten" können Sie eher Mitarbeiter frustrieren denn motivieren. Dabei ist es gar nicht so schwierig, die richtigen Instrumente einzusetzen. Wenn Sie mit den Mitarbeitern anspruchsvolle Ziele festgelegt haben, dann fragen Sie einfach danach, welche Belohnung Ihre Mitarbeiter für angemessen erachten, damit das Ziel auch erreicht wird. Jeder hat unterschiedliche Vorstellungen über angemessene Incentives, die sich nicht nur in pekuniären Formen erschöpfen. Bei Gruppen könnten Sie zum Beispiel eine Liste erstellen und daraus eine Kombination von Belohnungen ableiten, so daß jedes Mitglied zufrieden ist und das Ziel der Gruppe auch voll mitträgt. Stellen Sie auf jeden Fall sicher, daß die Ergebnisse der Besprechungen über die Incentives und Motivationsfaktoren schriftlich festgehalten werden und von allen Beteiligten mit Datum unterzeichnet werden.

Jedermann sollte die Absichtserklärung über die Ziele und die möglichen Incentives voll mittragen, verinnerlicht haben und als realistisch sowie erstrebenswert betrachten.

Verfolgung der Ziele

Wenn Sie alle Voraussetzungen geschaffen haben, dann bleibt noch die Überprüfung, die Fortschrittskontrolle im Zeitablauf, um feststellen zu können, ob die Ziele auch erreicht werden.

Das Erreichen wichtiger Ziele kann unterschiedlich lang dauern. Manchmal sind es nur Wochen, manchmal mehrere Jahre. Vor allem bei langfristigen Zielen ist es absolut notwendig, die Mitarbeiter immer wieder anzusprechen und zu motivieren. Um sie bei der Stange zu halten, ist ein positives Feedback eine conditio sine qua non. Sie müssen Ihren Mitarbeitern das Gefühl geben, daß Sie hinter ihnen stehen, sie unterstützen und vor allem ernsthaft an ihnen interessiert sind. Sie müssen echte Führungsqualitäten zeigen, so wie *Dschuang Dsi* es formuliert hat: **Ein Mensch, der nichts hat, worin er anderen voraus ist, ist kein Führer der Menschen.**

In dem Punkt „Definition und Auswahl der Erfolgs-Strategeme, die dem Ziel dienen“ (S. 184 f.) wurden die wichtigsten Strategeme dargelegt, um die jeweiligen Ziele zu erreichen. Weiterhin wurde im Aktionsplan (S. 182 ff.) die Reihenfolge der Strategeme festgelegt, nach der die Ziele erreicht werden sollen. Aufgrund dieses Planes sind Sie nunmehr in der Lage, ein positives Feedback zu geben.

Mit den entsprechenden schriftlichen Angaben stellt der Aktionsplan über Ziele und Incentives ein komplettes System zur Menschenführung dar. Er enthält die gewünschten Ziele, das Bewertungssystem, die Motivationsfaktoren und Incentives, die eingesetzt werden müssen, um an das Ziel zu gelangen. Wenn ein positives Feedback etwas erreichen soll, müssen folgende Punkte berücksichtigt werden:

- Drücken Sie sich klar und deutlich aus.
- Seien Sie ehrlich. Menschen merken, ob Sie aufrichtig sind oder nicht.
- Sobald Sie Erfolge sehen, teilen Sie dies mit. Der richtige Moment ist auch hier sehr wichtig.
- Sprechen Sie jeden einzeln an. „Gruppennachrichten“ werden meistens negativ aufgenommen.
- Seien Sie nicht überschwenglich. Setzen Sie die Belobigung in ein angemessenes Verhältnis zum jeweiligen Ergebnis beziehungsweise Verhalten.
- Vor allem zeigen Sie, daß Sie wirklich über die Ergebnisse genau und detailliert Bescheid wissen. Nichts ist schlimmer, als wenn Sie „oberflächlich“ loben.

Einen weiteren, bereits erwähnten, sehr wichtigen Ratschlag sollten Sie noch berücksichtigen: Wenn Sie ein positives Feedback geben, dann machen Sie das **nicht** regelmäßig! Regelmäßigkeiten führen zur Gewohnheit und stumpfen ab. Unregelmäßige, aber berechtigte Belobigungen steigern die Motivation und das Engagement.

Der Zieleinlauf oder die „Incentives ante portas“

Wenn nach all dem Führen, Überprüfen, Unterstützen, Hoffen und Bangen das Ziel letztendlich erreicht wurde, beginnt der angenehmste Teil Ihrer Aufgabe, das Verteilen der Incentives, der Motivationsfaktoren.

Leider kommt es sehr oft auch vor, daß die Ziele nicht erreicht wurden. Dann müssen Sie sich mit den Betroffenen zusammensetzen und feststellen, was falsch gelaufen ist und was eventuell geändert werden muß. Die Fragen, die sich dabei automatisch stellen, sind:

- Waren die Ziele genau genug definiert und sinnvoll?
- Hatten die Betreffenden die Ziele wirklich verstanden?
- Waren andere Abteilungen beteiligt, so daß die Ziele nicht erreicht werden konnten?
- Haben Sie alles getan, um interdisziplinäre, abteilungsübergreifende Ziele auch zu ermöglichen?
- Haben Sie und Ihre Mitarbeiter wirklich die richtigen Strategeme und Verhaltensmuster ausgewählt?
- Waren die Incentives, die Motivationsfaktoren, angemessen?
- Wie war es mit dem positiven Feedback?
- Gab es äußere Umstände, die das Scheitern beeinflußten?
- Haben Sie Anzeichen, die das Scheitern während der Laufzeit bereits andeuteten, nicht gesehen oder falsch interpretiert?

Der Fragenkatalog kann sicherlich noch sehr viel weiter ausgedehnt werden. Aber Sie sollten sich auf die Problemlösung konzentrieren, und Schuldzuweisungen helfen nicht weiter, „wenn das Kind in den Brunnen gefallen ist". Stellen Sie auch sicher, daß keine Schuldzuweisungen innerhalb Ihrer Mitarbeiter oder aber ganz besonders innerhalb der Gruppen erfolgen. Ganz im Gegenteil: Versuchen Sie, gemeinsam zu analysieren, was schief gelaufen ist oder was nicht berücksichtigt worden ist, damit dieses für den nächsten Anlauf verbessert werden kann. Wie heißt es so richtig: **Ein Fehler, den man erkennt, ist schon halb gebessert.**

Zusammenfassung

Wie festgestellt wurde, ist es die Aufgabe des 100-Prozent-Managers, wirksam, d. h. effektiv zu sein. Es müssen **die richtigen Dinge getan werden.** Dazu gehören fünf Verfahrensregeln:

- Zeitermittlung
- Prioritäten richtig setzen
- Kräfte produktiv gestalten
- Beiträge erzielen
- Effektive Entscheidungen treffen.

Neben diesen Voraussetzungen gehört dazu „zielgerichtetes Führen". Denn ohne die Motivation und das Engagement der Mitarbeiter kann es keine effektive Führungskraft geben.

Die wichtigsten Punkte und Richtlinien für das „zielgerichtete Führen" sind in Abbildung 9 (S. 190) zusammengefaßt. Sie sollten diese Abbildung als Referenz stets griffbereit haben, wenn Sie den Übergang von Ihrem jetzigen Führungsstil zum Erfolgs-Management einleiten. Weiterhin mag es angebracht erscheinen, wenn Sie Kopien davon an all jene verteilen, die am Zielbestimmungsprozeß beteiligt sind. Zusammenfassend kann gesagt werden, daß der zentrale Punkt für das Managen von Menschen ist: **Sie managen nicht nur die Mitarbeiter, sondern in erster Linie führen und motivieren Sie die Mitarbeiter.**

Wenn Sie erst einmal ein Motivationsfaktorensystem aufgebaut haben, das voll verinnerlicht und akzeptiert wurde, dann werden Sie feststellen, daß Ihre Mitarbeiter zu ihren eigenen Managern werden. Das bedeutet für Sie persönlich mehr Freiraum für andere, ebenfalls wichtige Tätigkeiten. Führungsqualitäten werden aber weiterhin die Grundlage Ihrer Tätigkeit sein und bleiben. Aber wieviele Führungspersönlichkeiten verdienen diese Bezeichnung?

Tsze-Sze hat bereits vor langer Zeit Führungsqualität so definiert: „Nur derjenige wird letztendlich unter dem Himmel bestehen, der weise Fähigkeiten besitzt: Er besitzt eine schnelle Auffassungsgabe, weiß die Dinge klar zu unterscheiden, verfügt über eine überdurchschnittliche Intelligenz und weitreichende Kenntnisse, die ihn dazu befähigen, Macht auszuüben; er ist großmütig, großzügig, gütig und mild, was ihn dazu befähigt, Nachsicht zu üben; er ist ein Mann schneller Entschlüsse, energisch, fest und ausdauernd, was ihn dazu befähigt, die Dinge fest im Griff zu behalten; er kennt sich und seine Grenzen, er ist ernsthaft, weicht niemals vom rechten Wege ab und ist korrekt, weshalb man ihm Achtung entgegenbringt; er ist von hoher Bildung und Distinguiertheit, konzentriert und gründlich, wodurch er die Dinge wohl zu unterscheiden weiß."

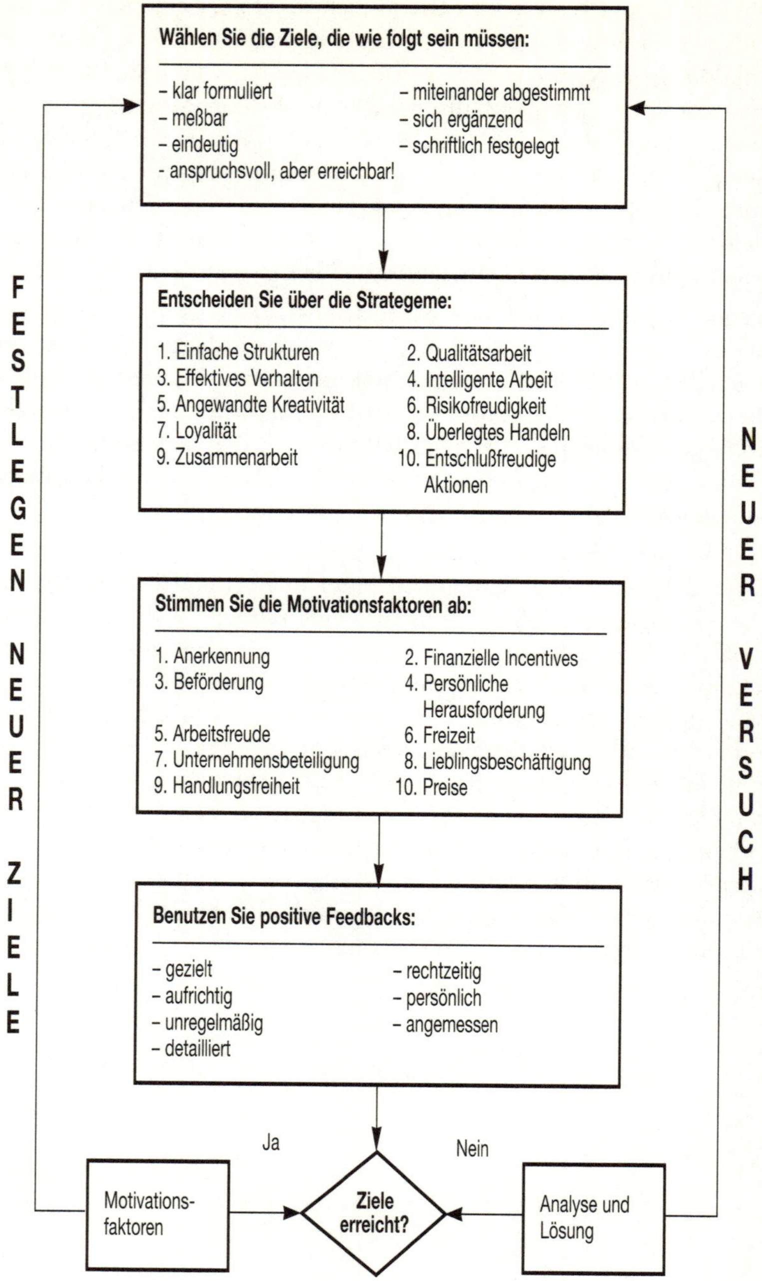

Abb. 9: Zielgerichtetes Führen

6.2 Wie Sie Ihren Vorgesetzten erfolgreich manipulieren können

Um Erfolg zu haben, mußt du den Standpunkt des anderen annehmen und die Dinge mit seinen Augen sehen.

Henry Ford I

Die Welt ist voll von ehrgeizigen und fleißigen Menschen, die mit vielerlei außergewöhnlichen Fähigkeiten ausgestattet sind. Trotzdem scheitern sie mit allen ihren guten Vorsätzen und Plänen. Und das hauptsächlich aus einem einzigen Grund: Sie beherrschen die Gesetze und Methoden der Menschenbeeinflussung nicht!

Professionelle Werbeleute, Verkäufer und Politiker wissen hingegen, wie man es macht. Die Gesetze, deren sie sich bedienen, sind die jahrhundertealten Gesetze der Manipulation. Die meisten Menschen, die ihre Ziele und Vorhaben nicht oder nur teilweise verwirklichen können, resignieren sehr bald in ihrem Bemühen, sich durchzusetzen. Voll des Mitleids mit sich selbst, geben sie anderen die Schuld für ihr Versagen. Aus diesem Grund gibt es auch so viele unzufriedene Menschen, die das Vertrauen in sich selbst und zur Umwelt verloren haben. Sie „vegetieren“ dahin, von einem Tag auf den anderen und warten, daß andere kommen und ihnen sagen, was sie denken, glauben und kaufen sollen. Kritiklos, gedankenlos, bequem und ergeben, werden sie einfache Opfer der Manipulation anderer. Diese Menschen haben nicht gelernt und erkannt, daß Manipulation ein grundlegender Bestandteil des menschlichen Zusammenlebens ist, sei es im privaten oder im geschäftlichen Bereich.

Seine persönliche Meinung durchzusetzen, andere zu überzeugen, sich in einer feindseligen Umwelt zu behaupten und nicht ausnutzen zu lassen, sich alles zu schaffen, was man sich schaffen möchte – das bedarf der Beherrschung jener Spielregeln des zielstrebigen Umgangs mit den Mitmenschen, mit denen jeder Erfolg und damit ein wesentlicher Teil des persönlichen und beruflichen Glücks verbunden ist. Wer diese Spielregeln beherrscht, wird sich, seine Fähigkeiten und seine Ideen verwirklichen. Wer sich jedoch der Mühe entzieht, sie zu erkennen, sie täglich neu zu erforschen und sich mit ihrer Hilfe zu entfalten, darf sich nicht wundern, wenn er sein Leben lang mit sich und der Umwelt unzufrieden ist.

Selbstverständlich ist es ganz natürlich, wenn Sie sich an der Aufforderung „Wie Sie Ihren Vorgesetzten manipulieren können“, stoßen werden. „Manipulation“ – dieses Wort hat vor allem in der jüngeren deutschen Geschichte eine außergewöhnlich negative Bedeutung erhalten. Es klingt heute im allgemeinen Sprachgebrauch nach hinterhältigen Tricks, mit denen Leute aufs Kreuz gelegt werden. Nach böswilliger Irreführung. Nach Ausnützen der Dümmeren und Unterpriviligierten. „Manipulation", das klingt nach unfair, unerlaubt und unverantwortlich. Aber das sind nur Klischeevorstellungen mit all den darin enthaltenen Irrtümern.

Vielleicht gehören Sie zu dem Personenkreis, an denen die ungezählten Slogans über die Gefährlichkeit der Manipulation nicht spurlos vorübergegangen sind, Slogans wie: „Die große Masse der Menschheit wird von einigen wenigen zu deren Vorteil manipuliert." Da wir tagtäglich durch die Medien mit den Gesetzen und Methoden der Manipulation konfrontiert werden, müssen wir uns auch mit einigen Denkirrtümern und Verhaltensklischees auseinandersetzen, die dabei eine wichtige Rolle spielen. Natürlich ist es richtig, daß einige wenige die große Masse der Menschen manipulieren, und zwar in der ganz eindeutigen Absicht, für sich den größtmöglichen Nutzen daraus zu ziehen. Richtig ist auch, daß wir alle ununterbrochen darauf warten, bis irgend jemand kommt, der uns sagt, was wir denken, glauben, tun und kaufen sollen. Mit anderen Worten, einer der uns eine Entscheidung abnimmt, die wir selbst nicht fällen können oder wollen.

Aber richtig ist auch, daß wir insgeheim zu denen gehören möchten, die es verstehen, andere so zu beeinflussen, daß daraus gewünschte Vorteile gezogen werden können. Deshalb interessiert uns auch, in welchem Maße wir

- uns die Methoden der Manipulation und die ihnen zugrundeliegenden Gesetze selbst zunutze machen können und
- wie wir uns davor bewahren können, daß andere uns zu unserem Nachteil ausnutzen.

„Manipulation", sagt der Schweizer Gelehrte *Adolf Portmann*, „ist ein Grundphänomen unseren Menschseins". *Walther G. Pinecoke* behauptet sogar: „Wann immer ein Mensch den Mund aufmacht, um mit einem anderen zu reden, hat er im Grunde genommen nur eines im Sinn: Er will ihn manipulieren und den größten Nutzen daraus ziehen."

Wir versuchen unser ganzes Leben lang, uns anderen gegenüber zu behaupten. Sie sollen das tun, was wir von ihnen erwarten. Sie sollen uns anerkennen und respektieren. Sie sollen unsere Potentiale und Fähigkeiten erkennen, anerkennen und uns weiterhelfen. Was immer uns diesem Ziele näherbringt, ist uns recht. Sei es die Ausübung der Macht in unserem Job, der Einsatz von Geld oder Autorität. Wie oft sind die folgenden Aussagen schon zitiert worden?

- Der Vorgesetzte sagt:
  „Wenn Sie den vorgeschriebenen Umsatz nicht erreichen, dann bekommen Sie keine Prämie und eventuell muß ich Sie entlassen."
- Der Lehrer droht:
  „Wenn du nicht anständig lernst, bleibst du sitzen."
- Die Hausfrau kauft das neue Waschmittel, „weil sie sonst als dumm dasteht und weil es eine noch weißere Wäsche verspricht".
- Die Exekutive, die die Autorität des Staates repräsentiert, weist darauf hin:
  „Wer dem Gesetz nicht folgt, wird bestraft."

Ähnliches sagen die Kirche und andere einflußreiche Institutionen. In all den vorgenannten Fällen wird eine ganz bestimmte Methode angewandt, um ans Ziel zu kommen: **die Angst-Methode!** Genau genommen ist die Angst überhaupt eines der häufigsten Motive für unser Handeln und für unser Verhalten. Die Angst, die wir selbst haben und die unser Handeln bestimmt, und die Angst, die wir anderen machen, um sie für unsere Absichten gefügig zu machen. Das Unternehmen, der Vorgesetzte, der Lehrer, die Eltern, die Behörden, die Kirche, die Regierung, sie alle manipulieren mit der Angst und der Strafe.

Wir alle haben Angst davor, unsere Arbeitsstelle zu verlieren; und die Leute, für die wir arbeiten, sind nicht daran interessiert, uns diese Angst zu nehmen. Angepaßte, katzbuckelnde Mitarbeiter sind das armselige Zeugnis dafür, obwohl selbst diese Mitarbeiter ihr angepaßtes Verhalten nicht erkennen und jedes Ansinnen darauf weit von sich weisen würden. Aber vielleicht ist die am meisten verbreitete Angst jene, wir könnten in unseren engeren Gemeinschaften, Clubs und Betrieben nicht bestehen oder nicht anerkannt werden. Deshalb paßt man sich an und ist krampfhaft bemüht, nur nicht unangenehm aufzufallen. Natürlich haben auch „die da oben" Angst, die Leute, die ganz oben auf der beruflichen und gesellschaftlichen Pyramide der Bewunderung und des Einkommens stehen. Sie werden ununterbrochen von denen gejagt, die hinter ihnen nach vorne drängen. Jeder, der oben ist, möchte auch dort bleiben. Die Angst, verdrängt zu werden, hält ihn Tag und Nacht in Atem. Das beste Beispiel dafür sind unsere Politiker, die alle vier Jahre wieder um diesen Platz „an der Sonne", im Zentrum der Macht, kämpfen müssen.

Genau wie die Manipulation, ist auch die Angst ein Phänomen unseres Menschseins.[134] Aber die Manipulation, wie wir sie hier verstehen, geht **nicht** von der Angst aus, sondern vom **bewußten Verständnis für den anderen,** dem von uns „Manipulierten". Sie nutzt seine Trägheit, sein Unwissen, seine Bequemlichkeit, seine Unsicherheit, mit anderen Worten, seine Schwächen, aber auch seine Stärken aus, aber sie gefährdet in keiner Weise seine Existenz. Er soll die Chance haben, besser zu sein als wir. Das ist ein wesentliches Merkmal des täglichen manipulativen Spiels, das ohne Gegner nicht spielbar wäre. Dieses Spiel des „Sich-Durchsetzens“ ist **für** und **auf** jeden anwendbar. Wer es besser versteht und beherrscht, wird besser abschneiden als der andere, der es nicht versteht oder weniger gut beherrscht.

Wie Sie den vorangegangenen Ausführungen entnehmen konnten, hatten Manipulationen in der Vergangenheit immer etwas mit Angst zu tun.

Unsere Manipulationen sind aber Motivationsfaktoren, Incentives und Belohnungen!

Der Erfolgs-Management-Grundsatz, und das ist das Faszinierende daran, kann überall positiv eingesetzt werden. Deshalb werden wir ihn jetzt dort einsetzen, wo er Ihnen beruflich am meisten nutzen kann – bei Ihrem Chef! Ihr Vorgesetzter ist eine der wichtigsten Personen. Ihn können Sie zwar nicht mit allen Motivationsfaktoren belohnen, für ihn können Sie aber trotzdem das eine oder andere Incentive benutzen, um ihn zu beeinflussen. Ihren Vorgesetzten zu managen, zu führen, zu manipulieren, ist nicht nur möglich, sondern auch notwendig. Denn: **In der heutigen Arbeitswelt macht keiner allein und ohne Unterstützung durch andere Karriere.**

Ohne Beziehungen, Empfehlungen oder einen Paten macht selbst ein hochintelligenter und erfolgreicher Mitarbeiter keine Karriere. Ganz im Gegenteil! Meistens werden diese erfolgreichen Mitarbeiter als potentielle Konkurrenten empfunden und „abgesägt“. Um deshalb die Voraussetzungen zu schaffen, die Karriereleiter erklimmen zu können, müssen Sie das Management nicht nur nach unten beherrschen, sondern was noch viel wichtiger ist, das Management und die Manipulation nach oben.

Aber leider ist dieses den meisten nicht klar. Statt dessen verschwenden sie ihre Zeit und beschweren sich über ihren Chef, da sie annehmen, nicht stark genug zu sein, um Veränderungen herbeizuführen oder die Beziehung zu verbessern. Wenn Sie diese Aussagen oder Gefühle kennen, dann sollten Sie folgendes berücksichtigen: Sie sind zu 50 Prozent an der Beziehung zu Ihrem Vorgesetzten beteiligt und haben Ihr eigenes Verhalten zu 100 Prozent in Ihrer Hand. Und die Art und Weise, wie Sie sich ihm gegenüber verhalten, sagt ihm, wie er sie behandeln soll. Darüber hinaus sollten Sie die falsche Vorstellung ausräumen, daß „wir kleinen Leute“ uns stets nur als Opfer routinierter Manipulanten sehen sollten, denen wir hilflos ausgeliefert sind. Was uns zu solchen Opfern macht, ist vor allem die Angst vor unserer vermeintlichen Unfähigkeit, uns den anderen gegenüber durchsetzen zu können.

Wenn Sie von Ihrem Chef erwarten, daß er Ihre Probleme löst, dann wird er Ihnen nur wenig Handlungsspielraum einräumen. Wenn Sie grundsätzlich seiner Meinung sind, dann wird er Sie innerlich nie als selbständig denkende Person akzeptieren und behandeln. Er hält Sie sich dann nur als Schachfigur, um Sie für taktische Züge einzusetzen oder zu opfern. Ganz so wie es jeweils zur Strategie paßt. Da Sie nie genau wissen, welches Verhalten Ihr „launischer" Vorgesetzter gerade liebt, müssen Sie das „Zepter" selbst in die Hand nehmen.

Das manipulative Erfolgs-Management bedeutet, daß Sie den Umgang mit Ihrem Vorgesetzten so gestalten, daß die Arbeit mehr Freude macht und vor allen Dingen für beide Parteien sich die Arbeit erfolgreicher und effektiver gestaltet. Das heißt nicht, daß Sie jetzt anfangen, Ihrem Chef nach dem Sinn zu reden oder geschickt zu katzbuckeln, wie es viele Chefs auch heute noch so lieben. Trotz anderer Aussagen und Dementi lieben die deutschen Chefs bis heute noch keine intelligenten, kreativen Querdenker, sondern eher die angepaßten, pflegeleichten Mitarbeiter. Deshalb geht dieser Aktionsplan auch so geschickt vor, daß selbst die spießigsten Vorgesetzten nicht das Gefühl bekommen, daß sie manipuliert bzw. geführt werden.

Trotz der Einschränkungen über die Verhaltensmuster und Potentiale der Vorgesetzten gibt es „Gott sei Dank" noch eine erkleckliche Anzahl anderer, in unserem Sinne fortschrittlicher Chefs. Neben Ihren persönlichen Erfolgen sollte der Erfolg des Unternehmens Ziel allen Handels sein. Vor allem versucht die effektive Führungskraft, die starken Kräfte seiner Vorgesetzten möglichst produktiv zu gestalten.

Wie oft hört man Manager klagen, daß es ihnen Probleme bereitet, ihre Vorgesetzten zu lenken, um die gewünschten Ziele zu erreichen, während dies auf der Mitarbeiterebene eher mit geringeren Reibungsverlusten möglich ist. Aber wie soll man seinen Vorgesetzten lenken, um die gewünschten Ziele zu erreichen? In Wirklichkeit ist das gar nicht so schwierig. Das Geheimnis liegt darin, die Stärken des Vorgesetzten zur vollen Wirkung zu bringen.

Obwohl es eine Binsenwahrheit sein sollte, so wird doch immer noch das Gegenteil in den Unternehmen kolportiert. Im Gegensatz zu der landläufigen Meinung gelangen Mitarbeiter **nicht** zu Rang und Ansehen über die Leichen ihrer unfähigen Chefs. Wenn deren Vorgesetzter nicht befördert wird, so bleiben sie hinter ihm stehen. Wird der Vorgesetzte abgeschoben oder „gefeuert", so ist sein Nachfolger selten jener Mann, der bisher seine „rechte Hand" war. Es wird gewöhnlich ein neuer Mann von außerhalb des Unternehmens, der Division oder der Abteilung kommen. Umgekehrt führt nichts so sicher zum Erfolg wie ein erfolgreicher, schnell aufsteigender Vorgesetzter. Deshalb ist die produktive, manipulative Führung des Vorgesetzten ein Schlüssel zu eigener Wirksamkeit. Man hat dadurch die Möglichkeit, seinen eigenen unternehmerischen Beitrag so zu präsentieren, daß er von oben aufgegriffen und in die Tat umgesetzt wird. Effektive Führungskräfte gehen davon aus, daß der Chef auch nur ein Mensch ist mit all den möglichen Stärken und Schwächen. Die effektive Führungskraft unterstützt die Stärken ihres Vorgesetzten und kompensiert geschickt seine Schwächen. Der Versuch, auf seine Schwächen zu bauen, wäre sinnlos und ebenso lächerlich, als wenn man versuchen würde, auf die Schwächen seiner Untergebenen zu bauen. Die effektive Führungskraft fragt daher nicht nur: „Was können meine Mitarbeiter leisten?" sondern auch: „Was kann mein Vorgesetzter wirklich?" – „Was hat er wirklich gut gemacht?" – „Was muß er wissen, um seine Stärken gezielt zu nutzen?" – „Was muß ich ihm geben, damit er seine Arbeit effektiv erledigen kann?"

Stärken- und Schwächen-Analyse

Wie letztendlich alle Menschen, haben auch Sie und Ihr Chef viele Gemeinsamkeiten. Angefangen damit, daß Sie beide in dem gleichen Unternehmen arbeiten und daß Sie beide Erfolg benötigen. Mit anderen Worten, Sie und Ihr Chef sind mehr oder weniger voneinander abhängig. Außerdem haben Sie beide persönliche Stärken und Schwächen, die die Beziehung belasten oder fördern können. Schließlich sind Sie beide nur Menschen, die nicht unfehlbar sind und sich wahrscheinlich auch nicht mehr sehr stark ändern werden.

Wenn Sie also Ihren Chef managen und führen wollen, müssen Sie damit beginnen, eine Bestandsaufnahme der beiden Persönlichkeiten und der involvierten Tätigkeiten zu machen. Bevor Sie die Arbeitsbeziehung im Sinne des Erfolgs-Managements verbessern können, müssen Sie genau die Stärken, Schwächen und kritischen Punkte von sich und Ihrem Partner kennen.

Dabei ist es außerordentlich wichtig, so viele „objektive" Informationen über Ihren Chef und seine Tätigkeit zu bekommen, wie nur irgend möglich. Dabei kommt es wirklich auf die „Objektivität" an, obwohl wir wissen, daß dieses normalerweise nur in der Mathematik und in der Physik möglich ist. **Wichtig ist, daß Sie Ihren Chef so sehen, wie er ist und nicht, wie Sie ihn gerne hätten!**

Da völlige Objektivität nicht möglich ist, kommt es um so mehr darauf an, daß Sie so nahe wie möglich an die Objektivität herankommen, approximativ, wie es so schön in der Mathematik heißt. Je näher, um so besser sind die Aussichten für eine Verbesserung der Beziehungen. Von außerordentlicher Bedeutung ist es ebenfalls, daß Sie sich in den anderen hineinversetzen, mit ihm eins werden, um ihn, sein Handeln und seine Arbeit zu verstehen.

Um Ihren Vorgesetzten besser zu analysieren, sollten Sie die folgenden Fragen beantworten:

Persönliche Daten

- Wie alt ist er?
  - wirkt er jünger?
  - wirkt er älter?
- Wie ist seine Gesundheit?
  - stabil
  - labil
- Verheiratet?
  - wenn ja, wie ist die Ehe?
  - wenn nein, wie lebt er?
- Kinder?
- Wie ist sein Lebensstil?
  - konservativ
  - modern

Ausbildung

- Schulausbildung
- Berufsausbildung
- Studien
  – Wo?
  – Was?
  – Abschlüsse
  – Spezialgebiete
- Spezialwissen
- Sonstiges
- Bundeswehr
  – Rang
  – Einstellung zur Bundeswehr

Persönliche Charakteristika
- Ist er ein aktiver/passiver Mensch?
- Ist er eher introvertiert oder extrovertiert?
- Welche Hobbys hat er?
- Hat er persönliche Ziele?
  - kurzfristig
  - langfristig
- Hat er persönliche Probleme?
- Hat er besondere Eigenarten?
- Zu welcher Tageszeit ist er in Bestform?
- Was kann er am besten?
- Was sollte an ihm verbessert werden?
- Welche Tätigkeiten mag er überhaupt nicht?
- Welche Schwächen hat er?
- Interessiert ihn die Meinung anderer?
- Ist er opportunistisch?
- Ist er innovativ und kreativ?
- Ist er konservativ?
- Liebt er eher angepaßte Mitarbeiter?
  - oder konstruktiv kritische?
- Welchen Status/Image hat er in der Firma?
- Hat er Probleme in der Firma?
- Wie ist sein Vorgesetzter?
- Hat er noch Chancen, Karriere zu machen?
- Was mögen Sie an ihm?
- Was mögen Sie nicht an ihm?
- Mag er Sie?
- Könnte er Sie mehr
  - fordern?
  - unterstützen?
  - belasten?

Einordnung in das Unternehmen
- Ziele des Unternehmens?
- Ziele Ihres Chefs?
  - kurzfristig
  - langfristig
- Sein Informationsverhalten?
  - offen
  - restriktiv
  - verbal
  - eher schriftlich

- Sein Führungsstil?
  - patriarchalisch
  - kooperativ
  - partizipativ
  - Delegation von Verantwortung
- Sein Arbeitsstil?
  - logisch, analytisch, zielgerichtet
  - eher intuitiv
  - eher chaotisch
  - schwer zu definieren
  - eher übergeordnet
  - eher detailversessen
  - kann er mit Konflikten und Streß umgehen?
- Hat Ihr Chef Verbündete/Freunde in der Firma?
- Hat er Gegner?
- Ist er selbstsicher/unsicher?
- Hat er Sie persönlich eingestellt?
- Haben Sie Chancen, bei ihm weiterzukommen?

Dieser nützliche Fragenkatalog könnte sicherlich noch weiter ausgedehnt werden. Auf der anderen Seite werden Sie nicht alle Fragen beantworten können. Sammeln Sie weitere Daten, ohne daß dies jedoch im Unternehmen auffällt.

Die nächste Aufgabe ist sogar noch schwieriger, denn Sie müssen versuchen, sich selbst zu beurteilen und das möglichst ehrlich und objektiv. Das beste wäre, wenn Sie die Fragen gemeinsam mit einem vertrauenswürdigen Kollegen oder einem Freund beantworten würden. Nehmen Sie die gleichen Fragen und formulieren Sie sie dort um, wo es sinngemäß notwendig wäre. Zum Beispiel käme statt der „Ziele meines Chefs" dann: „Meine Ziele, kurzfristig und langfristig". Wenn Sie alle Fragen möglichst genau beantwortet haben, dann analysieren Sie im Detail die jeweiligen Stärken und Schwächen:

- Welches sind die drei größten Stärken Ihres Vorgesetzten?
- Welches sind seine drei größten Schwachpunkte?
- Welches sind Ihre drei größten Stärken?
- Welches sind Ihre drei größten Schwachpunkte?
- Wo arbeiten Sie beide am besten zusammen?
- Wo stimmen Sie beide am wenigsten überein?
- Wo haben Sie beide die größten Konflikte in der Zusammenarbeit?
- Welches ist Ihr größter Schwachpunkt in der Beziehung zum Vorgesetzten?

Die Analysen eines Teils der Fragen können Sie auch in Form einer Stärken-Schwächen-Analyse beschreiben. Diese ist natürlich in ihrer Ausprägung nicht so detailliert, gibt aber einen sehr guten Überblick. Ein Ansatzpunkt dazu kann Abbildung 10 sein, in die Sie die Leistungsausprägungen entsprechend eintragen können.

Stärken-Schwächen-Analysen															
Faktoren	Heutige Leistungsausprägung								Gewünschte Leistungsausprägung						
	-3	-2	-1	0	+1	+2	+3		-3	-2	-1	0	+1	+2	+3
Zielstrebigkeit															
Informationsverhalten															
Führungsstil															
Arbeitsstil															
Verbindungen im Haus															
Image															
Status															
Persönliches Verhalten															
usw.															

Vorgesetzter ____________

Sie selbst - - - - - - - - - - - -

Abb. 10: Stärken-Schwächen-Analyse

Konzentrieren Sie sich auf die Stärken

Effektive Führungskräfte bauen ihre eigene Arbeit auf ihre besondere Stärke auf. Sie nutzen die Stärken, die sie haben, um eine gute Beziehung zu ihrem Chef aufzubauen – wenn keine persönlichen Aversionen dagegen sprechen. Dort, wo adjustable Schwächen existieren, sollten Sie diese möglichst eliminieren. Nicht alle Schwächen können ausgeglichen werden, da oft die menschliche Natur dem entgegensteht. Deshalb müssen Sie das Beste aus den Gemeinsamkeiten machen. Um jedoch Ihre Beziehung zu Ihrem Chef zu stärken beziehungsweise zu manipulieren, **sollten Sie dort, wo Sie stark sind, aber Ihr Chef schwach ist, unterstützend eingreifen.**

Der Finanzchef der Division eines mir bekannten großen internationalen Unternehmens half seinem Geschäftsführer nicht nur bei den beruflichen Finanzangelegenheiten, sondern stand auch mit Rat und Tat bei den privaten Finanzaktionen zur Seite. Dadurch wurde er die graue Eminenz und die Vertrauensperson des Geschäftsführers. Einige Jahre später übernahm er dann die Position eines Geschäftsführers in dieser Unternehmensgruppe.

Je mehr Sie Ihren Chef unterstützen, oder noch besser, dort ergänzen, wo er Schwachstellen hat, um so mehr wird er Sie schätzen. Ein selbstsicherer, intelligenter und kluger Vorgesetzter wird seine Mitarbeiter sogar danach aussuchen, wo sie seine eigenen Schwächen mit deren Stärken ausgleichen können. So forderte es auch – wie bereits erwähnt – *David Ogilvy* von seinen Führungskräften und *Andrew Carnegie* von sich selbst.

Erfahrungsgemäß ist es jedoch so, daß Vorgesetzte meistens eine Vorliebe dafür haben, Mitarbeiter einzustellen, die die gleichen Stärken, aber was noch schlimmer ist, auch die gleichen Schwächen haben. „Verstärken Sie Ihre eigenen Schwachpunkte nicht noch dadurch, daß Sie Leute in Schlüsselpositionen holen, die die gleichen Schwächen wie Sie haben“[135], ergänzt *David Ogilvy*, denn dadurch wird weder das Unternehmen noch Sie gestärkt. Beide, Sie und das Unternehmen, müssen dann mit eklatanten Schwächen auf dem Markt gegen die Stärken Ihrer Konkurrenten wettbewerbsfähig sein. Das ganz große Problem ist jedoch, daß keiner es liebt, Schwächen zuzugeben. Die Antwort ist meistens nicht so schwierig. Die Vorgesetzten haben einfach Angst, Mitarbeiter einzustellen, die ihre Schwächen erkennen, ausgleichen oder, was noch schlimmer ist, besser als sie selbst sind. Sie wollen sich keine „Laus in den Pelz setzen“ und eventuell dabei den eigenen Konkurrenten aufbauen.

„Überlegenheit merkt man nicht im Kopf, sondern im Bauch“, deutet ganz klar an, daß jeder nur sich selbst der Nächste ist. Aus diesem Grunde müssen Sie auch sehr einfühlsam auf die Schwächen Ihres Chefs mit Ihren Stärken eingehen. Auch wenn Sie weitere Schwächen entdecken, stellen Sie sich sehr vorsichtig und sensibel darauf ein. Entscheidend ist, daß Sie lernen, aus Ihren jeweiligen Stärken Kapital zu schlagen und sich auf die Schwächen geschickt einzustellen.

So können Sie das Verhalten Ihres Chefs ändern

Selbst wenn Sie einen Chef haben, den Sie rundherum bewundern und akzeptieren, so hat doch jeder eine „Macke“, die man gerne ändern möchte. Es ist natürlich sehr naiv anzunehmen, daß das eine sehr leichte Aufgabe sein würde, und manchmal nützt selbst das

Erkennen der „Macke" nichts. Trotzdem sollten Sie sich eine Liste erstellen, in der Sie dort Wunschverhalten aufführen, wo bisher noch Schwachpunkte vorhanden waren. Verwenden Sie allerdings nur positive Wünsche, nicht, was sie nicht wollen. Und geben Sie nur Begriffe an, die Verhalten bezeichnen, zum Beispiel:

- Ich möchte, daß mein Chef mich genauer informiert.
- Ich möchte, daß er mich mehr in der Aufgabe fordert.
- Ich möchte, daß er mehr Vertrauen zu mir hat.
- Ich möchte, daß er nicht immer wieder in die laufenden Arbeiten eingreift.
- Ich möchte, daß wir bei Projekten enger zusammenarbeiten.
- Ich möchte, daß er sich intensiver um seine Stärken kümmert.

Ihre Verhaltensziele können natürlich auch andere sein. Wichtig ist, daß Sie aus einer Prioritätenliste sich zunächst nur ein Verhaltensziel auswählen, mit dem Sie beginnen wollen. Nachdem Sie die Entscheidung getroffen haben, können Sie mit Ihrer Taktik beginnen. Immer wenn Ihr Chef sich auch nur annähernd so verhält, wie Sie es gerne hätten, dann belohnen Sie ihn dafür. Wenn er Ihnen zum Beispiel eine Aufgabe übertragen hat und er stört Sie nicht bei deren Bearbeitung, dann wird er damit belohnt, daß er die Aufgabe sorgfältig gelöst und schneller zurückbekommt als geplant. Anders formuliert, wenn er Ihnen etwas Gutes tut, dann belohnen Sie ihn dafür. Unbewußt wird er dieses Verhalten registrieren und dann versuchen, es wiederholt zu erleben. Schaffen Sie deshalb Situationen, die es zulassen, daß er sich darin ebenso verhält, wie Sie es geplant haben. Wichtig dabei ist, daß Sie die Belohnung oder ein anderes Incentive nicht vergessen. Psychologen nennen diese Methode **„Verhaltensformung"**. Sie erfordert natürlich viel Geduld und Ausdauer, aber dafür ist sie auch sehr wirkungsvoll.

Denken Sie aber auf jeden Fall daran, daß Ihr Vorgesetzter nicht das Gefühl bekommt, daß er manipuliert wird oder daß einer seiner Mitarbeiter kompetenter ist als er selbst, wenn er Probleme damit hat.

Interessant mag der Hinweis eines erfahrenen chinesischen Feldherrn namens *Sun Tzu* zu sein, der bereits im 4. Jahrhundert vor Christi Geburt die wohl älteste militärische Abhandlung der Welt verfaßte: „The Art of War", im deutschen bekannt unter dem Titel „Über die Kriegs-Kunst". Im ersten Kapitel schrieb er zur Strategie folgendes nieder[136]:

„Der Krieg ist ein Weg der Täuschung. Zeige dem Gegner dich so, als ob du etwas nicht könntest, obwohl du es kannst.
Tue so, als ob du etwas nicht ausnutzen könntest, obwohl du es ausnutzen kannst.
Locke ihn durch einen Vorteil an, bringe ihn in Verwirrung und packe ihn dann. Ist er stark, weiche ihm aus.
Hast du ihn wütend gemacht, dann bringe ihn in Verwirrung.
Spiele den Nachgiebigen, dann wird er eingebildet.
Verfügt er über frische Kräfte, dann ermüde ihn ...“[137]

Zeigen Sie sich Ihrem Vorgesetzten gegenüber so, daß Sie alle Ihre manipulativen Vorteile ausspielen können, denn Sie sind der aktive Part, der alles steuert. Im übrigen ist das vorgenannte Buch von *Sun Tzu* eines der wichtigsten chinesischen und japanischen Ratgeber für angewandte ökonomische Taktiken.

Wenn Sie aufgrund der angewandten Taktiken dann das gewünschte Ergebnis erzielt haben, dann gilt es wieder, Ihren Vorgesetzten auch dafür zu belohnen. Hier einige Vorschläge dazu:

- Zeigen und sagen Sie ihm, daß Sie gerne für ihn arbeiten.
- Loben Sie ihn geschickt, wenn er etwas Außergewöhnliches erreicht hat, wozu Sie mit beigetragen haben.
- Loben Sie intern und extern seine Arbeit und seine Erfolge. Er wird diese Lobpreisungen garantiert von anderer Seite zu hören bekommen.
- Äußern Sie sich geschickt und möglichst dezent, wenn Sie ihm Ihre Bereitschaft kundtun, bei Aufgaben zu helfen, die Sie besser können als er.
- Bieten Sie sich ihm als Ansprechpartner an, falls er eine Vertrauensperson braucht.
- Stehen Sie als Sparringspartner zur Verfügung, wenn es um neue Ideen, neue Organisationsstrukturen oder um Problemlösungen geht.
- Bieten Sie ihm an, ihn von Routineaufgaben zu erlösen, damit er sich um wichtigere Dinge kümmern kann.

Diese Liste ließe sich beliebig fortsetzen. Wichtig ist, daß Sie sich auch für das richtige Incentive, für die richtige Belohnung entscheiden. Das heißt, Sie müssen die Präferenzen Ihres Chefs kennen. Denn nur das richtige Incentive – und das ist nichts Neues für uns – führt auch zum richtigen Verhalten. Was Sie Ihrem Chef auf direktem Wege nicht zukommen lassen können, sind zum Beispiel die Motivationsfaktoren der Beförderung oder die Erhöhung seines Gehaltes. Auf indirektem Wege können und werden Ihre Erfolge und Unterstützung durchaus dazu führen, daß Ihr Vorgesetzter auch befördert wird oder mehr Gehalt bekommt. Und sein Erfolg wird dann auch Ihr Erfolg sein.

Trotz aller Vorkehrungen und versuchter Führung und Manipulationen kann es vorkommen, daß sich das gewünschte Verhalten nicht einstellt. Dann müssen Sie nur Ihre Ruhe bewahren und abwarten. Achten Sie weiterhin darauf, zu positivem Verhalten anzuregen, und wenn es dann eintreten sollte, die entsprechenden Incentives bereitzuhalten. Wie in jeder anderen Beziehung besteht auch hier der sicherste Weg darin, **das zu bekommen, was Sie wollen, indem Sie ihm dabei helfen, das zu bekommen, was er will!**

6.3 Persönliches Zeit-Management

Die meisten Diskussionen über die Aufgaben der Führungskraft beginnen mit dem Rat, die Arbeit zu planen, denn nahezu jeder Manager klagt darüber, daß er nicht genügend Zeit hat, das zu tun, was er gerne möchte. Dabei wird meistens übersehen, daß wir ein schlechtes Zeit-Management haben. Viele von uns verschwenden die Hälfte ihrer Zeit.

Sie glauben das nicht?

Überprüfen Sie sich einmal selbst. Wieviel Zeit geht auf das Konto schlechter Gewohnheiten, mangelnder Selbstdisziplin und nicht vorhandener Selbstorganisation. Wie aber schafft man es, zu guten Gewohnheiten und Selbstdisziplin zu kommen? Neben richtiger Organisation kommen die Incentives dazu! Das heißt, daß auch Sie sich so belohnen müssen, daß ein Anreiz zur Verhaltensänderung vorhanden ist. Weiterhin ist von Bedeutung, daß diese Verhaltensänderung zur zweiten Natur wird, also dauerhaft ist.

Beginnen wir jedoch zuerst mit dem Management. Der 100-Prozent-Manager beginnt **nicht** mit seinen Aufgaben, sondern mit einer **Überprüfung seiner Zeit.** Er stellt zunächst fest, wofür er seine Zeit tatsächlich verbraucht. Dann versucht er, die Zeit rationell einzusetzen und die Zeitanforderungen zu verringern. Schließlich bildet er aus der ihm zur Verfügung stehenden Zeit möglichst große zusammenhängende Einheiten. Die drei Stufen dieses Verfahrens sind also:

- Zeit ermitteln,
- Zeit rationell einsetzen und
- Zeit zusammenfassen.

Damit ist die Grundlage für die effektive Arbeit des 100-Prozent-Managers gegeben. Effektive Führungskräfte wissen, daß die Zeit der Grenzfaktor ist. Das Ergebnis jedes Leistungsprozesses wird begrenzt durch das am knappsten vorhandene Hilfsmittel. Im Rahmen der Aufgabenerfüllung ist es die Zeit. Das Angebot an Zeit ist völlig unelastisch. Die Zeit von gestern ist für immer vergangen und wird niemals zurückkommen. Daher gibt es für die Zeit immer nur ein äußerst knappes Angebot, und dieses muß entsprechend berücksichtigt werden.

Als Manager haben Sie sicherlich schon mehrere Zeit-Management-Bücher gelesen oder Seminare besucht. Und? Haben Sie danach Ihre Gewohnheiten geändert? Diese Abhandlung über persönliches Zeit-Management zeigt Ihnen nicht, wie Sie den Faktor Zeit ganz ausschalten können, aber Sie finden reichlich Vorschläge, wie Sie „mehr" in „weniger" Zeit erledigen können, sich selbst zu motivieren oder Unterbrechungen auf ein Minimum zu reduzieren vermögen. Bevor Sie jedoch mit der Durchsetzung beginnen, müssen Sie eine Liste schriftlich festgelegter Ziele zur Verfügung haben. Ohne Ziele ist das ganze Selbstmanagement sinnlos. Sollten Sie darin noch unsicher sein, so halten Sie sich an die Richtlinien des persönlichen Erfolgs-Managements.

Herr seiner Zeit sein

Vielleicht kennzeichnet nichts die effektive Führungskraft so sehr wie der bewußte Umgang mit der Zeit. Obwohl der Mensch sehr wenige Voraussetzungen mitbringt, um Manager seiner Zeit zu werden, ist effizientes Zeit-Management normalerweise recht einfach:

- Nehmen Sie ein System. Irgendeines.
- Halten Sie sich daran.
- Notieren Sie alles.

Unglücklicherweise ist die Welt komplizierter, als wir möchten und trägt nicht dazu bei, die Dinge zu vereinfachen. Wie oft haben wir Zeiten geplant und wie oft werden wir dabei unterbrochen? Wie oft stellen wir am Ende eines Tages fest, daß wir wieder am Anfang stehen? Wie oft sind wir dadurch frustriert nach Hause gefahren?

Die Lösung dieser Probleme ist bei weitem einfacher, als wir zugestehen möchten. Wir müssen unseren geschäftlichen Alltag kontrollieren und führen anstatt, daß wir geführt und manipuliert werden. Wir müssen „Herr" sein über unsere Zeit und unsere Aktivitäten. Leider ist es so, daß viele Manager glauben, sie müssen so beschäftigt aussehen (Scheinarbeit), daß alle anderen glauben, der Mann sei überbeschäftigt. Und damit geht die „Erkenntnis" einher, „wie muß dieser Mann wichtig sein!" Man kann davon ausgehen, daß diese Manager ihre Zeit **nicht** managen wollen. Deshalb wenden wir uns nur an die Manager, die aus Überzeugung heraus sich entschieden haben, ihre Zeit in Zukunft nun genauer kontrollieren zu wollen. Diese werden dann sehr schnell feststellen, daß sie nicht nur produktiver werden, sondern daß ihnen das Zeitmanagen auch noch Spaß macht. Der Rest ist dann relativ einfach.

Wenn Sie Dinge möglichst schnell erledigen möchten, dann gibt es eine Standardregel:

Dinge, die andere auch erledigen müssen, sollten Sie zu Zeiten planen, wenn die anderen sie nicht machen! Wenn Sie rechtzeitig morgens zur Arbeitsstelle fahren, dann vermeiden Sie die „Rush-hour", die Hauptverkehrszeit. Lieber zwanzig Minuten früher aufstehen als eine Stunde länger im Stau zu stehen. Banal, aber wirkungsvoll.

Warum die Wochendeinkäufe am Freitagnachmittag machen, wo es lange Schlangen an den Kassen gibt, nur weil die Rentner und Hausfrauen der Kommunikation wegen einkaufen gehen? Warum immer den Sieben-Uhr-Flug zurück nach Frankfurt nehmen, der immer bis auf den letzten Platz ausgebucht ist? 90 Prozent der verlorenen Zeit beim Warten, Schlangestehen oder ähnlichem, können bei geringer Vorausplanung vermieden werden (siehe Abbildung 11).

Sie gewinnen dabei mehr als nur die verlorene Zeit, nämlich Zeit für andere, wichtigere Dinge. Die richtige Lösung, Zeit zu beherrschen, ist, die Dinge, die Sie geplant haben, auch zu der geplanten Zeit durchzuführen. Und zwar in der Länge, die Sie geplant haben. Das erfordert natürlich eine gewisse organisatorische Vorarbeit. Meine Empfehlung ist: Nehmen Sie einen Tagesplaner. Tragen Sie auf der linken Hälfte die Telefongespräche in der Reihenfolge ihrer Wichtigkeit ein. Dann ziehen Sie einen vertikalen Strich und tragen auf der rechten Seite die Dinge ein, die Sie erledigen müssen, auch in der Rangfolge der Wichtigkeit. Vermerken Sie zu jeder Aktivität die **geplante Zeit** und danach den **realen Zeitaufwand.** Am Ende einer jeden Woche sollten Sie eine Bestandsaufnahme durchführen. Gehen Sie die einzelnen Seiten der Woche durch und notieren Sie die einzelnen Tätigkeiten, die am häufigsten vorkommen oder sich regelmäßig wiederholen. Stellen Sie weiterhin die Zeitdifferenz zwischen geplanter und real verbrauchter Zeit fest.

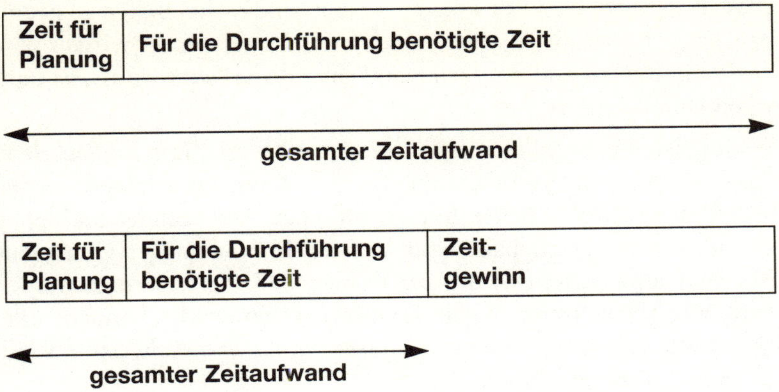

Abb. 11: Planung bedeutet Zeitgewinn

Um Ihre Zeit besser zu managen, tragen Sie nun die wichtigsten Tätigkeiten der Woche zusammen mit der real benötigten Zeit ein. Vergleichen Sie dann die benötigte Zeit mit der gesamten Arbeitszeit, die Ihnen normalerweise zur Verfügung steht.

Denn durch das Führen des Tagesplaners und den Vergleich mit den benötigten Zeiten wissen Sie zumindest, wo Ihre Arbeitszeit bleibt. Analysieren Sie in Ruhe die Ergebnisse und versuchen Sie dann die folgenden Fragen möglichst objektiv zu beantworten:

- Versuche ich, zu viele Punkte an einem Tag zu erledigen?
- Werde ich zu oft unterbrochen?
- Gibt es zu viele ungeplante Aktionen?
- Setze ich mir nicht die richtigen Prioritäten?
- Bin ich zu schlecht organisiert – inklusive meines Sekretariats?
- Welche Arbeiten wiederholen sich ständig?
- Können diese eliminiert, reduziert oder delegiert werden?
- Welches sind die drei größten Zeitverschwender?
- Erledige ich oft Arbeiten, die zwar dringend, aber unwichtig sind?
- Welche Tätigkeiten gehen mir schnell von der Hand?
- Welche Tätigkeiten dauern länger, weil ich sie nicht mag?
- Kann ich diese nicht delegieren?
- Zu welcher Tageszeit bin ich effizienter, wann dagegen müde?
- Wo liegen meine offensichtlichen Schwächen im Zeit-Management?
- Welches sind meine Stärken?

Diese Fragen, so banal sie klingen mögen, sind nicht einfach zu beantworten. Je besser die Analyse jedoch ist, um so einfacher wird es sein, das Verhalten zu ändern. Denn **ein Fehler der erkannt wurde, ist auch schon halb korrigiert.**

Wichtig ist, daß Sie alles aufschreiben, was Sie erledigen wollen, denn das bedeutet eine Verpflichtung für Sie. Einmal niedergeschrieben bedeutet, einen physischen und psychischen Akt beendet und einen Grundstein gelegt zu haben für weitere Aktionen. Der Qual, eine Aktivität aufzuschreiben und zu wissen, daß diese erledigt werden muß, folgt die Erlösung, wenn sie ausgestrichen werden kann, da erledigt. Diese Erlösung ist eine riesige Belohnung, erst recht dann, wenn die Aktivität unbeliebt ist.

Ein weiterer Hinweis, der sehr wichtig ist, besagt, daß Sie bereits am Vorabend den nächsten Tag durchorganisiert haben sollten. Das gibt Ihnen am Abend die Ruhe und das Gefühl, alles im Griff zu haben. Die gleiche Planung können Sie periodisch auch für die Woche, den Monat, das Jahr und so weiter machen, aber mit all den Imponderabilien, die bei so einem Zeitraum nicht berücksichtigt werden können. Auf jeden Fall haben Sie stets das Gefühl, den anderen zumindest immer einen Schritt voraus zu sein. Eine sinnvolle Tagesplanung könnte so aussehen: schriftlich, am Vorabend

- Aufgaben zusammenstellen
- Zeitdauer der jeweiligen Aufgabe schätzen
- Pufferzeiten einplanen
- Entscheidungen treffen und Prioritäten setzen
- Nachkontrolle
- Arbeitsblöcke bilden
- stille Stunde einplanen.

Ihre Tagesplanung sollte ca. 60 Prozent für geplante Aktivitäten, ca. 20 Prozent für unerwartete Aktivitäten und ebenfalls 20 Prozent für spontane und soziale Aktivitäten berücksichtigen. Wollen Sie nach dem kaufmännischen Vorsichtsprinzip vorgehen, dann wäre es angebracht, nur 50 Prozent der Arbeitszeit zu verplanen und die anderen 50 Prozent als Pufferzeit zu reservieren.

Halten Sie sich an Ihren Zeitplan

Die meiste Zeit geht dadurch verloren,
daß man nicht zu Ende denkt.

Alfred Herrhausen

Ein Zeitplan ist nutzlos, wenn man sich nicht daran hält. Es gibt normalerweise nur wenige Gründe, die so wichtig sind, daß sofort reagiert werden muß und deshalb der Tagesplan durcheinander gerät. Wenn Unterbrechungen sich andeuten, dann reagieren Sie nicht sofort darauf, sondern lassen Sie die benötigte Zeit in Ihren Plan, zum Beispiel für den Nachmittag, mit aufnehmen. Berücksichtigen Sie auf jeden Fall dabei die Prioritätenfolge.

Versuchen Sie, Ihren Zeitaufwand möglichst so genau zu planen, daß Sie nicht immer Ihren Terminen hinterherhetzen müssen. Aufgrund Ihrer Erfahrung sollten Sie ziemlich genau einschätzen können, wieviel Zeit Sie für geplante Aktivitäten voraussichtlich benötigen. Um die Zeit zu managen, müssen Sie Ihrem eigenen Wissen vertrauen. Ein Wochenmeeting, das immer zwei Stunden dauert, können Sie nicht mit einer Stunde einplanen, nur weil Sie keine Zeit haben. Sollten Sie in einem Meeting bereits erwartet werden, dann führen Sie bitte kein Telefongespräch mehr. Ein gehetztes Telefongespräch hinterläßt bei Ihrem Gesprächspartner meistens einen bitteren Nachgeschmack und kann sich bei mehrmaliger Wiederholung negativ auf Ihre Karriereplanung auswirken oder auf die Pünktlichkeit anderer. Wenn Sie sich an den Zeitplan halten wollen, dann müssen Sie vor allem Ihre Stärken und Schwächen und andere Imponderabilien berücksichtigen, wie:

Stimmt die notwendige Zeitdauer mit der tatsächlichen überein? Sind Aufgaben delegierbar oder überhaupt vermeidbar? Siehe dazu die ABC-Analyse der Zeitverwendung in Abbildung 12 (S. 210).

Die Abbildung 12 sollte wie folgt interpretiert werden:

- **A-Aufgaben**
  sind die wichtigsten Aufgaben. Sie können von der betreffenden Person nur allein oder im Team verantwortlich ausgeführt werden und sind somit nicht delegierbar.
- **B-Aufgaben**
  sind durchschnittlich wichtig. Hier ist zu überlegen, inwieweit die Aufgabe delegierbar ist, ohne das Ziel der eigenen Tätigkeit zu gefährden.

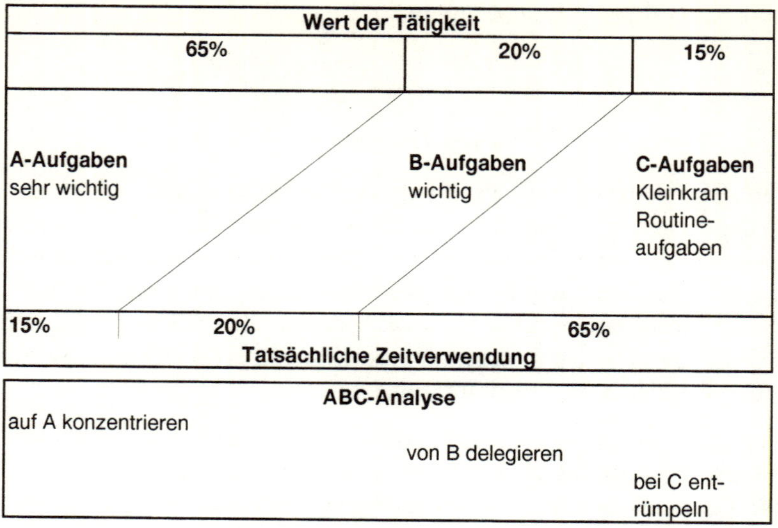

Quelle: In Anlehnung an *L. J. Seiwert:* Das 1 x 1 des Zeitmanagement, Droemersche Verlagsanstalt Th. Knaur Nachf. München, 1987

Abb. 12: Wertanalyse der Zeitverwendung (ABC-Analyse)

- **C-Aufgaben**

  sind die Aufgaben mit dem geringsten Wert für die Erfüllung der Funktion, wobei die Differenzierung der Notwendigkeit von Ihnen streng vorgenommen werden muß.

Setzen Sie sich jeden Tag Prioritäten und legen Sie die Rangordnung fest. Dazu sollten Sie analysiert haben, wann Sie am meisten gestört werden und wann weniger. Weiterhin sollten Sie Ihre persönliche Leistungskurve kennen. Wann sind Sie am produktivsten, wann weniger? Abbildung 13 mag Ihnen bei der Planung helfen.

Führungskräfte stehen kontinuierlich unter dem Druck unproduktiven und verschwenderischen Zeitverbrauchs. „Zeiträuber" beherrschen das Leben aller Führungskräfte. Deshalb ist „Planung der Zeit" ein nicht unerhebliches Kriterium auf dem Weg zum persönlichen Erfolgs-Management. Vor allem je größer das Unternehmen ist, desto weniger ungestörte Zeit verbleibt Ihnen. Um so wichtiger sollte es für Sie sein, sich über Ihren Zeitverbrauch Rechenschaft abzulegen, und der kleine verfügbare Rest sollte sinnvoll verwendet werden.

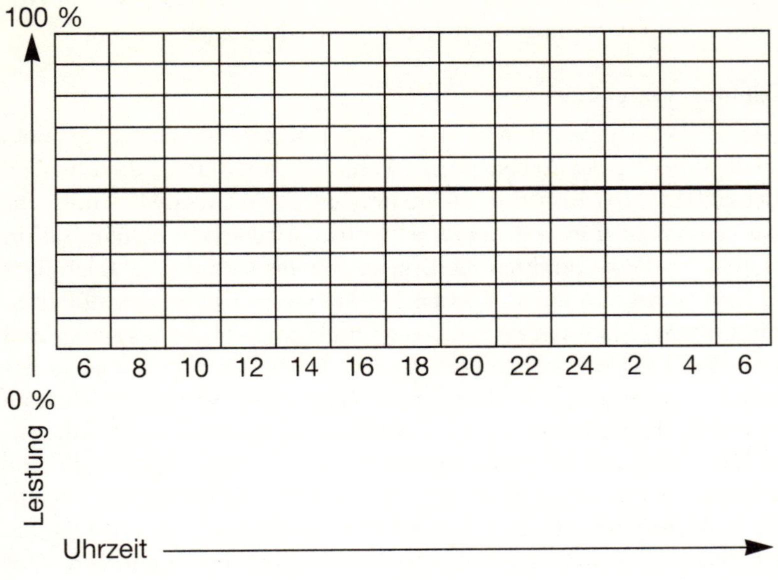

Abb. 13: Die persönliche Leistungskurve

Personenbezogenes Zeitverhalten

Da Sie die längste Zeit Ihres Arbeitstages mit Menschen verbringen, müssen Sie bei der Kalkulation des Zeitfaktors die unterschiedlichen Persönlichkeiten und deren Stil unbedingt berücksichtigen. Ich habe Mitarbeiter gehabt, mit denen konnte man innerhalb kürzester Zeit alle Punkte, die relevant waren, durchsprechen. Bei anderen Mitarbeitern dauerte es Stunden, bevor sie überhaupt erst auf den Punkt kamen, um den es ging. Trotz aller Belohnungs- und Incentivestrategien sowie unterschiedlicher Versuche, die Verhaltensmuster zu ändern, kostete es doch unheimlich viel Energie und Geduld, zumindest kleine Änderungen zu erreichen. Die Natur hat eben nicht alle Menschen gleich in ihren Verhaltensmustern ausgestattet.

Aus diesem Grunde ist es ratsam, die Zeit entsprechend der Personen und deren Persönlichkeitsstruktur auszurichten und zu kalkulieren. Das gilt insbesondere, wenn Sie Diskussionen und Meetings mit Außenstehenden haben. Versuchen Sie, alles über die Menschen zu lernen, mit denen Sie arbeiten, seien es Mitarbeiter oder Kunden. Das schließt die Art und Weise ein, wie diese arbeiten, deren Verhaltensmuster und Einstellungen sowie deren Zeit-Management.

Telefongespräche

Telefongespräche und Meetings sind normalerweise die größten „Zeiträuber" eines Arbeitstages. Wenn Sie es schaffen, diese beiden Aktivitäten unter Kontrolle zu bekommen, dann haben Sie schon sehr viel gewonnen. Eine effiziente Sekretärin wird Ihnen helfen, daß in Zeiten, wo keine direkten Gespräche geplant sind, keine Telefonate zu Ihnen durchkommen. Lassen Sie die Gespräche genau notieren, mit Uhrzeit, Stichworten zum gewünschten Diskussionspunkt und wann der Rückruf zeitlich dem Anrufer am besten passen würde. Sie sollten sowohl morgens als auch am Nachmittag grundsätzlich feste Zeiten für Telefongespräche einkalkulieren. Eigene wie auch Rückrufe. Der Vorteil der Rückrufe ist, daß Sie sich besser auf die Gespräche vorbereiten können, und damit auch wieder Zeitgewinne ermöglichen. Wichtig ist jedoch, daß zurückgerufen wird. Versuchen Sie bei den Telefongesprächen, möglichst schnell – aber nicht unhöflich – auf den Gegenstand des Gespräches zu kommen oder auch das Gespräch zu beenden. Viele Leute haben hier enorme Schwierigkeiten. Deshalb sollten Sie schnell auf den Gegenstand des Gesprächs kommen, da Sie nicht wissen, wieviel Zeit Ihr Gesprächspartner hat. Wenn nötig, können Sie nach dem Behandeln des Themas noch etwas „small talk" nachschieben. Meistens laufen jedoch die Gespräche anders. Es beginnt mit „small talk" und für das eigentliche Thema bleibt kaum Zeit. Deshalb: Gleich richtig anfangen!

Interne Meetings

Interne Meetings sind der Fluch jeder Organisation. Sie sind zwar außerordentlich wichtig für die Kommunikation und die Entscheidungsfindung, meistens sind sie jedoch ziellos, entscheidungslos, schlecht geplant und daher die reine Zeitverschwendung. Das Problem ist: Meetings können nicht alle eliminiert werden. Mit den richtigen Motivationsfaktoren können sie jedoch reduziert, gekürzt und zielorientiert ausgerichtet werden. Das bringt nicht nur Zeitgewinn.

Weiterhin sollten Sie folgende Punkte berücksichtigen:

- Die Produktivität eines Meetings ist umgekehrt proportional zur Anzahl der Teilnehmer. Bei mehr als fünf Teilnehmern wird die Produktivität exponentiell reduziert.
- Je eingeführter das Meeting, desto größer die Teilnehmerzahl, desto länger der Zeitrahmen, desto schlechter das Ergebnis.

- Meetings sollten regelmäßig hinterfragt werden – Häufigkeit, Notwendigkeit und Zusammensetzung der Teilnehmer.
- Der Beginn und das Ende des Meetings sollten genau terminiert und vor allem eingehalten werden. Meetings, die nicht zur geraden Uhrzeit anfangen, wie zum Beispiel um 10.45 Uhr, beginnen seltsamerweise häufiger pünktlich.
- Sollten mehrere Punkte zur Diskussion anstehen, dann erstellen Sie auf jeden Fall eine Agenda.
- Beginnen Sie grundsätzlich mit den Punkten, die schnell abgehandelt werden können.
- Bei den zeitlich anspruchsvolleren Punkten sollten Sie mit einer Zusammenfassung des Status quo beginnen, um das Hin-und-Her in der Diskussion auszuschalten.

Obwohl Meetings für die Entscheidungsfindung von essentieller Bedeutung sein können, sind sie für die Entscheidung selbst jedoch nicht das beste Forum. Sollten mehr als fünf Personen zusammen sein, ist eine optimale Entscheidung fast unmöglich.

Entscheidungsfindung durch ein Komitee ist weder effizient noch effektiv, und die Ergebnisse, die daraus resultieren, sind üblicherweise nicht die besten. Hinzu kommt, daß sich im Endeffekt dann keiner für die Erreichung der Ergebnisse verantwortlich fühlt. Aus den Händen gleitet ein Meeting auch dann, wenn angekündigt wird, daß eine Entscheidung bis zum Ende der Diskussion getroffen werden muß. Meetings, die mehr sind als rein informativ, sollten allen Beteiligten die Chance geben, kurz und prägnant zu den Themen Stellung zu nehmen. Das hilft dem Entscheider, seine Gedanken zu ordnen. Die Entscheidung selbst sollte aber dort nicht fallen. Das reduziert nämlich weitere, teilweise überflüssige und emotionale Diskussionen, verhindert Konfrontationen, eliminiert Opportunismus und stärkt dadurch die Entscheidung.

Externe Meetings

Es liegt in der Natur der Sache, daß interne Meetings – trotz der diskutierten Schwierigkeiten – einfacher geführt und kontrolliert werden können als externe Meetings. Nichtsdestoweniger hat es auch hier der gestandene und gut organisierte Manager in der Hand, die geplanten und benötigten Zeiten einzuhalten. Das beginnt mit der Festlegung der Agenda inklusive des dazugehörenden Zeitrahmens. Bei Beginn des Meetings sollten diese Punkte nochmals festgehalten werden. Da die meisten Personen auch stets über Zeitmangel klagen, wird hier normalerweise ohne Schwierigkeiten eine gemeinsame Übereinkunft erzielt.

Dabei darf nicht außer acht gelassen werden, daß gerade die ersten Momente eines Meetings – von der Begrüßung bis zum Beginn des wirklichen Gespräches – wichtiger für die Gestaltung und den Ausgang der Gespräche sind als alles andere, was folgt. Dazu gehört neben der Agenda, dem Ton und der Atmosphäre auch die gewünschte Übereinstimmung und vollständige Konzentration auf die beteiligten Personen und Themenkreise, ohne Akzeptierung irgendwelcher Störfaktoren. Kaffee und andere Getränke sind bereits vorhanden oder serviert, bevor das eigentliche Meeting überhaupt beginnt. Wenn Sie diese Punkte in diesem Sinne kontrollieren können, dann sind Sie auch in der Position, das gesamte Meeting entsprechend erfolgreich zu führen und zeitgerecht zu beenden.

Bei Geschäftspartnern, die sich noch nicht oder nicht gut genug kennen, kann es passieren, daß sich die Gespräche in die Länge ziehen, weil jeder darauf wartet, daß der andere das Gespräch beendet. Manchmal genügt nur ein kleiner Hinweis, um das Gespräch einvernehmlich zu beenden. Aber: Seien Sie vorsichtig mit dem Beenden von Gesprächen. Es kann durchaus passieren, daß Sie bei Ihren Gesprächspartnern auf Unverständnis und Widerstand stoßen, wenn Sie das Zeit-Management zu sehr in den Vordergrund stellen.

Effektive, gut vorbereitete und intelligente Manager lieben es, schnell von einem Thema zum nächsten zu springen, Probleme anzusprechen und zu lösen, zu bearbeiten und zu beenden. Das gilt jedoch nicht für alle Manager. Deshalb ist es außerordentlich wichtig zu wissen, mit wem Sie zusammenarbeiten und wie der Arbeitsstil des bzw. der anderen ist. Es gibt eine ganze Reihe von Managern, die mit einem hyperaktiven Arbeitsstil nicht zurechtkommen. Hier ist dann absolute Vorsicht geboten, da die Möglichkeit besteht, daß entweder sehr schnell „geistig" abgeschaltet wird oder aufgrund der retardierten geistigen Flexibilität Aggressionen entstehen, die dem positiven Ausgang der Gespräche entgegenstehen.

Langsameres Verhandeln oder längere Meetings können aber auch mit unterschiedlichen Mentalitäten und Kulturen zusammenhängen. Sollten Sie öfters im internationalen Bereich Meetings organisieren, durchführen oder daran teilnehmen, dann müssen Sie die unterschiedlichen landesspezifischen Usancen berücksichtigen. Wenn Sie zum Beispiel ein Gespräch mit Japanern sehr kurz halten würden, dann würde es deren Etikette verletzen und ein Bruch mit deren Kultur und Gewohnheiten bedeuten. Sie würden in Japan Ihr „Gesicht“ verlieren und damit jede Chance auf weitere, erfolgversprechende Treffen. Sie sehen: Der schnellste Weg zwischen zwei Punkten ist nicht immer die Gerade.

Bereiten Sie sich deshalb entsprechend auf die Meetings vor und versuchen Sie, soviel an Informationen über den Arbeitsstil Ihrer Gesprächspartner zu bekommen wie nötig, um das Gespräch erfolgreich führen zu können. Um Ihre Besprechungen so rationell wie möglich vorzubereiten und durchzuführen, verwenden Sie bitte Tabelle 6 (S. 216).

Verhaltensinnovationen

Es wurde schon kurz erwähnt, daß es eine ganze Reihe von Varianten des Zeit-Managements gibt, die zwar gelesen oder gehört, aber nicht verinnerlicht wurden. Wie schaffen wir es, daß wir diese dennoch zur dauerhaften Verhaltensänderung heranziehen können?

Die Antwort ist wie üblich relativ einfach: Nehmen Sie jeweils nur **eine** Methode des Zeit-Managements, die Sie neu anwenden und dieses über einen Mindestzeitraum von einem Monat!

Das heißt, Sie sollten Abschied nehmen von der Vorstellung, radikal Ihr Verhalten von einem Tag auf den anderen ändern zu wollen. Der Erfolg ist meistens nur sehr kurzfristig, bis Sie zu den alten Verhaltensschemata zurückkehren. Um Erfolg zu haben, liegt der Schlüssel zur **dauerhaften Verhaltensänderung** in einer schrittweisen, systematischen und besonnenen Vorgehensweise. Rekapitulieren Sie noch einmal jene Punkte aus der Analyse Ihres Tagesplaners und der Wochenabrechnung, die Sie als die größten Zeitverschwender identifiziert haben. Wählen Sie sich nun **eine neue Gewohnheit**, die Ihnen schnell großen Zeitgewinn verspricht und die sofort ohne Probleme in den beruflichen Tagesablauf integriert werden kann. Führen Sie diese neue Gewohnheit ohne Ausnahme vier Wochen lang durch, bis sie in „Fleisch und Blut“ übergegangen ist. Informieren Sie Ihre nächsten Mitarbeiter über das, was Sie sich vorgenommen haben, damit diese sich darauf einstellen können. Dann fangen Sie auch „sofort“ damit an. Warten Sie nicht, bis Sie Lust dazu haben, dann wird es nämlich niemals etwas. Probieren Sie es einfach aus, denn es kann nur besser werden als der Status quo. Zur Auffrischung finden Sie in Tabelle 7 (S. 217) eine Auswahl der größten Zeitverschwender und deren Alternativen. Diese Liste ist keineswegs vollständig, sondern sollte und muß ständig überarbeitet und ergänzt werden.

Vor der Besprechung:	
Ist die Einberufung der Sitzung überhaupt notwendig?	❑
Welche Alternativen zur Besprechung gibt es?	❑
Muß ich persönlich an der Sitzung teilnehmen?	❑
Dauer der Teilnahme so kurz wie möglich	❑
Anzahl der Teilnehmer so gering wie möglich	❑
Geeigneter Zeitpunkt für die Besprechung	❑
Störungsfreier Raum und Visualisierungsmedien	❑
Zielsetzungen für Tagesordnungspunkte	❑
Tagesordnung mit Vorgabezeiten für einzelne Themen	❑
Während der Besprechung:	
Pünktlich beginnen	❑
Bekanntgeben der Minutenkosten dieser Sitzung	❑
Spielregeln für die Zusammenarbeit	❑
Verantwortlicher für die Zeiteinhaltung und Protokollführung	❑
Unterbrechungen und Killerphrasen ausschalten	❑
Kritische Punkte in Diskussionen beobachten	❑
Zielsetzungen der Sitzung kontrollieren	❑
Entscheidungen und Maßnahmen wiederholen	❑
Ergebnisse zusammenfassen	❑
Pünktlich aufhören (positiv-persönlich)	❑
Nach der Besprechung:	
Verlauf und Erfolg der Konferenz überprüfen	❑
Ergebnisprotokoll anfertigen lassen	❑
Maßnahmenkatalog kontrollieren (wer/was/bis wann)	❑
Unerledigtes auf die nächste Tagesordnung	❑

Tab. 6: Organisationsprinzip für rationelle Besprechungen

Zeitverschwender	Verhaltensinnovation
1. Fehlende Planung	1. Planen Sie bereits am Abend vorher jeden einzelnen Punkt des nächsten Tages. Achten Sie auf nicht zu viele Punkte.
2. Störungen	2. Akzeptieren Sie Störungen nur in Notfällen. Sonst Ungeplantes nur in jeweils einem freien Abschnitt vormittags und nachmittags.
3. Papierkrieg	3. Entrümpeln Sie die Papierflut. Reduzieren Sie die Länge von Berichten auf eine Seite. Nehmen Sie jeden Vorgang nur einmal zur Hand.
4. Telefonieren	4. Nur gemäß Ihrer Tagesplanung. Andere Anrufe sortieren lassen über Ihre Sekretärin. Feste Anrufzeiten einplanen.
5. Sitzungen (Meetings)	5. Zeitplanung festlegen und einhalten. Planen Sie Meetings so, daß ihr geplantes Ende vor dem Mittagessen oder vor dem Feierabend liegt. Nehmen Sie nur an Sitzungen teil, wo Ihre Anwesenheit unbedingt erforderlich ist.
6. Routineaufgaben	6. Auf Ihre schwachen Tageszeiten legen. Alles auf einmal erledigen. Delegieren wo möglich.
7. Arbeitsüberlastung, vollbeladener Schreibtisch, Termindruck	7. Organisieren Sie sich neu. Tun Sie nichts Unnötiges. Lernen Sie zu delegieren. Benutzen Sie auch „Neinsagen". Arbeiten Sie systematisch.
8. Entscheidungsschwäche	8. Nehmen Sie Risiken bewußt in Kauf. Sammeln Sie Informationen, setzen Sie sich eine Frist und entscheiden dann. Sie werden schließlich dafür bezahlt.
9. Ungebetene Besucher	9. Legen Sie Besuchszeiten fest. Ausnahmen nur in Notfällen oder bei besonders wichtigen Kunden. Sehr restriktiv handhaben.
10. Biorhythmus	10. Planen Sie nach Ihrer täglichen Leistungskurve, dem Biorhythmus, die Bearbeitung von Aufgaben und Entscheidungen sowie die Sitzungszeiten.

Tab. 7: Zeitverschwender versus Verhaltensinnovation

Ihr persönlicher Motivationsfaktor

Gute Belohnung macht willige Arbeiter.

Sprichwort

Für die erfolgreiche Anwendung des Zeit-Managements und der Anwendung der Verhaltensänderung sollten Sie sich Incentives aussetzen, die Ihnen einen interessanten Anreiz geben, die Änderungen auch dauerhaft durchzuführen. Motivationsfaktoren können sicherlich auf zwei Grundschemata zurückgeführt werden.

Erstens: der **ideelle Motivationsfaktor.** Hier erhalten Sie Ihre Belohnung durch das Erfolgserlebnis im weiteren Sinne. Sie haben mühsam etwas Neues begonnen, durchgehalten und am Ende auch erreicht. Das Gefühl ist unbeschreiblich, kaum interpretierbar, selten zu wiederholen. Ein Glücksgefühl sui generis. Dieses Erlebnis, diese Sucht nach diesem Gefühl, führt dazu, daß Menschen, die mit diesem „Virus" infiziert sind, immer wieder etwas Neues wagen, um die ideellen Motivationsfaktoren, das Glücksgefühl und den Erfolg intensiv zu erleben.

Zweitens: die **materiellen Motivationsfaktoren.** Wenn Sie nicht zum ersten Typus Mensch gehören, oder wenn Sie meinen, Sie müßten Ihren Anreiz, etwas Neues zu wagen, verstärken, dann gehen Sie an die materielle Belohnung heran. Hier sind Ihrer Phantasie keine Grenzen gesetzt. Belohnen Sie sich mit etwas, was Sie sich sonst nicht unbedingt kaufen würden oder nur zu besonderer Gelegenheit. Etwas, das Sie bei der Benutzung oder Betrachtung daran erinnert, daß Sie erfolgreich eine Verhaltensänderung durchgeführt haben. Dauerhaft!

Eine weitere Variante wäre die langfristige Belohnung. Wenn Sie eine Verhaltensänderung geschafft haben, dann gehen Sie an die nächste heran und so weiter. Denken Sie daran: Jede gute, neu erworbene Verhaltensänderung im Zeit-Management bringt langfristig Belohnungen in Form von besserer Organisation, weniger Streß, höherer Produktivität und mehr Freizeit mit sich.

Auf diese Art und Weise entwickeln Sie sich selbst weiter, bauen Ihr Potential aus und erwerben Fähigkeiten, die die Basis für weitere Schritte auf der Karriereleiter bedeuten können. Eine Grundvoraussetzung müssen Sie sich jedoch aufs Panier schreiben, wenn Sie Ihre Verhaltensänderung wirklich positiv durchführen wollen: unbedingte Ehrlichkeit gegenüber sich selbst! Denn wie *J. Bailey* es präzise ausführt: **Die erste und schlimmste aller Betrügereien ist der Selbstbetrug. Daneben wiegen alle anderen Sünden leicht.**

Sie sehen, Erfolgs-Management kann fast überall erfolgreich eingesetzt werden. Sie können Ihr Leben erfolgreich in die eigene Hand nehmen und gestalten. Sie können sich zu dem machen, was Sie schon immer sein wollten. Sie selbst bestimmen letzten Endes die drei folgenden Dinge:

- Wie Sie denken.
- Wie Sie fühlen.
- Wie Sie sich verhalten.

Das ist alles, was Sie brauchen, um Ihr Leben selbst in die Hand nehmen zu können. Zögern Sie nicht, denn nur dem Wagemutigen gehört die Welt. Fangen Sie an! Sofort!

Wohl begonnen, ist halb gewonnen.

Horaz

Epilog

Sorge um die Zukunft zerstört in zunehmendem Maße das moderne Leben. Wir sind von eingewurzelten Gewohnheiten umstellt und lassen es zu, daß technologische und organisatorische Methoden zu den bestimmenden Faktoren sozialer Veränderungen werden. Unsere Hierarchien haben sich verselbständigt, und ihre Macht wächst in dem Maße, in dem Verantwortung und Individualität abnehmen. Hierarchische Regression hat unsere Qualitätsmaßstäbe zersetzt. Sinnlose Eskalation bei der Nutzung natürlicher Energiequellen hat die Menschen in dem Glauben bestärkt, sie würden über der Natur stehen und könnten der natürlichen Umwelt ohne Rücksicht auf die ökologischen Folgen ihre Gesetze diktieren. Raubbau und Ausbeutung ganzer Landstriche und die Schändung der Natur werden fortgesetzt, trotz besserer Erkenntnis und stetiger Mahnungen.[138]

Der Umsatz gilt immer noch als Ausweis für die Leistung einer Unternehmung, das Bruttosozialprodukt steht für die Leistung eines Volkes beziehungsweise einer Volkswirtschaft.

Warum dieser Epilog?

Wenn Sie in Zukunft solche Ausführungen lesen oder von komplizierten Unternehmensproblemen hören, dann stellen Sie einfach die beiden *Kernfragen!*

Sie werden feststellen, daß das Wesentliche ganz klar auf der Hand liegt, egal ob im ökologischen, ökonomischen, politischen oder privaten Umfeld. Wichtig ist die Erkenntnis, daß der Erfolgs-Management-Grundsatz benutzt und eingesetzt werden kann, **das Leben für alle zu verbessern.**

Zusammenfassung des Erfolgs-Managements

Die Grundlagen

1. Es wird nur das erfolgreich durchgeführt, was auch **richtig** belohnt wird.

2. Bei schlechten Ergebnissen und falschem Verhalten stellen Sie die **erste Kernfrage:**
   Was wird belohnt?

3. Daran schließt sich die **zweite** wichtige **Kernfrage** an:
   Was sollte belohnt werden?

Die Strategeme: Was wird belohnt und was sollte belohnt werden?	
Wird belohnt:	Sollte belohnt werden:
1. Komplizierte Sachverhalte	1. Einfache Strukturen
2. Fehlerhafte Arbeit	2. Qualitätsarbeit
3. Ineffizienz	3. Effektives Verhalten
4. Scheinarbeit	4. Intelligente Arbeit
5. Geistlose Konformität	5. Angewandte Kreativität
6. Risikofeindlichkeit	6. Risikofreudigkeit
7. Illoyalität	7. Loyalität
8. Aktionismus	8. Überlegtes Handeln
9. Kontraproduktivität	9. Zusammenarbeit
10. Paralyse durch Analyse	10. Entschlußfreudige Aktionen

Motivationsfaktoren : „Wie“ wird belohnt?	
1. Anerkennung	2. Finanzielle Incentives
3. Beförderung	4. Persönliche Herausforderungen
5. Arbeitsfreude	6. Freizeit
7. Unternehmensbeteiligung	8. Lieblingsbeschäftigung
9. Handlungsfreiheit	10. Preise

Persönliches Erfolgs-Management :
Taktiken und Motivationsfaktoren

Mitarbeiter-Management	Vorgesetzten-Management	Persönliches Zeitmanagement
1. Definition der Ziele	1. Stärken-Schwächen-Analyse	1. Sich Ziele setzen
2. Definition des Verhaltens	2. Konzentration auf die Stärken	2. Erreichen der Ziele durch neue, ökonomische Verhaltens-änderungen
3. Entscheidung über geeignete Belohnungen	3. Wege zur Veränderung des Verhalten Ihres Chefs	3. Belohnungen und Setzen neuer Ziele
4. Verfolgung der Ziele	4. Belohnungen	
5. Motivationsfaktoren, Incentives ante portas und Setzen neuer Ziele		

Anmerkungen

1 Peters, Thomas J. und Waterman, Robert H.: Auf der Suche nach Spitzenleistungen: Was man von den bestgeführten US-Unternehmen lernen kann, 4. Aufl., München/Landsberg am Lech: mvg-Verlag, 1993

2 Ebenda

3 Peseschkian, Nossrat: Der Kaufmann und der Papagei, Frankfurt am Main: Fischer Verlag, 1979

4 O.V.: Arbeitslosigkeit stieg auf 3,85 Millionen ..., in: Main-Echo, Nr. 32, vom 8.2.1995

5 Balzer, Arno und Bialdiga, Kirsten: Der große Kehraus, in: Manager Magazin, 10/1993

6 Dettling, Warnfried: Fest auf der Titanic, in: Die Zeit, Nr. 40, vom 30.9.1994

7 Herz, Wilfried: Vor dem sozialen Klimasturz?, in: Die Zeit, Nr. 44, vom 29.10.1993

8 Seehofer, Horst: Wo bleibt die Phantasie der Manager?, in: Die Zeit, Nr. 40, vom 1.10.1993

9 Eglau, Hans Otto: Japan Syndrom, in: Die Zeit, Nr. 43, vom 22.10.1993

10 Hammer, Michael und Champy, James: Business Reengineering: Die Radikalkur für das Unternehmen, 4. Aufl., Frankfurt/M./New York: Campus Verlag, 1994

11 Peters, Thomas J. und Waterman, Robert H.: Auf der Suche nach Spitzenleistungen, a.a.O.

12 Ebenda

13 Ebeling, Peter: Zündende Verkaufsideen, Landsberg am Lech: Verlag Moderne Industrie, 2. Aufl., 1988

14 Sprenger, Reinhold K.: Mythos Motivation: Wege aus der Sackgasse, 6. Aufl., Frankfurt/M./New York: Campus Verlag, 1993

15 Peseschkian, Nossrat: Der Kaufmann und der Papagei, a. a. O.

16 Ebenda

17 Kienbaum Studie: Die meisten Unternehmen kranken an akutem Ideenmangel, in: Frankfurter Allgemeine Zeitung, Nr. 214, vom 14.9.1993

18 Herrhausen, Alfred: Denken – Ordnen – Gestalten, Berlin: Goldmann Verlag, 1992

19 Ebenda

20 O.V.: Wir werden es den Japanern schon zeigen..., in: HÖR ZU, vom 20.5.1994

21 Hori, Shintaro: Fixing Japan´s White-Collar Economy: A Personal View, in: Harvard Business Review, Vol. 71, No. 6, November-December 1993

22 Ebenda

23 Dunsch, Jürgen: Daimlers neues Rechenwerk, in: Frankfurter Allgemeine Zeitung, Nr. 217, vom 18.9.1993

24 O.V.: Schimmelbusch soll 25 Millionen DM bezahlen, in: Frankfurter Allgemeine Zeitung, Nr. 30, vom 4.2.1995

25 Maucher, Helmut O.: „Wir wollen alle zehn Jahre die Umsätze verdoppeln", in: Die Zeit, Nr. 43, vom 22.10.1993, im Gespräch mit Kostede, Norbert und Lamparter, Dietmar H.

26 Ebenda

27 Dornbusch, Rüdiger: „Deutschland steht erst am Anfang seines Abschwungs", in: Frankfurter Allgemeine Zeitung, Nr. 267, vom 16.11.1993, im Gespräch mit Harald Ehren

28 Goss, Tracy, Pascale, Richard und Athos, Anthony: The Reinvention Roller Coaster: Risking the Present for a Powerful Future, in: Harvard Business Review, Vol. 71, No. 6, November-December 1993

29 Piëch, Ferdinand, Zitat in: Die Jagd ist auf, in: Manager Magazin, 12/1993

30 Matsushita, Konosuke, zitiert in: Ogger, Günter: Nieten in Nadelstreifen: Deutschlands Manager im Zwielicht, München: Droemer Knaur, 1992

31 Vorwort der 19. Auflage von „Kampf mit List – die 36 Strategeme" (Taipeh, 1985), zitiert in: Senger, Harro von: Strategeme, Bern/München/Wien: Scherz Verlag, 7. Aufl., 1992

32 Senger, Harro von: Strategeme, a.a.O.

33 Die folgenden Ausführungen in Anlehnung an LeBoeuf, Michael: The Greatest Management Principle in the World, 1985

34 Davidson, J.H.: Offensive Marketing, Harmondsworth, Middlesex: Penguin Books Ltd., 1979

35 O.V.: in: Frankfurter Allgemeine Zeitung, Nr. 76, vom 30.3.1995

36 O.V.: Anzeige in: Frankfurter Allgemeine Zeitung, Nr. 241, vom 16.10.1993

37 Konstroffer, Oluf E.: Erfolgreich arbeiten bei US-Gesellschaften in Europa, Folge 44, Was Sie wissen sollten, bevor Sie in ein amerikanisches Unternehmen einsteigen (II), in: Frankfurter Allgemeine Zeitung, Nr. 258, vom 5.11.1994

38 Bernstein, B.: Play and the Infant School, in: Where Christmas 1967, Supplement 11, „Toys", zitiert aus: Niepold, Wulf: Sprache und soziale Schicht, Berlin: Verlag Volker Spiess, 1973

39 Bernstein, B.: A Socio-Linguistic Approach to Socialisation: With some Reference to Educability, in: Gumperz, J. and Hymes, D. (Hrsg.): Directions in Sociolinguistics, New York: Holt, Rinehart & Winston, 1968, zitiert aus: Niepold, Wulf: Sprache und soziale Schicht, Berlin: Verlag Volker Spiess, 1973

40 McCormack, Mark: What they don't teach you at Harvard Business School, New York: Bantam Books, 1984, und derselbe: What they still don't teach you at Harvard Business School, New York: Bantam Books, 1989

41 Juran, Joseph M.: Made in USA: A Renaissance in Quality, in: Harvard Business Review, Vol. 71, No. 4, July – August 1993

42 Wilette, Anne: One man who met the quality challenge, in: USA TODAY, October 19, 1994

43 Hansen, Wolfang: Made in Germany – Ende eines Mythos?, in: Frankfurter Allgemeine Zeitung, Nr. 225, vom 27.9.1994, Beilage Qualität

44 Masing, Walter: Die Aufgabe ist die gleiche geblieben, in: Frankfurter Allgemeine Zeitung, Nr. 225, vom 27.9.1994, Beilage: Qualität

45 Hillebrand, Walter und Linden, Frank A.: Die Jagd ist auf, in: Manager Magazin, 12/1993

46 Hofmann, Frank: Stau vor dem Start, in: Der Stern, Nr. 40, vom 29.9.1994

47 Willette, Anne: Deming legacy gives firms quality challenge, in: USA TODAY, October 19, 1994, und *Wiseman, Paul* und *Maynard, Micheline*: AT & T snares prestigious quality awards, in USA TODAY, October 19, 1994

48 Kotler, Philip und Bliemel, Friedhelm: Marketing-Management: Analyse, Planung, Umsetzung und Steuerung, Stuttgart: Poeschel Verlag, 7. Aufl., 1992

49 Albrecht, Karl und Zemke, Ron: Service Amerika!, Homewood, Ill.: Dow-Jones Irwin, 1985

50 Ebenda

51 Kotler, Philip und Bliemel, Friedhelm: Marketing-Management, a.a.O.

52 Albrecht, Karl und Zemke, Ron: Service Amerika!, a.a.O.

53 Kotler Philip und Bliemel, Friedhelm: Marketing-Management, a.a.O.

54 Zitiert aus: Kotler, Philip und Bliemel, Friedhelm: Marketing-Management, a.a.O.

55 Schneider, Michael: Kein Gramm zuviel, in: Manager Magazin, 8/1993

56 Ogilvy, David: Was mir wichtig ist: Provokative Ansichten eines Werbemannes, Düsseldorf/Wien/New York: Econ Verlag, 1988

57 Ebenda

58 Carroll, Paul: Die offene Schlacht, in: Die Zeit, Nr. 39, vom 24.9.1993

59 Ogilvy, David: Was mir wichtig ist: Provokative Ansichten eines Werbemannes, a.a.O.

60 Peters, Thomas J. und Waterman jr., Robert H.: In Search of Excellence, New York: Harper & Row, 1982

61 Ebenda

62 O.V.: Tesa hat seine Stellung am Klebebandmarkt ausgebaut, in: Frankfurter Allgmeine Zeitung, Nr. 292, vom 16.12.1993

63 Ebenda

64 Peters, Thomas J. und Waterman jr., Robert H.: In Search of Excellence, a.a.O.

65 Ebenda

66 Farnham, Alan: America´s most admired company, in: Fortune, February 7, 1994

67 Schmietow, Erwin A. und Schneider, Michael: Die mangelnde Wachstumsorientierung der bundesdeutschen Industrie, in: Technologie und Management, 36. Jg., Heft 1, Mai 1987

68 Nußbaum, Bruce: Das Ende unserer Zukunft, München: Kindler Verlag, 1984

69 Kotler, Philip und Bliemel, Friedhelm: Marketing-Management, a.a.O.

70 Sauter, R.: Hundert Riesen für ein paar Zeilen, in: ADAC motorwelt, Oktober 1993

71 Ebenda

72 Ebenda

73 Drucker, Peter F.: Whenever anything is being accomplished, in: Adventures of a Bystander, New York: Harper & Row, 1979

74 Magyar, Kasimir M.: Pioniere und Pionierunternehmen, in: Die Orientierung, Nr. 86, 1986

75 Pohl, Rüdiger: Manager sind gefordert, Interview mit Norbert Höfler, in: Der Stern, Nr. 50, vom 9.12.1993

76 Ebenda

77 Peters, Thomas J. und Waterman, Robert H.: Auf der Suche nach Spitzenleistungen, a.a.O.

78 O.V.: IBM setzt den Arbeitsplatzabbau in Deutschland verstärkt fort, in: Frankfurter Allgemeine Zeitung, Nr. 270, vom 20.11.1993

79 Hünerkoch, Dieter und Thomssen, Gerhard: Sturz von „Wolke sieben“, in: Der Stern, Nr. 20, vom 11.5.1995

80 Blüthmann, Heinz: Total verfahren, in: Die Zeit, Nr. 48, vom 26.11.1993

81 Ebenda, siehe auch derselbe: Voll von Trümmern großer Reiche, in: Die Zeit, Nr. 15, vom 7.4.1995

82 Hünerkoch, Dieter und Thomssen, Gerhard: Sturz von „Wolke sieben“, in: Der Stern, Nr. 20, vom 11.5.1995

83 Blume, Georg: Schwach durch Stärke, in: Die Zeit, Nr. 38, vom 17.9.1993

84 O.V.: Die Arbeitslosenquote in Japan..., in: Frankfurter Allgemeine Zeitung, Nr. 100, vom 29.4.1995

85 Hori, Shintaro: Fixing Japan´s White-Collar Economy: A Personal View, a.a.O.

86 Odrich, Peter: Japanischer Unternehmensalltag aus europäischer Sicht: Die Realität sieht ganz anders aus, Frankfurt am Main: Verlag Frankfurter Allgemeine Zeitung, 1993

87 O.V.: Ihr Geld nicht wert, in: Der Stern, Nr. 40, vom 30.9.1993

88 Peter, Laurence J. und Hull, Raymond: Das Peter-Prinzip oder Die Hierarchie der Unfähigen, Reinbek bei Hamburg: Rowohlt Verlag, 4. Aufl., 1974

89 O.V.: Siemens: Lautloser Wechsel, in: Manager Magazin, 4/1995

90 Odrich, Peter: Japanischer Unternehmensalltag aus europäischer Sicht, a.a.O.

91 Buruma, Jan: Japan hinter dem Lächeln: Götter, Gangster, Geishas, Frankfurt am Main/Berlin: Ullstein Verlag, 1988

92 Artikel 10 der Verfassung von 604, des Kodex von Shotoku Taishi, zitiert in: Zürn, Peter: Japan zwischen Yen und Zen: Vom Geist und Stil der Söhne der Samurai, Landsberg am Lech: Verlag Moderne Industrie, 1987

93 Zürn, Peter: Japan zwischen Yen und Zen: Vom Geist und Stil der Söhne der Samurai, a.a.O.

94 Carnegie, Dale: Wie man Freunde gewinnt, Bern/München/Wien: Scherz Verlag, 1994

95 Odrich, Peter: Japanischer Unternehmensalltag aus europäischer Sicht, a.a.O.

96 Ebenda

97 Hunsdiek, Detlef: Zur Sache, in: Frankfurter Allgemeine Zeitung, Nr. 211, vom 10.9.1994

98 Meier, Bernd: Die Humanisierung – Industriearbeit im Wandel –, Institut der deutschen Wirtschaft, Köln, 1976

99 Hammer, Michael und Champy, James: Reengineering the Corporation, New York: Harper Business 1994

100 Eglau, Hans Otto: Total verinselt, in: Die Zeit, Nr. 18, vom 28.4.1995

101 Rühl, Günter: Arbeitsstrukturierung heute und morgen, in: Leistung und Lohn, Nr. 66/67, November 1976, Bundesvereinigung der Deutschen Arbeitgeberverbände, Köln

102 Peter, Laurence J.: Das Peter-Programm. Der 66-Punkte-Plan, mit dem man Problemen, Pannen und Pleiten Paroli bieten kann, Reinbek bei Hamburg: Rowohlt Verlag, 1988

103 O.V.: Autozulieferer VDO eröffnet neues Werk in Karben, in: Frankfurter Allgemeine Zeitung, Nr. 247, vom 23.10.1993

104 Hammer, Michael und Champy, James: Reengineering the Corporation, a.a.O.

105 Goldmann, Heinz: Wie Sie Menschen überzeugen; Kommunikation für Führungskräfte, Düsseldorf/Wien/New York: Econ Verlag, 1990

106 Meier, Bernd: Die Humanisierung, a.a.O.

107 Rühl, Günter: Arbeitsstrukturierung heute und morgen, a.a.O.

108 Spenger, Reinhard K.: Mythos Motivation: Wege aus der Sackgasse, Frankfurt/M./New York: Campus-Verlag, 6. Aufl., 1993

109 Peters, Thomas J. und Waterman, Robert H.: Auf der Suche nach Spitzenleistungen, a.a.O.

110 Konstroffer, Oluf E.: Erfolgreich arbeiten bei US-Gesellschaften in Europa, Folge 33: Unternehmenskultur – Unterschiedliche Werte in deutschen und amerikanischen Firmen?, in: Frankfurter Allgemeine Zeitung, Nr. 193, vom 20. 8. 1994,

111 Rodgers, Buck: The IBM Way, New York: Harper & Row Publishers Inc., 1986

112 Watson jr., Thomas J. und Petre, Peter: Father, Son & Co. My Life at IBM and Beyond, New York/Toronto/London/Sydney/Auckland: Bantam Books, 1991

113 Kohn, Alfie: Why Incentive Plans Cannot Work, in: Harvard Business Review, Vol. 71, No. 5, September-October 1993

114 O.V.: Der Spiegel: Die Sahne auf dem Kaffee hat sich verflüchtigt, in: Frankfurter Allgemeine Zeitung, Nr. 255, vom 2.11.1993

115 Linden, Frank A.: Stars and Sites, in: Manager Magazin, 10/1993

116 Sprenger, Reinhard K.: Mythos Motivation: Wege aus der Sackgasse, a.a.O.

117 Beer, Michael: Rethinking Rewards, in: Harvard Business Review, Vol. 71, No. 6, November-December 1993

118 Willer, Erich: Unternehmerische Motivation, in: Absatzwirtschaft, 11/1993

119 Sprenger, Reinhard K.: Mythos Motivation: Wege aus der Sackgasse, a.a.O.

120 Kohn, Alfie: Why Incentive Plans Cannot Work, a.a.O.

121 Ebenda

122 Sprenger, Reinhard K.: Mythos Motivation: Wege aus der Sackgasse, a.a.O., s. a. The Eisenhower Diaries, edited by Terell, Robert H.: New York and London, 1981

123 Zander, Ernst: Führung in den 80er Jahren, Heidelberg 1980

124 Kohn, Alfie: Why Incentive Plans Cannot Work, a.a.O.

125 Amabile, Teresa M.: Rethinking Rewards, in: Harvard Business Review, Vol. 71, No. 6, November–December 1993

126 Kohn, Alfie: „I Believe Incentive Plans Must Fail“, in: Harvard Business Review, Vol. 71, No. 6, November–December 1993

127 Sprenger, Reinhard K.: Mythos Motivation: Wege aus der Sackgasse, a.a.O.

128 Lebby, Andrew M.: Rethinking Rewards, in: Harvard Business Review, Vol. 71, No. 6, November–December 1993

129 McAdams, Jerry: Rethinking Rewards, in: Harvard Business Review, Vol. 71, No. 6, November–December 1993

130 Baker III, George P.: Rethinking Rewards, in Harvard Business Review, Vol.71, No. 6, November–December 1993

131 Drucker, Peter F.: The Effectice Executive, New York: Harper Business, 1993

132 Ogilvy, David: The Unpublished David Ogilvy, London: Sidgwick & Jackson, 1989

133 Drucker, Peter F., The Effective Executive, a.a.O.

134 Kirschner, Josef: Manipulieren – aber richtig. Die acht Gesetze der Menschenbeeinflussung, München: Droemersche Verlagsanstalt, 1974

135 Ogilvy, David: The Unpublished David Ogilvy, a.a.O.

136 Die englische und die deutsche Übersetzung differieren leicht im Wortlaut und im Aufbau, jedoch sind sie absolut stimmig im Kontext und im Sinngehalt.

137 Tzu, Sun: The Art of War, Boston & London: Shambhala Publications Inc., 1988, und Tsu, Sun: Über die Kriegskunst, Karlsruhe: Info Verlagsgesellschaft, 2. Aufl., 1993

138 Peter, Laurence J.: Das Peter-Programm, a.a.O.

Stichwortverzeichnis

F

G

H

I

J

K

L

Q

R

S

Sch

St

T

U

V

Bickmann/Schad

Integratives Management

Das Ende des Thomas-Prinzips

Von Roland Bickmann und Marcus Schad

1995. IX, 222 Seiten. Gebunden DM 58.–
ISBN 3 406 39030 7 erscheint im März 1995

Nicht nur Zahlen
In vielen Unternehmen hat die Entwicklung in den letzten Jahren dazu geführt, daß immer stärker verfeinerte Controlling-Konzepte den Blick auf betriebswirtschaftliche Erfolgsgrößen verengt haben. Daß Unternehmen auch „Sozialsysteme“ mit einer eigenen Kultur sind, gerät dabei in den Hintergrund. Für einen nachhaltigen Unternehmenserfolg gilt es jedoch, beide Sichtweisen zu vereinen.

Lean über alles?
Anhand zahlreicher praktischer Beispiele sowie eigener empirischer Erkenntnisse werden die Modevokabeln unserer Tage – von Lean über Business Reengineering und Total Quality Management (TQM) bis ISO 9000 – kritisch und lebhaft kommentiert.

Die neue Sicht
Dieses Buch zeigt, wie die geforderte Synthese des „Unternehmens als Zahlenwerk“ mit der Unternehmenskultur vollzogen werden kann. Dabei wird mit Blick auf den durch die Multimedia-Techniken bevorstehenden Wandel in Wirtschaft und Gesellschaft die Zwangsläufigkeit einer neuen Sicht des Unternehmens verdeutlicht.

Die Integrationsebenen
Kern des Buches sind in langjähriger Beratungspraxis entwickelte, z.T. neuartige „Bausteine der Unternehmenskultur“ (tools), die es dem Manager ermöglichen, aufgrund konkreter Handlungsweisungen sowohl die Integrationsebene der Mitarbeiter als auch die der neuen Unternehmenssicht zu vernetzen.

Verlag C.H.Beck · 80791 München